Roland R. Ropers

Mystiker und Weise unserer Zeit

topos premium
Eine Produktion der Verlagsgemeinschaft Topos plus

Dieses Buch ist in dankbarer Verehrung und Freundschaft herzlichst gewidmet

Rudolf Schermann

dem liebevollen ungarischen Pfarrer und Seelsorger, dem Gründer, Herausgeber und Chefredakteur des internationalen Monatsmagazins KIRCHE IN, Wien, dem unermüdlichen Kämpfer für ein authentisches Christusbewusstsein.

Roland R. Ropers

Mystiker und Weise unserer Zeit

topos premium

Verlagsgemeinschaft topos plus
Butzon & Bercker, Kevelaer
Don Bosco, München
Echter, Würzburg
Matthias Grünewald Verlag, Ostfildern
Verlag Friedrich Pustet, Regensburg
Tyrolia, Innsbruck

Eine Initiative der
Verlagsgruppe engagement

Trotz intensiven Bemühens konnten die Quellen einiger Zitate nicht eruiert werden. Wir bitten dafür um Verständnis. Sollten nachträglich RechteinhaberInnen ihre Ansprüche geltend machen, dann werden wir selbstverständlich unserer Verpflichtung zur Honorierung im angemessenen Rahmen nachkommen.

Bibliografische Information der Deutschen Nationalbibliothek
Die Deutsche Nationalbibliothek verzeichnet diese Publikation in der Deutschen Nationalbibliografie; detaillierte bibliografische Daten sind im Internet über http://dnb.d-nb.de abrufbar.

ISBN: 978-3-8367-0055-9

2019 Verlagsgemeinschaft topos plus, Kevelaer
Überarbeitete und ergänzte Neuausgabe

Umschlagabbildung: Bede Griffiths im 86. Lebensjahr am 5. September 1992
in Big Sur / Kalifornien, Porträtfoto von Roland R. Ropers, © Roland R. Ropers
Einband- und Reihengestaltung: Finken & Bumiller, Stuttgart
Satz: SATZstudio Josef Pieper, Bedburg-Hau
Herstellung: Friedrich Pustet, Regensburg
Printed in Germany

Inhalt

Vorwort

Wir sind heute herausgefordert, wachsamer als je zuvor die Welt zu betrachten. Es gibt herausragende Geistespersönlichkeiten und Mystiker unserer Zeit, von denen ich seit vielen Jahren allmonatlich in *KIRCHE IN*, Wien, weit über hundert porträtiert habe. Viele davon kannte bzw. kenne ich persönlich, mit mehreren verbindet mich eine langjährige Freundschaft.

Mit den nachfolgenden Gedanken möchte ich den wunderbaren Menschen und Freund *Rudolf Schermann*, der mich vor vielen Jahren als *Schiffsführer in die Tiefen der Mystik* würdigte, ganz besonders ehren und von Herzen beglückwünschen.

Rudolf Schermann wurde am 18. März 1932 in Samsung/Türkei geboren. Sein in Ungarn gebürtiger Vater war Elektroingenieur und arbeitete für eine deutsche Firma. Die Eltern waren nur standesamtlich verheiratet, da seine Mutter, eine Krankenschwester, Muslimin war. In Istanbul wurde er römisch katholisch getauft. Die Mutter starb, als er vier Jahre alt war.

Im ungarischen Benediktiner-Gymnasium von Györ hat er Abitur gemacht.

Sein Vater war Chef eines großen Elektrizitätswerks in Ostungarn und starb im November 1943 an den Folgen einer Lungenentzündung.

Rudolf Schermann studierte von 1951 bis 1956 Theologie in Budapest und Raab. Dann erfolgten die Emigration nach Österreich und der Abschluss der Universitätsstudien mit dem Absolutorium der Universität Wien. Zunächst war er Mitarbeiter verschiedener Emigranten-Zeitungen und des Senders *Free Europe* in München, später des ORF und verschiedener Zeitungen in Österreich (*profil*,

Die Furche usw.) sowie Sonntagskolumnist des *Kurier*. Er kann auch auf eine langjährige Praxis als Landpfarrer und Seelsorger zurückblicken.

Seit über drei Jahrzehnten gibt der mutige Rudolf Schermann jeden Monat sein Magazin *KIRCHE IN* heraus – das mit Abstand beste seiner Art im deutschsprachigen Raum. Am 18. März 2019 wird Rudolf Schermann 87 Jahre alt. An Aufhören und Ruhestand denkt er nicht. Täglich sitzt er in den bescheidenen Redaktionsräumen in der Keplerstr. 8 im elften Wiener Bezirk. Allmonatlich erwarten wir mit Spannung sein Editorial.

Immer wieder wurde seitens einflussreicher Kirchenleute vergeblich versucht, das Magazin zu „vernichten". Seit mehr als 25 Jahren gehöre ich zum Team des Magazins.

Roland R. Ropers,
Ostersonntag, 21. April 2019

Mensch, werde wesentlich! – Zur Einführung

Wird Christus tausendmal zu Bethlehem geboren und nicht in dir,
so bleibst du ewiglich verloren.

Halt an, wo läufst du hin, der Himmel ist in dir!
Suchst du Gott anderswo, du fehlst ihn für und für.

Mensch, geh nur in dich selbst! Denn nach dem Stein der Weisen
darf man nicht allererst in fremde Lande reisen.

(Angelus Silesius in: *Der Cherubinische Wandersmann*)

Mystiker sind großartige Menschen ohne magische Erscheinung und ohne missionarisches Sendungsbewusstsein. Sie sind Leuchtfeuer und Wegweiser in das innere Universum, wo jeder tiefreligiös Suchende an der Urquelle seine ewige Heimat finden kann. Der deutsche Arzt, Priester und Dichter *Johannes Scheffler* (1624–1677), bekannt als *Angelus Silesius*, der „schlesische Bote", hat im 17. Jahrhundert als Weiser und Mystiker die Worte geprägt: *Mensch, werde wesentlich! Denn wenn die Welt vergeht, so fällt der Zufall weg: Das Wesen, das besteht!*

Wie fast alle großen Mystiker wurde Angelus Silesius nicht heiliggesprochen. Wer das Mysterium der Ewigen Wahrheit und Wirklichkeit durchdrungen hat, kann einem dogmatischen Glaubenssystem nicht untergeordnet werden.

Vom Griechischen *myein* (= sich Augen und Mund schließen lassen) abgeleitet, meint Mystik das *Eingeweihtwerden* in einen

Weg, der die *unio mystica*, die wesenhaft erfahrene Eins-Werdung des menschlichen Wesenskerns mit der kosmischen Wirklichkeit, zum Ziel hat.

Mystik ist Religion im ursprünglichsten Sinn, aber nicht Konfession

Mystik entsteht innerhalb vorhandener Glaubenssysteme zu einem bestimmten Zeitpunkt ihrer Entwicklung, nämlich dann, wenn deren tradierte Offenbarungsformen zu erstarren beginnen und dem religiösen Leben nur ungenügend Nahrung bieten. Genau an diesem Punkt befinden wir uns heute.

Der Mystiker unternimmt den großartigen Versuch, Unendlichkeit bereits im Endlichen zu erfassen und zu beschreiben.

Wo ist der Mensch zu Hause?

Gott ist weder männlich noch weiblich. Unser Urgrund ist in den Kategorien von Geschlechtlichkeiten nicht zu beschreiben. Das männliche und das weibliche Prinzip des Lebens bedingen einander in völliger Gleichwertigkeit und Gleich-gültigkeit.

Das innere Wesen des Menschen, der Urgrund des kosmischen Seins, ist frei von jeglicher Schuld, Erbsünde und Gewissensnot. Die gottesfernen Glaubensherrscher haben sich mit egozentrierten Erkenntnistheorien in einer Welt von bewusster Wissensentfremdung professionell etabliert und die Menschen in einem lebenslangen „Schuld-Gefängnis" eingesperrt, aus dem es sich zu befreien gilt. Gott selbst hat man den Zugang zu seinem Eigentum versperrt, wie es das Wort aus dem Prolog des Johannesevangeliums deutlich sagt: *Er kam in sein Eigentum, und die Seinen nahmen ihn nicht auf.* (Johannes 1,11)

Es gibt weder Erbsünde (engl.: *original sin*; wörtlich: Trennung vom Urgrund) noch Erbschuld.

In meinem innersten Eigenheim, in meinem Urgrund, herrschen Heiterkeit, Freude und Seligkeit. Dort bin ich sicher, dass mir nichts im Leben zustoßen kann. Dort erreichen mich weder Kritik noch Lob, weder Schande noch Unheil. Alle Wesen sind eine Manifestation dieses Urprinzips, das wir Europäer Gott nennen. Dieses göttliche Prinzip ist uns bei der Taufe bestätigt worden. Sie bestätigt, dass wir Kinder Gottes sind, dass wir göttlichen Ursprungs sind. Die Taufe hat uns nichts Neues gebracht, sie hat uns nur unser göttliches Wesen bekräftigt. Wie in Jesus ist dieses göttliche Prinzip in jedem von uns Mensch geworden.

Das Universum ist nichts anderes als dieses göttliche Bewusstseinsfeld, das sich immer wieder materialisiert. Gute Werke und Wohlverhalten werden von uns gefordert. Den Himmel muss man sich verdienen, heißt es. An vielen Programmen und Aktionen zeigt sich eine gute Pfarrei. Was ist das für ein Gottesbild? Es ist ein Gott der Buchhalter. Sein, nicht Leistung, ist die Kernaussage jeder Religion. *Bede Griffiths* drückt dies folgendermaßen aus:

Die Neue Welt, die wir suchen, ist die Welt der Auferstehung. Diese Welt ist bereits gegenwärtig, denn das Königreich Gottes ist inwendig in uns. Der Tod ist der Durchbruch zum Bewusstsein dieser stets gegenwärtigen Auferstehung im Hier und Jetzt. Der Weg des Menschen ist die Rückkehr zu der Quelle, zur Wurzel, zum Seinsgrund. Jenseits von Körper und Seele, von Gefühl und Gedanke, gibt es einen Zustand, in dem der Mensch zu seinem Sein erwacht, in dem er seine Quelle entdeckt, und das nicht etwa in Bewusstlosigkeit, sondern in reinem Bewusstsein. Dies ist das Ziel, das angestrebt werden muss. In ihm werden Selbstverwirklichung und Selbsterkenntnis gefunden. Dies ist die Erkenntnis des Selbst, des Atman, des Geistes, wo der Geist des Menschen den Geist Gottes erreicht und berührt. (aus einem Vortrag vom 11. September 1992 im Vivekananda Monastery, USA)

Alle Weisen mahnen zur Besinnung, zur Um- und Rückkehr in das ureigenste Zentrum, welches man mit *Gott, Brahman, Seinsgrund, Nirwana* u. a. bezeichnen kann. Der große Transformationsprozess vollzieht sich bereits seit Längerem, und immer wieder werden wir durch periphere Sensationen und Phänomene in Atem gehalten. Man muss mit großer Sorge zur Kenntnis nehmen, wie in sogenannten spirituellen Kreisen – leider oft unbewusst bzw. in Unkenntnis – mit der Inanspruchnahme Gottes verfahren wird.

Avidya (Sanskrit: *Nicht-Wissen*) ist ein wichtiger Begriff der Vedanta-Philosophie. Die individuelle Nicht-Erkenntnis vermag zwischen Vergänglichem und Unvergänglichem, zwischen Wirklichem und Unwirklichem nicht zu unterscheiden, die kosmische Nicht-Erkenntnis ist *maya* (Illusion). *Avidya* gilt als die Wurzel alles Unheilsamen in der Welt; es ist derjenige Geisteszustand, der illusorische Phänomene für Wirklichkeit hält und Leiden herbeiführt.

Über Jahrhunderte hat die römisch-katholische Kirche die Lehre vertreten, Jesus Christus sei Gott. Christus selbst hat von sich diese Aussage nie gemacht und hat sich selbst vermutlich nur als der *Menschensohn* bezeichnet. Jeder Mensch ist nach dem Ebenbild Gottes geschaffen und ist in Gottes Urgrund beheimatet.

Der Mensch ist ein ständig Mitschöpfender, ein Co-Kreator des Universums, aber nicht der Schöpfer allein. Vor dieser irrigen Annahme haben zu allen Zeiten die Meister und Weisen gewarnt. Das unsichtbare Feld, das wirkt und uns umgibt, ist weitaus größer als die sichtbare Welt.

In Unkenntnis der großen heiligen Schriften wird der klassische Lehrsatz der Veden oft missdeutet: *Aham brahman asmi* (*Ich bin Brahman*). *Aham* ist das wirkliche Ich des Menschen und muss von *ahamkara* (Ich-Bewusstsein) unterschieden werden. *Brahman,* das ewige, unvergängliche Absolute, die höchste, nicht-duale Wirklichkeit des Vedanta, ist ein Begriff, für den es in den dual denkenden Religionen mit einem persönlichen Gott kein Äquivalent gibt. Brahman ist ein Zustand reiner Transzendenz, der Überschreitung der Polarität von Geburt und Tod, wo Vorstellungen und Projektionen von Reinkarnation u. ä. keinen Platz finden. Der vedische Ausspruch *kam brahman* (*Alles ist Brahman*; christlich ausgedrückt: *Alles ist Gott*) besagt, dass nur Brahman, der Wesensgrund, existiert und wir darauf eine Vorstellungswelt des Denkens projizieren wie Bilder auf eine Kinoleinwand. Die Leinwand selbst bleibt stets unberührt.

Jede ernsthafte Kontemplationsübung, die von Imaginationsgebilden befreit ist, versucht sich auf dem Weg in die völlige Leere (*nirvana* = das Auslöschen aller Gedanken) dem göttlichen Urgrund zu nähern. Je näher man diesem unzerstörbaren, ewig in jedem Menschen existierenden Wesenskern kommt, desto kleiner wird das hinderliche Ego, und die Gegenwart Gottes strahlt leuchtend hervor.

Wenn wir in uns und um uns diesem verwandelnden Geist Raum geben, erfahren wir, dass der Geist das Wesen unseres Wirkens ist. In einem begnadeten Augenblick dürfen wir dann mit Paulus erkennen: *Ich lebe, nein nicht ich, Christus lebt in mir!* (Galater 2,20)

Im Durchbruch zu diesem mystischen Bewusstsein erleben wir, was die christlichen Mystiker mit dem Wort *theosis* bezeichnen: Vergöttlichung, *Gottwerdung*. In Christus ist Gott Mensch geworden, um die in uns verborgene Dimension der Göttlichkeit wachzurufen. Christus ist die Gestalt der tiefen Einheit des Menschen mit dem göttlichen Seinsgrund, und durch ihn sind wir berufen, *von der ganzen Fülle Gottes erfüllt zu werden* (Epheser 3,19). An ihm erkennen wir, zu welch befreiender Erfahrungstiefe wir eingeladen sind, welcher Schatz in uns verborgen liegt.

Das Königreich Gottes ist inwendig in euch! (Lukas 17,21)

In unserem Leben geht es um tägliche Neugeburt – nicht aber um eine Wiederverkörperung nach dem Tode. Wir brauchen den Tod nicht zu fürchten, nicht zu überlisten und auch nicht mehr zu überwinden. Er ist schon überwunden in Jesu Christi Tod und Auferstehung.

Die buddhistisch geprägten ZEN-Meister sagen: *Wir kommen nicht und wir gehen nicht. Es gibt weder Geburt noch Tod!*

Im Johannesevangelium, Kapitel 3, spricht Jesus zu Nikodemus:

„Wenn jemand nicht von Neuem geboren wird, kann er das Reich Gottes nicht sehen." Und Nikodemus entgegnete ihm: „Wie kann ein Mensch, der schon alt ist, geboren werden? Er kann doch nicht in den Schoß seiner Mutter zurückkehren und ein zweites Mal geboren werden." Jesus antwortete: „Wenn jemand nicht aus Wasser und Geist geboren wird, kann er nicht in das Reich Gottes kommen. Was aus dem Fleisch geboren ist, das ist Fleisch; was aber aus dem Geist geboren ist, das ist Geist. Wundere dich nicht, dass ich dir sagte: Ihr müsst von Neuem geboren werden."

Diese Szene ist nicht ohne Reiz. Mitten in der Nacht kommt ein hochrangiger Vertreter des offiziellen Judentums, der Pharisäer, Nikodemus, zu Jesus, um mit ihm zu diskutieren. Der Evangelist Johannes verrät uns nicht, wer der Zeuge dieser nächtlichen Begegnung ist. Man darf also Zweifel anmelden, ob dieses Gespräch tatsächlich stattgefunden hat oder im Nachhinein beweisen soll, dass angesehene Juden mit Jesus Kontakt pflegten.

Nikodemus scheint jedenfalls Probleme zu haben, Jesus in der Öffentlichkeit zu befragen. Die neue Lehre interessiert ihn, aber er will sich ganz unverbindlich und inkognito informieren. Das Gespräch nimmt einen eigenartigen Verlauf. Nikodemus versucht offenbar herauszufinden, für wen Jesus sich selbst hält. Er sagt: „Wir wissen, du bist ein Lehrer des Volkes, den Gott gesandt hat, denn ohne Gottes Hilfe könntest du keine Wunder wirken." Jesus antwortet mit einem Satz, der überhaupt nicht auf Nikodemus einzugehen scheint: „Wenn jemand nicht von Neuem geboren wird, kann er das Reich Gottes nicht sehen."

Die meisten Bibelkommentare verstehen diesen berühmten Dialog zwischen Jesus und Nikodemus als einen Hinweis auf das Taufsakrament. Aber das Wort von der *Neugeburt aus Wasser und Geist* lässt eine weitergehende Deutung zu. Wasser ist in allen Kulturen von elementarer Bedeutung und Symbolkraft. Ohne Wasser kein Wachstum, kein Leben für Mensch und Tier und Pflanze. Es hat reinigende, heilende Wirkung. Es löst und verbindet, ist formlos und weich, aber stärker als Stein. Es gestaltet Landschaften und zerstört sie wieder, es schenkt Fruchtbarkeit und Leben, bringt Tod und Untergang.

Fast alle Schöpfungsmythen gehen davon aus, dass Wasser der Urstoff gewesen sei, aus dem die Welt entstand. Auch der biblische Schöpfungsbericht beginnt mit: *Finsternis lag über der Urflut, und Gottes Geist schwebte über dem Wasser.* (Genesis 1,2)

Was in der Einheitsübersetzung der Bibel farblos *Urflut* genannt wird, ist nämlich kein still ruhender See, sondern ein gewaltiger, brausender Ozean, chaotisch und ungeordnet, ohne Gegensätze von Oben und Unten, Hell und Dunkel, Vergangenheit und Zukunft. Geist und Wasser bilden ein dynamisches Ganzes, aus dem *Welt* entsteht.

Auch die griechischen Philosophen sahen im Wasser den *Ursprung des Lebens* (Thales von Milet). Alexander der Große, so berichtet die Sage, sei bis an die lichtlosen, nebelerfüllten Randzonen der Welt vorgedrungen, um das *Wasser des Lebens* zu suchen – eine Quelle, in der unterzutauchen unsterblich machen sollte. Auch Jesus spricht vom Wasser des Lebens zu der Frau am Jakobsbrunnen, wenn er sagt:

Wer von diesem Wasser trinkt, wird wieder Durst bekommen; wer aber von dem Wasser trinkt, das ich ihm geben werde, wird niemals mehr Durst haben; vielmehr wird das Wasser, das ich ihm gebe, in ihm zur sprudelnden Quelle werden, deren Wasser ewiges Leben schenkt. (Johannes 4,13–14)

Diesen Satz könnte der *Buddha* gesagt haben. Gier und Unwissenheit sind nach seiner Lehre die Ursachen des Leidens auf Erden, mit dem sich jeder Mensch konfrontiert sieht. Auch der Gedanke des Wiedergeborenwerdens, der Nikodemus in Erstaunen versetzt, war ihm nicht fremd. In der hinduistischen Volksfrömmigkeit gab es die Vorstellung einer Seelenwanderung: Nach dem Tod verlässt die Seele des Menschen dessen Körper, um in neuer Gestalt in einem neuen Lebewesen reinkarniert zu werden. Abhängig von seinen guten oder schlechten Taten (das Sanskritwort *karma* bedeutet Tat), wird jeder Mensch im Pflanzen-, im Tier- oder im Menschenreich wiedergeboren. Die Seelenwanderung gab eine Antwort auf das schwierige Problem einer gerechten Vergeltung von Gut und Böse, über das die Menschheit immer wieder nachgedacht hat. Das Fatale der Wiedergeburtstheorie ist jedoch, dass der Mensch aufgrund seiner Unwissenheit und seines natürlichen Lebensdurstes kaum in der Lage ist, sich so zu verhalten, dass eine Wiedergeburt in einer „höheren" Daseinsebene gesichert erscheint. Erst durch eine endlose Kette von Wiedergeburten kann er sich zum Götterhimmel emporarbeiten, wo ihn zwar ein angenehmes, aber auch kein ewiges Leben erwartet.

Der Buddha löst sich radikal von der Vorstellung des Hinduismus, jede Tat des Menschen habe gute oder schlechte Folgen. Wenn das richtig wäre, so folgerte er, müsste es genügen, nichts zu tun, um zur Vollendung zu gelangen. Jeder Mensch ist aber schon durch seine physische Existenz dazu verurteilt, etwas zu tun, zum Beispiel sich Nahrung zu verschaffen. Der Buddha betont deshalb, nur jene Taten erzeugten gutes oder schlechtes Karma, die der Mensch willentlich vollziehe. Buddhas Lehre weicht hier noch in einem zweiten Punkt von altvertrauten Vorstellungen ab. Für ihn existiert nichts, was über den Tod hinaus Bestand haben könnte, also auch keine ewige Seele, für die ja sonst eine Heilssphäre, etwa ein Paradies, vorhanden sein müsste.

Des Buddha legendenhafte Geburt ist bereits voller Symbolik, denn *Maya*, der Name seiner Mutter, hat auch die Bedeutung von Illusion oder Täuschung. In eine Welt der Täuschungen und des schönen Scheins hineingeboren, sucht der Buddha nach der Wahrheit.

Und eine Legende spiegelt des Buddha unerschütterlichen Glauben, einen Ausweg aus der endlosen Kette der Wiedergeburten gefunden zu haben – durch eine einmalige und endgültige, letzte Wieder- und Neugeburt:

Als der Buddha geboren wurde, stand er auf, tat sieben Schritte in jede Himmelsrichtung und sprach: Ich werde dem Alter, der Krankheit und dem Sterben ein Ende machen. Dies ist in Wahrheit meine letzte Geburt. Ich werde nicht wiedergeboren werden.

Woher nahm der Buddha diese Gewissheit? Zunächst kam er in seiner Erleuchtungserfahrung unter dem *Bodhi-Baum* zur Erkenntnis, dass Wiedergeburt keine undurchschaubare und unberechenbare Angelegenheit sei, sondern einem logischen Gesetz folge:

Wenn dies ist, ist auch jenes. Wenn dieses entsteht, entsteht auch jenes. Wenn dies nicht ist, wird auch jenes nicht sein. Wenn dies vergeht, wird auch jenes vergehen.

Anders ausgedrückt: Alles, was entsteht, entsteht in Abhängigkeit von anderem und kann nicht isoliert betrachtet werden.

Auf den ersten Blick scheint der Mensch ein hilfloses Opfer des Karma-Wirkens zu sein. Aber der Buddha erkannte in der Gesetzmäßigkeit auch die Chance zur Befreiung. Durch rechtes Denken, rechtes Tun, rechte Lebensweise, kurz: indem man dem achtfachen Pfad folgt, kann man die Gier (Sanskrit: *trishna*) auslöschen, die Entstehung schlechten Karmas verhindern und die leidvolle Kette der Wiedergeburten durchbrechen.

Der Übungsweg zur mystischen Erfahrung vollzieht sich sehr wesentlich im Schweigen. Wir werden befähigt, in unsere Urquelle hineinzuhorchen, die unsere Wesensnatur konstituiert. Diese Praxis bringt jene Gaben an die Oberfläche, die tief in unserem Unterbewusstsein begraben waren. Im Schweigen sitzen ist wie eine Schatzsuche, bei der wir für unsere eigenen inneren Horizonte offen werden. Hier entdecken wir, wer wir sind.

Jeder sollte sich bemühen, ein *Bodhisattva* zu werden, der in ständiger Aufmerksamkeit auf die Hilferufe der Erde hört, stets bereit, auf sie zu reagieren. Der *Bodhisattva* lebt völlig spontan, sensibel für die Klänge der Erde; und er antwortet darauf in der natürlichsten Art und Weise. Er ist jemand, der im Zustand mystischer Erkenntnis lebt. In griechisch-lateinischen Begriffen ist dies ein *Theoretiker* bzw. ein *Kontemplativer*, einer, der den Wesensgrund geschaut hat. Diese Berührung hat auch eine körperliche Dimension, denn das englische Wort *body* (Körper) kommt von altenglisch: *bodig* (Grund; s. a. deutsch: Boden). Erleuchtung ist sehr wesentlich Bodenhaftung. Darum ist das Sitzen auf dem Boden so außerordentlich sinnvoll.

Dem *Judentum* war die Vorstellung einer Wiedergeburt fremd. Deshalb wundert sich Nikodemus, dass Jesus von der Notwendigkeit spricht, neu geboren zu werden. Und in der Tat ist dies ein Gedanke, den wir so nur im Johannesevangelium finden, dessen Autor von griechischer Philosophie und gnostischen Vorstellungen beeinflusst ist. *Gnosis* bedeutet Erkenntnis, Ur-Wissen.

Das wahre Selbst des Menschen, sein Wesenskern, seine *Buddha-Natur*, muss nach und nach von seinem Ego befreit werden, denn das Ego gaukelt dem Menschen nur die Schönheit der Welt vor, um ihn in der Diesseitigkeit gefangen zu halten. Jeder Mensch, so lehrt die Gnosis, trägt in sich einen Funken des ewigen Lichtes. Die Welt hat jedoch dieses Ur-Licht verdunkelt, sodass der Mensch nicht weiß, wo er hingehört. Da sendet das göttliche Licht von jenseits der Welt einen Retter aus, einen Rufer, der den schlafenden Lichtfunken aufweckt, sodass der Mensch sich selbst und seinen Ursprung erkennt. *Wach auf, du Schläfer, und steh auf von den Toten, und Christus wird dein Licht sein.* (Epheser 5,14)

Ob die gnostische Lehre von indischen oder gar buddhistischen Vorstellungen beeinflusst ist, lässt sich nicht klären. Ähnlichkeiten und Berührungspunkte sind zweifellos vorhanden. Aber es wäre falsch, den Evangelisten Johannes als Gnostiker anzusehen, wenn er davon spricht, dass Jesus *das Licht der Welt* sei, oder dass *das Licht in die Finsternis gekommen* sei. Dem liegen eher archetypische Bilder zugrunde, die man in den verschiedensten Religionen findet.

Wer nicht von oben her (im griechischen Originaltext steht *anothen* = vom Ursprung her) *geboren wird, der wird das Reich Gottes nicht sehen!*, sagt Jesus zu Nikodemus. Im Evangelium steht das Wort *sehen*! Es geht also nicht um eine körperliche Wiedergeburt, auch nicht um eine Seelenwanderung, sondern um eine *Neugeburt vom Ursprung her*, welche den Menschen völlig verwandelt, transformiert, sodass er die Welt in neuem Licht sieht.

Jeder von uns ist durch Herkunft, Geburt, körperliche Konditionierung, Erziehung, Erlebnisse usw. in ein Netz von Beziehungen und Abhängigkeiten eingebunden, aber niemand ist hilflos darin gefangen. Wir sind nicht einmal für alle Zeit festgelegt auf das, was wir hier und heute sind. Jeden Tag haben wir die Chance, unser Verhalten zu ändern, den Neuanfang zu wagen, neu geboren zu werden. Der Ursprung des Lebens, auf den der Evangelist verweist, ist das Wasser des Lebens, die Ur-Flut, die Tiefendimension des Menschen, das Ruhen in Gottes Ur-Grund.

Der Herr aber ist Geist, und wo der Geist des Herrn weht, da ist Freiheit. Wir alle spiegeln mit enthülltem Angesicht die Herrlichkeit des Herrn wider und werden so in sein eigenes Bild verwandelt, von Herrlichkeit zu Herrlichkeit durch den Geist des Herrn. (2 Korinther 3,17–18)

Die wirkliche Neugeburt findet nicht nach dem Tod statt, sondern ist die Rückbesinnung des Menschen auf die Qualität seines Denkens und Handelns, ist eine radikale Veränderung der Denkgewohnheiten in diesem Leben.

Heilspropheten, die den Menschen nach dem Munde reden, gab und gibt es genug; ebenso wie die Unheilspropheten. Das Himmelreich kommt nicht plötzlich. Es beginnt überall dort, wo Menschen aus ihrem Schlaf, ihrer Unbewusstheit und zurechtgemachten Endzeithoffnung aufwachen.

Wir alle sind Wellen auf dem Meer. Das Meer kann ohne Wellen bestehen, aber die Wellen nicht ohne das Meer. Auch der Geist des Kosmos kann ohne den Menschen existieren, aber der Mensch nicht ohne den Geist.

Vor der Geburt und nach dem Tod sind alle Lebewesen unsichtbar. Zwischen den zwei nicht sichtbaren Bereichen sehen wir ihre Existenz als Form und Gestalt. Der größte Teil des Lebens bleibt unsichtbar.

Die Stille des Herzens – Robert Adams

Robert Adams wurde am 21. Januar 1928 in Manhattan/New York geboren. Seine frühesten Kindheitserinnerungen gelten einem kleinen Jungen, der am Fußende seines Bettchens stand und in Kauderwelsch zu ihm sprach. Wann immer der junge Robert etwas wollte – Schokolade, ein Musikinstrument oder Lösungen für seine Schulaufgaben –, wiederholte er den Namen Gottes dreimal, und was immer er wünschte, erfüllte sich. Eines Tages, er war 14 Jahre alt, bereitete er sich auf eine Mathematikarbeit vor und wiederholte auch diesmal wieder den Namen Gottes dreimal. Statt der erhofften Lösungen widerfuhr ihm ein überwältigendes Erleuchtungserlebnis. Der Klassenraum in der Schule erschien ihm lichterfüllt, alles in seiner Umgebung in Licht eingehüllt. Von unbeschreiblicher Glückseligkeit erfüllt, kam er erst wieder zu normalem Bewusstsein, als der Lehrer ihn wachrüttelte.

Nur wenig später fand Robert in der Schulbibliothek in der Abteilung „Philosophie" ein Buch über Yoga-Meister. Er sah zum ersten Mal ein Kinderfoto von *Sri Ramana Maharshi* und erinnerte sich an das Gesicht des kleinen Jungen, der am Fuße seines Kinderbettchens stand.

Zwei Jahre nach seiner tiefgreifenden Erfahrung verließ Robert Adams New York und fuhr an die Westküste der USA nach Encinitas bei San Diego zu *Paramahansa Yogananda* (1893–1952), der dort gerade sein *Self-Realization-Kloster* gegründet hatte. Beide wurden spontan Freunde; Yogananda riet Robert, in Südindien Ramana Maharshi aufzusuchen, der in jungen Jahren ein ähnliches Erleuchtungserlebnis gehabt hatte. Er machte sich im Jahr 1946 auf die sehr beschwerliche Reise nach Tiruvannamalai in Tamil Nadu und blieb in der Nähe des großen Weisen bis zu dessen Tod am 14. April 1950. Später wird er sagen: *Ramana hatte mir die Augen für die Bedeutung meiner Erfahrung geöffnet!*

Robert Adams blieb weitere 17 Jahre in Indien, besuchte verschiedene andere spirituelle Lehrer wie *Nisargadatta Maharaj, Anandamayi Ma, Neem Karoli Baba, Papa Ramdas* u. a., um seine Erleuchtung überprüfen zu lassen und sicherzugehen, dass seine Erkenntnis keine Täuschung war. Wohin er auch immer reiste und für einige Monate blieb, wurde er als Weiser entdeckt, und eine Gruppe von Schülern sammelte sich um ihn. Er wollte aber keinen Ashram gründen und bevorzugte es, in der Stille zu bleiben. Großartig das 1997 post mortem erschienene Buch *Silence of the Heart* –deutsche Fassung in diversen Neuauflagen: *Stille des Herzens – Dialoge mit Robert Adams.*

Der 42-jährige Robert Adams kehrte nach mehr als zwei Jahrzehnten in Indien in die USA zurück, heiratete, wurde Vater von zwei Töchtern, lebte auf Hawaii und in Los Angeles. Im Jahr 1980 erkrankte er an Parkinson und zog nach Sedona / Arizona, wo er am 2. März 1997 im Alter von 69 Jahren an Leberkrebs starb. Ramana Maharshi starb im Alter von 70 Jahren an Krebs. Eine schwere körperliche Erkrankung gehört zum menschlichen Schicksal; gleichwohl wird der ewig lebendige Geist niemals krank, wie der indische Weise Ramana Maharshi immer wieder seinen Schülern klarzumachen versuchte.

Der Weg des Lichts – Omraam Mikhaël Aïvanhov

Mikhaël Aïvanhov wurde am 31. Januar 1900 in dem kleinen Dorf Serbzi im heutigen Mazedonien geboren. Es war kurz nach Mitternacht, und Mikhael war zu früh gekommen: im achten Monat. Deswegen bestellte seine Mutter noch am selben Tag den Popen zur Taufe, denn damals überlebten die „Frühchen" meistens nicht. Der Pope war an dem Tag so glücklich, dass er sich zum ersten Mal in seinem Leben betrank! Etwas sagte ihm, dass dieses Kind etwas Besonderes sei. Bei seiner Empfängnis hatte sich Mikhaëls Mutter innig gewünscht, ihr Kind möge ein Diener Gottes werden. Mit diesem ständigen Wunsch im Herzen trug sie ihn auch aus. Sie war arm und hatte ein hartes Leben, doch innerlich war sie reich an Weisheit, Güte und Gottesliebe. Sie beklagte sich nie und fand immer die richtigen Worte, um andere zu trösten.

Mikhaël Aïvanhov wurde tatsächlich ein besonderes Kind. Seine Liebe galt vor allem diesen vier Dingen: *Fäden, hohen Bäumen, Wasser* (besonders Quellen) und dem *Feuer*. Einmal schnitt er in einem unbewachten Augenblick seiner Cousine alle Fäden ihres Webstuhls ab. Seine Mutter brauchte eine ganze Nacht, um alles wieder einzurichten! Für ihn waren auch die Menschen auf spiritueller Ebene mit unsichtbaren „Fäden" verbunden und verstrickt, wie sie auch von ihren eigenen Neigungen, Lastern und Leidenschaften gefesselt waren. Er sagte, er selbst sei mit dem Gedanken geboren worden, Bindungen zu durchtrennen und die Menschen von ihren Fesseln zu befreien, um ihnen zu helfen, den einen Faden, den goldenen – die Verbindung mit dem Göttlichen, der Welt des Lichts und der Glückseligkeit – wiederherzustellen und zu stärken. Er wollte, dass die Menschen zu ihrem verlorenen Glück zurückfinden, und wusste, dass dieses nur in den hohen, reinen Regionen zu finden ist. Er kletterte auch gerne auf Pappeln. Er liebte es, hoch oben über allem zu sitzen und einen Überblick über das Leben unter sich zu haben. Diese Vorliebe verwandelte sich später in die Liebe zu den göttlichen Höhen, zu allem, was rein, edel und schön ist und was Überblick und Klarheit gibt.

Er liebte seit frühester Kindheit die Schönheit, die Poesie, die Harmonie. *Ich liebe Gott, weil Er schön ist. Wäre Er es nicht, so könnte ich Ihn nicht lieben. Aber Er ist schön.*

Schon kurz nach seinem neunten Geburtstag starb sein Vater. Die ersten Schuljahre waren hart für Mikhaël. Seine Mutter konnte ihm keine Schulbücher kaufen. Oft ging er mit leerem Magen und ohne Schuhe zur Schule und lernte seine Aufgaben beim raschen Lesen aus den Büchern der Kameraden. Seine Mutter wurde aus Sorge um die Zukunft schwer krank. In dieser Zeit pflegte Mikhaël sie, kochte und versorgte auch seinen drei Monate alten Bruder. Schließlich heiratete seine Mutter wieder, vor allem, um die Existenz der Familie zu sichern, zu der noch drei weitere Kinder hinzukommen sollten. Dennoch lebte die Familie immer am Rande der Armut.

Mit 16 Jahren beschäftigte er sich ausgiebig mit Farben. Er malte die Scheiben seines Zimmers nacheinander mit den sieben Spektralfarben an, um die verschiedenen Wirkungen zu erfahren. Er meditierte bei jeder Farbe einige Tage und beobachtete ihre Wirkung. Bei Lila gelang es ihm mühelos, aus seinem Körper herauszutreten. Er entdeckte auch, dass er besondere psychische Fähigkeiten besaß, Gedanken lesen und Hypnotisieren konnte. Einmal stieg er mit einer Gruppe von Freunden auf den 2925 Meter hohen Berg Mussala. Das Tal lag in dichtem Nebel. Er fragte seine Freunde, welchen der Seen sie im Tal sehen wollten, hob dann seine Hand, und zum Staunen aller zeigte sich klar der gewünschte See. Dann senkte er die Hand – der See verschwand wieder im Nebel. Diesen Spielchen setzte eine innere Vision ein Ende: Er sah eines Tages zwei Wesen. Das eine hatte eine eindrucksvolle Gestalt, es verkörperte Kraft und Macht, aber sein Gesicht war hart, sein Blick finster und schrecklich. Das andere war strahlend, sehr schön, und sein Blick drückte endlose, göttliche Liebe aus. Er fühlte, dass er sich entscheiden musste, und wählte das Wesen mit dem Antlitz Christi, auf dem sich Sanftmut, Güte und Opferbereitschaft spiegelten. Von da an wandte er sich in übertriebener Weise spirituellen Übungen zu.

Ich hatte mich Hals über Kopf in verschiedene Atem- und Konzentrationsübungen aus dem Yoga gestürzt, und man kann sagen, dass ich dadurch meine fünf Sinne nicht mehr ganz beisammen hatte. Die Tage und Nächte waren angefüllt mit Studien, Fasten, Meditationen, Atem- und Konzentrationsübungen, und darüber war ich mager geworden, bleich und sehr geschwächt. Meine Mutter war der Verzweiflung nah ...

Er wurde ernsthaft krank und war dem Tode nahe. In seinem Delirium verlangte er nur nach Büchern über Philosophie, Religion und Wissenschaft, die ihm seine armen Eltern dann auch brachten. Und wie durch ein Wunder genas er. Er hatte in dieser Zeit, mit 16 Jahren, schon wunderbare, mystische Erlebnisse. Er erzählte später:

Ich fühlte ein Feuer in mir brennen und weinte vor Entzücken, war in Ekstase. Da ich aber in den Büchern nichts darüber gelesen hatte, verstand ich nicht, was es war. Nach einer Reihe beharrlicher Übungen und geistiger Arbeiten war das Feuer entfacht und loderte in mir. Ich begriff nicht, was vorging. Aber von da an ereigneten sich seltsame, unglaubliche Dinge. Damals geschah es, dass ich die Sphärenmusik vernahm. ... Erst viel später wurde mir klar, dass jenes Feuer ein Lichtfunke des Äthers, ein Hauch des

Pranas, des komischen Geistes war. ... Ich wurde aus meinem Körper herausgehoben und bekam die Sphärenmusik zu hören. Niemals sonst habe ich derartige Empfindungen erlebt, von einer solchen Fülle, einer solchen Intensität. Es gibt nichts Vergleichbares. Das war so unbeschreiblich, beinahe unerträglich, so überwältigend war dieses Gefühl von Erweiterung, von Ausdehnung im Raum. So schön, so göttlich, dass ich es mit der Angst zu tun bekam. Ja, ich bekam Angst vor dieser Pracht, denn ich fühlte, dass mein ganzes Sein derart weit wurde, dass ich Gefahr lief, mich aufzulösen und im unendlichen Raum aufzugehen. Da habe ich den Zustand dieser Ekstase abgebrochen und bin zur Erde zurückgekehrt. Jetzt bedauere ich das. Doch habe ich immerhin einige Augenblicke lang erlebt, gesehen und gehört, wie das gesamte Universum schwingt ... Die Sphärenharmonie, die ich gehört habe, war für mich die Krönung all meiner Forschungen, all meiner Arbeit und all meiner außerkörperlichen Erfahrungen. Und seither gilt für mich dies als ein Maßstab, ein Muster, ein Modell, als Anhaltspunkt zum rechten Verstehen und Einordnen aller Dinge.

Mit 17 Jahren endlich traf er seinen spirituellen Meister *Petar Danow* (1864–1944), Gründer der *Universellen Weißen Bruderschaft*, und seine „gefährlichen" geistigen Übungen wurden in gesunde Bahnen gelenkt. Petar Danow war ein äußerst begabter Mensch mit großem Charisma. Er war Mystiker, Philosoph, Theologe, Heiler, Hellseher und ein wunderbarer Musiker. Er wollte das esoterische Christentum wieder beleben. Mikhaël Aïvanhov war überglücklich, ihn gefunden zu haben:

Wenn ich euch beschreibe, welche Freude, welches Glücksgefühl mich erfüllte, als ich meinem Meister zum ersten Mal begegnete, dann würdet ihr mir nicht glauben. Und dieser Zustand dauert immer noch an. ... Als ich meinen Meister traf, hatte ich den Eindruck, dass mein Kopf und mein Herz randvoll waren mit den Schätzen des Universums. Ich fühlte mich reich, unermesslich reich!

Er war zwanzig Jahre lang dessen aufmerksamer und begnadeter Schüler, obwohl er zur selben Zeit auch noch an der Universität Vorlesungen in Psychologie, Pädagogik, Philosophie, Physik, Mathematik, Chemie, Astronomie und Medizin besuchte. In jedem Fach arbeitete er gerade nur so viel, dass er sein erforderliches Zertifikat erhielt, denn sein Hauptanliegen war seine innere Entwicklung, die von Meister Petar Danow gefördert und überwacht wurde. Er prüfte seinen jungen Schüler auf vielerlei Weise. Einmal gab er ihm eine besonders schwierige Prüfung: Er sollte in einer mondlosen Nacht auf den Gipfel des Mussala steigen. Er musste dabei einen finsteren Wald durchqueren. Die Dunkelheit war so intensiv, dass er kaum die Hand vor Augen sehen konnte. Auch wusste er, dass es im Wald von Bären, Wölfen und Wildschweinen nur so wimmelte.

In derartigen Augenblicken betet man mit besonderer Inbrunst. Ich fühlte, dass ich nie zuvor so gebetet hatte. Kurz nach diesem innigen Gebet leuchtete ein Licht auf, das den Weg auf etwa zwei Meter erhellte. Von da an marschierte ich voller Freude im Schein des Lichts. Ich begann zu singen und fühlte eine Regung in mir, als würde ich von neuen Strömen durchflutet.

1937 erhielt er von seinem Meister den Auftrag, seine Lehre nach Frankreich zu bringen und sie im Westen zu verbreiten. Im Laufe von 49 Jahren bis zu seinem Tod am 25. Dezember 1986 in Fréjus hatte Mikhaël Aïvanhov diese Lehre weiterentwickelt und dabei fast 5000 Vorträge (auch in den USA, Kanada, der Schweiz und Skandinavien) gehalten. Seine Werke beruhen auf den Vorträgen, die mitstenografiert oder auf Band aufgezeichnet und in einer 32-bändigen Gesamtausgabe herausgegeben worden sind.

Mikhaël Aïvanhov arbeitete ständig weiter an sich, war sich selbst gegenüber streng und duldete keine Schwäche. Durch Selbsterkenntnis und Beharrlichkeit erklomm er immer höhere Stufen. Als er einmal im Rilagebirge meditierte, hatte er ein wunderbares Erlebnis.

Plötzlich dachte ich, ich müsse wohl Halluzinationen haben, denn alles um mich her schien lebendig zu werden; die Steine, das Gras und die Bäume begannen plötzlich zu schwingen und zu leuchten wie durch Zauberhand. Das Phänomen dauerte längere Zeit an, und meine Begeisterung und mein Erstaunen waren so groß, dass ich mich von dem Schauspiel nicht losreißen konnte. In dem Augenblick wurde mir klar, wie schrecklich unwissend wir sind, was das wirkliche Wesen der Natur betrifft. Hinter ihrer sichtbaren Fassade verbirgt die Natur eine Wirklichkeit, von der die Menschen noch nicht einmal träumen.

Originalzitate aus: Louise-Marie Frenette, Der Weg des Lichts. Omraam Mikhaël Aïvanhov – Leben und Lehre eines geistigen Meisters im Westen, © 2009 Prosveta Verlag GmbH, Dietingen

Hingabe an das Göttliche – Sri Aurobindo

Aurobindo Ghose wurde am 15. August 1872 in Kalkutta (heute Kolkata) geboren. Er starb am 5. Dezember 1950 im Alter von 78 Jahren in Pondicherry, südlich von Madras (heute Chennai) an der Ostküste Südindiens. Sri Aurobindo war ein indischer Philosoph, Hindu-Mystiker und spiritueller Lehrer. Er steht in der Tradition der indischen Seher (Sanskrit: *rishi*), die durch das wirken, was sie sind. Der Vater, Dr. Krishna Dhan Ghose, der in England gelebt hatte, wollte für seine Kinder eine westliche Ausbildung und schickte Aurobindo und seine vier Geschwister, zwei ältere Brüder und eine jüngere Schwester, auf die Loretto-Klosterschule in Darjeeling. Im Alter von sieben Jahren kam Aurobindo mit seinen Brüdern an die St. Paul's School in London. Dort lernte er Latein, Griechisch und die klassischen westlichen Schulfächer. Während seiner Zeit an der St. Paul's School erhielt er den *Butterworth Prize in Literature*, den *Bedford Prize in History* und ein Stipendium für die Universität Cambridge. Im Jahr 1893 – er war 21 Jahre jung – kehrte er nach Indien zurück. In den folgenden Jahren arbeitete Aurobindo für den Maharaja Sayajin Rao erst in der Verwaltung des Fürstentums Baroda (Varodada) und schließlich am Baroda-College als Französischlehrer, später als Professor für Englisch und dann als Vorstand des College. In Baroda lernte er Sanskrit und verschiedene andere indische Sprachen, besonders Bengali, Marathi und Gujarati. Während der Baroda-Zeit, im April 1901, heiratete er Mrninalini Bose, die 1918 im Alter von 31 Jahren starb.

1906 verließ Aurobindo Baroda und ging nach Kalkutta – als Vorstand des neu gegründeten Nationalen Bengalischen College. Er wollte die Idee der Unabhängigkeit im Denken seiner Landsleute festigen und gleichzeitig eine Partei und schließlich die ganze Nation zu intensiver und organisierter politischer Aktivität bewegen, die zur Verwirklichung dieses Ideals führen sollte. Sri Aurobindos Anliegen war es, die vollständige Unabhängigkeit Indiens als politisches Ziel offen und nachhaltig zu propagieren; er war der erste Politiker in Indien, der den Mut aufbrachte, dies öffentlich zu tun. Während dieser Zeit politischer Aktivität wandte sich Sri Aurobindo verstärkt der Ausübung und dem Studium der indischen Yoga-Lehren und Yoga-Übungen zu.

1910 fuhr Aurobindo nach Pondicherry in Südindien, wo er bis zu seinem Tod blieb. Er begann den *Integralen Yoga* zu entwickeln, im Sinne einer modernen, zukunftsweisenden, umfassenden Bewusstseinsentwicklung.

Sri Aurobindo sah es als seine Aufgabe an, das *Supramentale* (den Übergeist) in das Erdbewusstsein herabzubringen oder diese Herabkunft zumindest zu ermöglichen.

Aurobindo strebte auf der Grundlage des *Vedanta* eine neue Synthese indischer und abendländischer Gotteserkenntnis an. Das unpersönliche Göttliche und das persönliche Göttliche sind gleichwertige und koexistente Aspekte des Ewigen, wofür er die Bezeichnung des *Vedanta Sat-Chit-Ananda* (Sein-Bewusstsein-Seligkeit) verwendet. Dieses *Sat-Chit-Ananda* ist das *Unbekannte, Allgegenwärtige, Unentbehrliche, welches das menschliche Bewusstsein in seinem Erkennen und Fühlen, in Empfinden und Handeln ewiglich sucht.*

Die phänomenale Welt, eine Selbstmanifestation des Ewigen, sei real, wiewohl sie nicht die gesamte Realität umfasst. Das göttliche Wesen wohne im Menschen, in ihrem tiefsten Wesen. Das Verhältnis von Absolutem und Relativem wird also nicht als gegensätzlich angesehen, sondern als Identität in der Verschiedenheit. Die Antwort auf die Frage, weshalb das Eine die Vielheit wurde, warum das in *Brahman* integrierte Universum transformiert wurde, sucht Aurobindo im *göttlichen Spiel.*

Wesentliches Anliegen von Aurobindos Philosophie ist die Evolution der niedrigen Formen zu den höheren. Es sei die irdische Aufgabe des Menschen, die Identität mit dem Absoluten zu erreichen, und zwar dadurch, dass er über die Sphäre des Geistigen hinaussteigt.

Das zentrale Wesen wird nicht geboren und durchläuft keine Evolution. Vielmehr lenkt es die individuelle Geburt und Evolution.

Die dreifache Anstrengung ist *Streben nach dem Göttlichen* ohne Vorbedingungen, *Zurückweisung von Ideen, Vorlieben, Stolz des Geistes* oder der niedrigen vitalen Natur und *Hingabe an das Göttliche,* die ohne Bedingungen des Ego oder persönliches Gewinnstreben zu geschehen hat. Letztlich kann nur das Göttliche selbst diese Umwandlung bewirken, was ein Zurücktreten des Individuums voraussetzt.

Die moderne Psychoanalyse hielt Aurobindo für eine „Wissenschaft in den Kinderschuhen", die nur einen bestimmten Teil der menschlichen Psyche isoliert betrachte. Ihm zufolge muss man *das Ganze kennen, bevor man einen Teil kennen kann, und das Höchste, bevor man wirklich das Niederste verstehen kann. Das ist die Verheißung der größeren Psychologie der Zukunft, die ihre Stunde erwartet und der gegenüber dieses unergiebige Im-Dunkeln-Tappen verschwinden und sich in Nichts auflösen wird* (Briefe über den Yoga, Band IV).

Nachdem Sri Aurobindo sich 1926 nahezu völlig von der Außenwelt und auch von dem persönlichen Kontakt mit seinen Jüngern zurückgezogen hatte, forderte er diese auf, sich mit ihren Fragen und Problemen schriftlich an ihn zu wenden. Das taten sie und schrieben ihm über alles, über ihre Heimsuchungen und Hoffnungen, ihre dunklen Nächte und verhangenen Tage, über plötzlichen Jubel, seltsame Ängste und bleierne Depressionen – oder sie stellten Fragen über Probleme der Philosophie, der Yogatechnik, über poetische Inspiration usw.; und die Antwort kam und brachte den wahren Balsam spiritueller Hilfe, sie kam in Form einer Botschaft oder freundlicher Worte, sie kam als lange oder kurze Epistel, heiter oder ernst, doch immer dem Herzen oder der Wahrheit entspringend und in jeder Weise der Art der Anfrage sowie der Natur und Stimmung des Fragenden angemessen. So entstand in den Jahren zwischen 1927 und 1938 das gewaltige Werk und Lehrgebäude der *Briefe über YOGA*, die in die Tausende gehen und jeden nur erdenklichen Aspekt des Integralen Yoga behandeln.

Der erste und älteste Schüler von Sri Aurobindo, der Parse K. D. Sethna, starb am 29. Juni 2011 im *Aurobindo Ashram* in Pondicherry im Alter von 106 Jahren. Ich hatte ihn wiederholt besucht und mit ihm lange Gespräche geführt. Er war ein großer Verehrer von Bede Griffiths.

Gott ist mein Leben! – Mary Baker Eddy

Die Pionierin der Geistheilung, Mary Ann Morse Baker Eddy, geboren am 16. Juli 1821 in Bow/New Hampshire/ USA, entdeckte 1866 nach eigenen Worten die göttlichen Gesetze von Leben, Wahrheit und Liebe und nannte ihre Entdeckung *Christian Science.* Sie veröffentlichte 1875 ihr Hauptwerk *Wissenschaft und Gesundheit* mit Schlüssel zur Heiligen Schrift, das mehr als zehn Millionen mal in 16 Sprachen verkauft worden ist. Sie zählt zu den herausragenden amerikanischen religiösen Persönlichkeiten des 20. Jahrhunderts. Sie war überzeugt: *Das Bewusstsein des geistigen Menschen und seine Individualität sind Widerspiegelungen Gottes.*

Mary wächst in einem streng gläubigen Elternhaus mit fünf älteren Geschwistern auf. Sie ist ein sehr sensibles Kind mit einer zerbrechlichen Gesundheit, weshalb sie nur unregelmäßig am Unterricht in der Dorfschule teilnehmen kann. Doch ist sie sehr wissbegierig und mit erstaunlichen Geistesgaben gesegnet. Insbesondere liebt sie alles, was mit Gott zusammenhängt, und ist fasziniert von Jesus. Sie fragte sich, wie er geheilt hat. Schon als kleines Kind heilt sie ganz natürlich z. B. Tiere auf der Farm ihres Vaters, aber auch ihren Bruder George und andere. Ihr intensiver, ernsthafter und immer auf die Heilige Schrift bezogener Glaube an die Liebe Gottes und an Jesus Christus als Erlöser der Menschen blieb ihr Leben lang das tragende Fundament für ihre geistige Entwicklung. Mit 22 Jahren heiratet sie ihren ersten Mann, George Washington Glover, und zieht mit ihm nach North Carolina. Dort stirbt er nach wenigen Monaten am Gelbfieber. Eddy zieht zurück in ihr Elternhaus, wo sie nach kurzer Zeit ihr einziges Kind zur Welt bringt. Sie ist körperlich sehr schwach, oft krank, unterrichtet aber trotzdem an der Dorfschule, um eine gewisse Unabhängigkeit von ihrer Familie zu haben. Dann stirbt ihre Mutter. Kurz vor der Wiederheirat ihres Vaters beschließt ihre Familie, dass es besser für Eddys Gesundheit sei, ihren Sohn in eine Pflegefamilie zu geben. Sie selbst schreibt in ihrer Autobiografie *Rückblick und Einblick*:

In der Nacht, bevor mir mein Kind genommen wurde, kniete ich all die dunklen Stunden hindurch an seiner Seite und hoffte auf eine Erleuchtung. Folgende Zeilen sind dem Gedicht „Mutters Liebling" entnommen, das ich nach dieser Trennung schrieb: Dein Lächeln unter Tränen, wie Sonne überm Meer, erweckte in der Brandung das Schöne um mich her. Das Leben ist erstorben, da wir geschieden sind – Stern meines Erdenhoffens, du meiner Seele Kind.

Ihre zweite Ehe geht sie in der Hoffnung ein, ihren Sohn zurückzubekommen, doch ihr zweiter Ehemann, Daniel Patterson, hält sein Versprechen nicht. Gemeinsam mit der Pflegefamilie sorgte er mit gefälschten Briefen dafür, dass die Mutter glaubt, ihr Sohn sei verschollen, und der Sohn, dass die Mutter gestorben sei. Sie sehen sich erst dreißig Jahre später wieder. Diese zweite Ehe ist sehr unglücklich. Eddy kämpft zwanzig Jahre darum, schließlich reicht sie 1873 die Scheidung ein. Während des Bürgerkriegs kämpft ihr Mann für die Konföderierten Truppen und wird 1862 gefangen genommen. Sie bleibt mittellos und krank zurück und muss bei Freunden unterkommen. In diesem Jahr erscheint ihre Lage aussichtslos. Sie ist geschwächt, teilweise gelähmt. Sie probiert verschiedene Heilmethoden der damaligen Zeit aus, insbesondere praktiziert sie auch Homöopathie und beschäftigt sich mit dem sogenannten „Placebo-Effekt". Nichts hilft ihr dauerhaft, kein Beten, keine Medizin. Als sie von dem Wunderheiler Phineas Parkhurst Quimby hört, wendet sie sich an ihn um Hilfe, und es geht ihr tatsächlich bald besser. Nach wenigen Tagen fühlt sie sich gesund und hat das erste Mal seit langer Zeit wieder Lebensmut. Das ist ein Wendepunkt in ihrem Leben. Sie beginnt sich sehr mit seiner Lehre auseinanderzusetzen. Sie stürzt und verletzt sich so schwer, dass der Arzt sie als hoffnungslos aufgibt. Sie wendet sich in dem Moment ganz Gott zu und liest in der Bibel die Geschichte von der Heilung des Gelähmten, Matthäus 9. Bei den Worten: „Steh auf!" fühlt sie sich direkt von Gott angesprochen und steht auf. Dieses Erlebnis führt zu ihrer vollständigen Genesung. Fortan beschäftigt sie die Frage, wie diese Heilung möglich war, wie man sie anderen Menschen erklären könne und ob sie wiederholbar sei. Sie zieht sich gesellschaftlich völlig zurück und widmet sich in den folgenden Jahren trotz großer finanzieller und persönlicher Probleme ausschließlich der Erforschung dieser Frage. Für sie ist ihre Heilung der Schlüssel, mit dem sie die Tür zum geistigen Verständnis der Bibel öffnen kann. Sie entdeckt ein System göttlicher Gesetze, die jederzeit anwendbar sind. Aufgrund dieser Entdeckung beginnt sie zahlreiche andere Menschen zu heilen. Ein wesentlicher Punkt ist jedoch, dass diese geistigen Heilungen allein durch göttliches Wirken, unabhängig von mentalen Einflüssen oder spirituellen Fähigkeiten Dritter, zustande kommen. Ihr Standardwerk *Wissenschaft und Gesundheit* revidiert sie über 35 Jahre lang immer wieder, indem sie ihre Erfahrungen bei der Anwendung der geistigen Gesetze und beim Heilen der Kranken einfließen lässt. Sie ist eine der wenigen Frauen jener Zeit, die ihr Buch selbst herausgeben. Frauen hatten damals in den USA bei Weitem nicht die gleichen Rechte wie Männer, was ihr auch immer wieder Probleme bereitet.

In der Wissenschaft ist der Mensch das Kind des GEISTES. Das Schöne, Gute und Reine sind seine Ahnen. GEIST ist Gottes ursprüngliche und endgültige Quelle des Seins; LEBEN ist das Gesetz seines Seins. Das bürgerliche Gesetz macht sehr unfaire Unterschiede zwischen den Rechten der beiden Geschlechter. Christian Science liefert keinen Präzedenzfall für derartige Ungerechtigkeit, und die Zivilisation mildert sie in gewissem Grade. Jedoch ist es verwunderlich, warum im Allgemeinen der Frau weniger Rechte zugestanden werden, als Christian Science oder die Zivilisation es tun. Unsere Gesetze sind, gelinde gesagt, nicht unparteiisch, denn sie machen zwischen den beiden Geschlechtern Unterschiede bei der Person, dem Besitzstand und dem elterlichen Sorgerecht. Eine denkbare und vernünftige Verbesserungsmöglichkeit liegt gegenwärtig in der Anhebung des allgemeinen Niveaus der Gesellschaft und der Bildung eines edleren menschlichen Wesens, das als Gesetzgeber wirkt – eines Menschengeschlechts mit höheren Zielen und Motiven.

1877 heiratet sie einen ihrer ersten Schüler, Asa Eddy, mit dem sie eine glückliche Ehe führt. Asa Eddys Tod fünf Jahre später erschüttert sie sehr. Ihren Lebensmut und ihre Kraft findet sie in tiefen Gebeten zu Gott wieder.

1879 wird die erste Vereinigung der Christlichen Wissenschaftler in Boston und 1892 wird die *First Church of Christ, Scientist* in Boston gegründet. 1881 erfolgt die Gründung des *Massachusetts Metaphysical College* (ein Institut für Heilkunde) in Boston. Eddy unterrichtete innerhalb von sieben Jahren über viertausend Schüler im christlich-wissenschaftlichen Heilen.

Mary Baker Eddys Leben und ihre Lebensleistung sind vielfach in großem Maße anerkannt worden. So wird sie bereits 1907 vom *Human Life Magazine* als „die bekannteste, interessanteste und einflussreichste Frau Amerikas, wenn nicht der heutigen Welt" beschrieben.

Der berühmte österreichische Schriftsteller Stefan Zweig hatte im Jahr 1931 sein Albert Einstein gewidmetes Buch *Die Heilung durch den Geist* herausgebracht und porträtiert darin drei für ihn wichtige Persönlichkeiten: Franz Anton Mesmer, Mary Baker Eddy und Sigmund Freud.

Die Geistheilung erlangt in unserem Jahrhundert eine gewaltige Bedeutung. Großartige Experten führen ihre Klienten in den Bereich einer kosmischen Wirklichkeit, wo der Geist sich segensreich entfalten kann. Mary Baker Eddy war eine Pionierin der Geistheilung. Sie starb im Alter von 89 Jahren am 3. Dezember 1910 in Boston.

Mit Musik Grenzen sprengen und Frieden stiften – Daniel Barenboim

Eines der größten musikalischen Genies unserer Zeit, der jüdische Pianist und Dirigent *Daniel Barenboim*, wurde am 15. November 1942 in Buenos Aires/Argentinien als einziges Kind russisch-jüdischer Einwanderer geboren. Er kam als 9-Jähriger im Sommer 1952 erstmals zu den *Salzburger Festspielen* und erlebte unter *Karl Böhm* (1894–1981) W. A. Mozarts *Die Zauberflöte*. Der kleine Daniel war mit seinen Eltern in einer abenteuerlichen Reise fünfzig Stunden von Buenos Aires nach Salzburg unterwegs gewesen. Im berühmten Café Tomaselli wollte die Familie Barenboim verschnaufen. Der völlig übermüdete Daniel wollte unter allen Umständen zu einer Aufführung ins Festspielhaus und schlich sich hinein. So groß war sein Drang nach Musik. Er wurde erst später schlafend in einer Loge ertappt. Es war Barenboims erster Kontakt mit einer Mozart-Oper. Nur zehn Jahre später – er war 19 Jahre jung – spielte Daniel Barenboim mit den *Wiener Philharmonikern* unter Karl Böhm das Erste Klavierkonzert d-moll op. 15 von Johannes Brahms!

Daniel Barenboim gehört heute zu den Größten in der Musikwelt, und sein Engagement für den Frieden in der Welt ist immens groß.

Er ist der einzige Mensch auf der Welt, der neben dem israelischen auch den palästinensischen Pass besitzt. Der Jude Jesus wurde in Bethlehem geboren, das im West-Jordanland/Palästina liegt und von Präsident Mahmoud Abbas regiert wird. In der Geburtsstadt Jesu ist die Literaturwissenschaftlerin Vera Baboun Bürgermeisterin; zuvor war sie Leiterin einer katholischen Schule. Bethlehem hat fast 30.000 Einwohner. Wenn Jesus heute lebte, hätte er wahrscheinlich genau wie Barenboim zwei Pässe.

Daniel Barenboim, Generalmusikdirektor der *Staatsoper Unter den Linden* auf Lebenszeit, Gründer und Chef des völkerverbindenden *West-Eastern Divan Orchestra* und ehemals langjähriger Chef des *Chicago Philharmonic Orchestra*, von 2011 bis 2016 zusätzlich Direktor der *Mailänder Scala*, ist ein Ausnahme-Pianist, Sprachgenie, engagierter Humanist. Sein Vater Enrique (1912–1997) war sein erster und wichtigster Klavierlehrer. Als Daniel zwölf war, lud ihn *Wilhelm Furtwängler* ein, in Berlin zu konzertieren. Aber der Vater fand, es sei noch zu früh für ein jüdisches Kind, neun Jahre nach dem Ende des Holocaust in Berlin aufzutreten. Die Familie lebte inzwischen in Israel. In Israel wurde das Wunderkind zum *enfant terrible*, als er im Sommer 2001, als Zugabe eines Konzerts beim *Jerusalem Festival*, Musik aus Richard Wagners *Tristan und Isolde* dirigierte. Der Kulturausschuss des israelischen Parlaments erklärte Barenboim daraufhin zur Persona non grata in Israel. Er bekam Hausverbot in der Knesset, was insofern delikat war, weil ihm dort schon im Jahr zuvor der *Wolf-Preis* verliehen werden sollte, der nur an herausragende Wissenschaftler und Künstler vom israelischen Staatspräsidenten vergeben wird.

In Ramallah hatte Barenboim gesagt: *Als Musiker kämpfe ich gegen zwei Dinge: gegen zu viel Lärm und gegen die Stille. Lärm, das sind für mich Panzer, Bomben und die täglichen Gewaltandrohungen auf beiden Seiten. Stille ist das Schweigen der Mehrheit.*

Noch während Barenboims Rede wenige Tage später gab es im Parlament von Jerusalem Tumulte, bei denen sich unverständlicherweise Israels Präsident Moshe Katsav und ganz besonders die

Erziehungsministerin Limor Livnat unrühmlich hervortaten. Da sie allerdings gegen Barenboims Fragen keine Argumente vorbringen konnten, versuchten sie es mit der sophistischen Verdrehung, Barenboim sei ein „Provokateur" und habe „Israel attackiert" – die in diesem Pauschalvorwurf derzeit oft versteckte Absurdität, er sei daher auch antisemitisch, verkniffen sie sich. Barenboims Entgegnung an Katsav und Livnat war ebenso schlicht wie überzeugend: *Ich habe nicht Israel attackiert, sondern einfach nur die Unabhängigkeitserklärung zitiert und rhetorische Fragen gestellt. Sie haben entschieden, das anders zu interpretieren.* Offenbar hatte man vergessen, dass Barenboim mit einer Botschaft der Versöhnung nach Israel gekommen war, mit der Vision, *dass dieser Wahnsinn eines Tages beendet sein wird, dass in Palästina zwei Staaten in Freiheit und Gleichheit in friedlicher Nachbarschaft existieren und dass dieses Land eine der fruchtbarsten Regionen der Welt sein wird, die Brücke zwischen Europa und Asien.* Das Preisgeld hatte er für musikalische Erziehungsprojekte in Israel und Ramallah gespendet

Der *UNO-Friedensbotschafter* Daniel Barenboim spielte am 12. Januar 2008 in Ramallah/Westjordanland einen Klavierabend mit Beethoven-Klaviersonaten. Es war ein Benefizabend zugunsten der medizinischen Versorgung von Kindern im Gaza-Streifen. Anschließend wurde ihm die *palästinensische Ehrenstaatsbürgerschaft* verliehen und ein offizieller Pass des Landes überreicht. Der israelische Künstler sagte dazu, er habe dies akzeptiert, weil er davon überzeugt sei, dass die Schicksale des israelischen und des palästinensischen Volkes eng miteinander verbunden seien. Israel warf er vor, sich seit Beginn der Besatzung nicht um eine Verbesserung der Lebensqualität der Palästinenser bemüht zu haben. Sein außerordentliches Engagement für die Versöhnung kommt in einem Text zum Ausdruck, in dem er seine Annahme der palästinensischen Staatsbürgerschaft begründet:

Ich habe schon oft erklärt, dass die Schicksale des israelischen und des palästinensischen Volkes unauflöslich miteinander ver-

knüpft sind und dass es für den Nahost-Konflikt keine militärische Lösung gibt. Als meine Familie in den 1950er-Jahren von Israel nach Argentinien zog, ging es meinen Eltern auch darum, mir zu ersparen, in einer Minderheit aufzuwachsen – in einer jüdischen Minderheit. Sie wollten, dass ich in einer Mehrheit aufwachse – in einer jüdischen Mehrheit. Abgesehen davon, dass ich also in einer Gesellschaft erzogen wurde, deren Menschlichkeit und Werte mein Denken auf großartige Weise bereichert haben, hat meine Generation jedoch stets ignoriert, dass in Israel selbst eine Minderheit existierte – eine nicht-jüdische Minderheit –, die vor der Gründung des Staates Israel 1948 in ganz Palästina die Mehrheit der Bevölkerung gestellt hatte. Das halte ich für eine Tragödie. Teile der nicht-jüdischen Bevölkerung blieben in Israel, andere flüchteten oder wurden gewaltsam vertrieben.

Die Geburt des Staates Israel gehorchte einer jüdisch-europäischen Idee, die, wenn sie als Leitmotiv eine Zukunft haben will, die palästinensische Identität als gleichwertiges Leitmotiv unbedingt anerkennen muss. Denn es ist schlicht unmöglich, die demografische Entwicklung zu ignorieren. Die Palästinenser in Israel sind zwar eine Minderheit, aber eine, die rasch wächst. Ihre Stimme muss stärker gehört werden denn je. Heute machen sie etwa 22 Prozent der Bevölkerung in Israel aus. Dieser Prozentsatz ist größer als jede jüdische Minderheit in irgendeinem Land zu irgendeiner Zeit. Die absolute Zahl der Palästinenser, die in Israel und den besetzten Gebieten leben (Groß-Israel für die Israelis, Groß-Palästina für die Palästinenser), ist jetzt bereits größer als die der jüdischen Bevölkerung.

Momentan sieht sich Israel mit drei Problemen auf einmal konfrontiert: mit dem Wesen des modernen, demokratischen, jüdischen Staates – also mit seiner ureigenen Identität; mit der palästinensischen Identität innerhalb Israels; und mit der Frage eines außerhalb Israels zu gründenden palästinensischen Staates. Was hier im Verein mit Jordanien und Ägypten erzielt wurde, kann bestenfalls als ein eiskalter Friede beschrieben werden, der Israels Existenz als jüdischer Staat nicht infrage stellt. Das Problem der Palästinenser in Israel hingegen stellt theoretisch wie praktisch ungleich größere Herausforderungen dar. Für die Israelis bedeutet eine mögliche Lösung, neben anderem, sich mit dem Gedanken anzufreunden, dass das Land, das sie besiedelten, weder öde war noch leer. Es handelte sich eben nicht um ein „Land ohne Volk", wie die Propaganda zur Zeit der Staatsgründung gerne behauptete. Und für die Palästinenser wiederum bedeutet eine mögliche Lösung, die Tatsache zu akzeptieren, dass Israel ein jüdischer Staat ist und bleiben wird.

Als man mir den palästinensischen Pass anbot, habe ich ihn aus dem Geist und der Überzeugung heraus angenommen, dass ich als Israeli das Schicksal der Palästinenser teile. Ein aufrichtiger Bürger Israels muss dem palästinensischen Volk mit Offenheit begegnen und zumindest versuchen, nachzuvollziehen, was die Gründung des Staates Israel für diese Menschen bedeutete. Der 15. Mai 1948 ist für die Juden der Tag ihrer Unabhängigkeit; bei den Palästinensern heißt derselbe Tag „Al Nakba": die Katastrophe. Ein wahrer Bürger Israels muss sich fragen, was die Juden als intelligentes, gebildetes Volk eigentlich dazu getan haben, um ihr kulturelles Erbe mit den Palästinensern zu teilen. Ein ehrlicher Bürger Israels muss sich auch fragen, warum die Palästinenser dazu verdammt sein sollen, in Slums zu leben und niedrigere Standards in Bildung und medizinischer Versorgung zu akzeptieren, anstatt unter ihren Besatzern in anständigen, würdevollen und lebenswerten Bedingungen zu leben – ganz so, wie es allen Menschen von Rechts wegen zusteht.

In jedem besetzten Gebiet tragen die Besatzer für die Lebensqualität der Besetzten die Verantwortung. Was die Palästinenser betrifft, so sind die verschiedenen israelischen Regierungen in den vergangenen 40 Jahren daran jämmerlich gescheitert. Natürlich müssen sich die Palästinenser weiterhin gegen die Besetzung wehren und gegen alle Versuche, ihnen individuelle Bedürfnisse und ihre Souveränität abzusprechen. In ihrem eigenen Interesse aber darf sich diese Gegenwehr nicht in Gewalt äußern. Das Überschreiten der Grenze von der Unerbittlichkeit des Widerstands (einschließlich gewaltfreier Demonstrationen und Proteste) zur offenen Gewalt zeitigt nur noch mehr unschuldige Opfer und dient dem palästinensischen Volk auf lange Sicht nicht. Gleichzeitig haben die Bürger Israels jeden Grund, sich um die Belange und Rechte des palästinensischen Volkes (innerhalb wie außerhalb Israels) ebenso zu kümmern und zu sorgen wie um ihre eigenen.

Wenn wir schon ein Land und ein Schicksal miteinander teilen, dann sollten wir auch alle die doppelte Staatsbürgerschaft haben.

Aus: Daniel Barenboim, Warum ich palästinensischer Staatsbürger geworden bin, in: Der Tagesspiegel, 3. Februar 2008

Im Fluss des Lebens sein! – Charlotte Joko Beck

Dieses Streben nach Erleuchtung geistert in vielen spirituellen Zentren als eine Art unterschwellige Erregung herum, die mit der spirituellen Praxis verbunden ist. Das ist wirklich lächerlich.

(Charlotte Joko Beck)

Charlotte Beck, geb. am 27. März 1917 in New Jersey, war eine bemerkenswerte Frau. Wir sind uns im September 1992 in San Francisco zusammen mit Dom Bede Griffiths begegnet. Damals leitete sie in San Diego ein ZEN-Zentrum; seit 2006 lebte sie in Prescott, Arizona.

Geboren und aufgewachsen ist sie in New Jersey. Am *Oberlin Conservatory of Music* in Ohio studierte sie und arbeitete eine Zeit lang als Pianistin und Klavierpädagogin. Sie war mit einem Psychiater verheiratet, mit dem sie vier Kinder hatte. Die Ehe wurde geschieden.

Ihre ZEN-Lehrbefugnis erhielt sie von *Taizan Maezumi Roshi* (1931–1995), dem Gründer des ZEN-Centers in Los Angeles. Charlotte Beck distanzierte sich vollständig von ihrem Meister, der Alkoholiker war und neben seiner Ehe massiven sexuellen Missbrauch trieb. Er starb im Alkoholrausch in seiner Badewanne.

Joko Beck verbrachte die letzten Lebenswochen in einem Hospiz, wo sie in den frühen Morgenstunden des 15. Juni 2011 im Alter von 94 Jahren friedlich in die Ewigkeit übersiedelte.

Ihr Buch *Einfach ZEN* gehört zu den besten der gesamten ZEN-Literatur. Es ist schlicht und einfach. Man muss nicht mit buddhistischer Tradition vertraut sein oder die Namen aller Buddha-Patriarchen kennen, um es zu lesen. Seine Kraft zieht es daraus, dass es den Leser immer direkt in seiner jetzigen eigenen Situation anspricht und keine bunten Fantasiewelten beschreibt, in die der Leser sich hineinträumen kann. Die Autorin versteht es, die falschen Träume und Wünsche, die man mit ZEN verbinden kann, zu zerstören. Dadurch ist es auf gewisse Weise desillusionierend – zugleich bereitet es aber den Weg zu wahrer ZEN-Praxis. Letztlich geht es der Autorin darum, zu zeigen, dass ZEN kein Hobby oder Zeitvertreib ist, sondern ernsthaftes Leben im Augenblick, das Mut und Stärke fordert und Freiheit und Freude bringen kann. Wer sich nur für Japan interessiert oder ein seichtes Buch zum Träumen sucht, ist hier falsch. Es ist ein Buch für die Entschlossenen und Suchenden. Hier einige Kostproben:

Das ist es, was die Christen das „Angesicht Gottes" nennen: die Welt, wie sie sich manifestiert, einfach wahrzunehmen. Wir fühlen unseren Körper; wir hören die Autos und die Vögel. Das ist alles. Aber wir sind nicht mehr bereit, mehr als ein paar Sekunden in dieser Welt der reinen Wahrnehmung zu verweilen. Schon sind wir wieder abgelenkt, erinnern uns an das, was uns letzte Woche widerfahren ist, oder denken über das nach, was nächste Woche geschehen wird. Wir denken zwanghaft über Leute nach, mit denen wir Schwierigkeiten haben, über unsere Arbeit oder über sonst etwas. Es ist ganz natürlich, dass unsere Vorstellungen in uns aufsteigen, aber wenn wir uns in ihnen verlieren oder festbeißen, sind wir in der Welt der Bewertung von unserem egozentrischen Standpunkt aus. Die meisten von uns verbringen den größten Teil ihres Lebens mit dieser Sicht der Dinge.

Erleuchtung bedeutet, einfach das, was wir tun, ganz zu tun, und auf das zu reagieren, was sich uns darbietet. In der modernen Sprache heißt das „im Fluss sein". Freude ist eben dies: Etwas ge-

schieht; ich nehme es wahr. Etwas ist notwendig, und ich tue es; und dann das nächste und das nächste.

Schmerz und Lust sind nur entgegengesetzte Pole. Freude besteht darin, die Dinge so zu nehmen, wie sie sind. In der Freude gibt es keine Polarität.

Wir alle erfreuen uns manchmal unseres Lebens. Aber hinter dieser Freude und Zufriedenheit liegt Angst. Wir suchen immer nach etwas, das hinter der Tür liegt, und wir fürchten, dass wir es nie finden. Wir denken: „Wenn ich dieses oder jenes hätte, wäre ich glücklich."

Wir stehen in jeder Sekunde vor einer Weggabelung: Der eine Weg führt uns zur Unbewusstheit, der andere zur Bewusstheit, der eine zur Abwesenheit, der andere zum Gegenwärtigsein – der eine zu äußeren Erfahrungen und der andere zum wirklichen Erfahren. Beim Üben geht es darum, von den Erfahrungen zum Erfahren, zum Erleben zu kommen.

Wir wollen, wollen, wollen: einen bestimmten Menschen, eine bestimmte Art von Beziehung, eine bestimmte Arbeit. Weil kein Wunder dieser Art je vollständig erfüllt werden kann, ist unser Wollen unaufhörlich von Spannung und Angst begleitet. Sie sind untrennbare Zwillingsbrüder.

Stille verlangt tiefgründige Disziplin – Leonard Bernstein

Leonard Bernstein wurde am 25. August 1918 in Lawrence, Massachusetts, als Sohn einer jüdisch-ukrainischen Einwandererfamilie geboren und auf den Namen Louis getauft. Als Kind lernte er auf einem sehr schlechten Instrument Klavierspielen, seine Jugend verbrachte er in Boston und änderte im Alter von 16 Jahren seinen Namen in Leonard. Nach Studium und Examen an der *Harvard University* im Jahr 1939 setzte er, von Dimitri Mitropoulos ermutigt, seine Musikstudien am *Curtis Institute of Music* in Philadelphia fort, unter anderem bei Fritz Reiner in der Dirigierklasse und Isabella Vengerova als Klavierlehrerin. Bernsteins große Stunde als Dirigent schlug, als er am 14. November 1943 für den plötzlich erkrankten Bruno Walter kurzfristig einspringen musste und die Leitung eines landesweit über Rundfunk ausgestrahlten Konzerts übernahm. Damals war er gerade 25 Jahre alt und galt fortan als große Hoffnung. So wurde er 1945 Chefdirigent des *New York City Symphony Orchestra*. Die Ärzte diagnostizierten damals ein schweres Lungenemphysem und rieten dem jungen Künstler, die verbleibenden Lebensmonate zu genießen. Er wurde zum Kettenraucher und gewaltigen Alkoholkonsumenten – zum großen Erstaunen hielt sein Körper dies noch weitere 45 Jahre aus. Sein Rezept:

Stille ist unsere innerlichste Art des Tuns. In unseren Augenblicken tiefer Ruhe entstehen alle Gedanken, Gefühle und Kräfte, die wir schließlich mit dem Namen des Tuns beehren. Unser gefühlvollstes aktives Leben wird in unseren Träumen gelebt, unsere Zellen erneuern sich am eifrigsten in unserem Schlaf. Wir erreichen das Höchste in Meditation, das Weiteste im Gebet. In Stille ist jedes menschliche Wesen fähig der Größe. Frei von Erfahrung von Feindseligkeiten, ein Dichter, und am ähnlichsten einem Engel. Doch Stille verlangt eine tiefgründige Disziplin, man muss sie sich erarbeiten, und sie gilt uns umso mehr darum als kostbarster Schatz.

1958 ernannten ihn die New Yorker Philharmoniker zu ihrem Musikdirektor. Bernstein, damals vierzig Jahre alt, war damit der erste in den USA geborene und ausgebildete Musiker, der in eine der Spitzenpositionen des nordamerikanischen Musiklebens berufen wurde. Im Laufe einer zwölfjährigen erfolgreichen Zusammenarbeit dirigierte Bernstein mehr Aufführungen des Orchesters als alle seine Amtsvorgänger. Seine Mahler-Interpretationen etwa trugen wesentlich zur Anerkennung des Komponisten in der zweiten Hälfte des 20. Jahrhunderts bei. Bernstein sorgte in diesen Jahren außerdem als Gastdirigent der New Yorker Metropolitan Opera, der Mailänder Scala (als erster Amerikaner) und als Operndirigent an der Wiener Staatsoper für Aufsehen über die Kreise der Szene hinaus.

Leonard Bernsteins Arbeit als Komponist hat ein weites Werkspektrum von Gattungen und Stilrichtungen hervorgebracht. Von seinen Broadway-Partituren wurde vor allem die *West Side Story* eine wichtige Wegmarke in der Entwicklung des amerikanischen Musiktheaters. Mit *Mass* wurde 1971 in Washington das *Kennedy Center* eröffnet, 1981 kam das Werk als erste Bühnenkomposition eines amerikanischen Komponisten an der Wiener Staatsoper zur Aufführung. Den größten österreichischen Komponisten würdigt er folgendermaßen:

Mozart ist der göttliche Mozart und wird es immer sein. Nicht nur ein Name, sondern ein himmlisches Genie, das auf diese Erde kam, dreißig und einige Jahre blieb, und als er die Welt verließ, war sie neu, bereichert und durch seinen Besuch gesegnet.

Bernsteins Reihe der *Young People's Concerts* mit den New Yorker Philharmonikern, die zehnmal einen *Emmy Award* erhielt, wurde 14 Jahre lang gesendet. Leonard Bernsteins Diskografie ist umfangreicher als die der meisten Musiker des 20. Jahrhunderts. Seine Interpretationen der Symphonie-Zyklen von Mahler, Beethoven und Brahms gehören zu den herausragenden Ereignissen einer großen Serie von Einspielungen. Als zentrale Persönlichkeit des musikalischen Lebens erhielt Bernstein zahlreiche Ehrungen und Auszeichnungen wie die Ehrenpräsidentschaft der Accademia di Santa Cecilia in Rom und die Ehrenmitgliedschaft der New Yorker und Wiener Philharmoniker. Leonard Bernstein starb am 14. Oktober 1990 in New York. Sein Vermächtnis jedoch wirkt in vieler Hinsicht weiter. Sein Verhältnis zur Musik war trotz aller Analyse stets intuitiv. Er wollte Klang erlebbar machen, für sich selbst und die Zuhörer, die ihm folgten. Das wiederum setzte voraus, dass er einen Komponisten auch als Menschen verstand, dessen individuelle Auseinandersetzungen sich in der Musik widerspiegelten. Bernsteins Kunst bestand daher nicht nur im Dirigieren und Komponieren, sondern auch im Vermitteln seiner Ideen an ein großes Publikum. Als einer der ersten Pultstars nützte er konsequent die Möglichkeiten, die ihm vor allem das boomende Fernsehen bot, um beständig Werbung für die Kunst zu machen. Er war als Pädagoge ebenso aktiv wie als Botschafter des klassischen Geschmacks, blickte neugierig nach allen Seiten über die Mauern seines Business und schaffte es auf diese Weise, viele Menschen zu erreichen, die sonst für die von ihm verehrte Musik wenig Interesse entwickelt hätten. Allein damit hat er sich schon ein Denkmal gesetzt.

Am 9. November 1989 war die Mauer zwischen West- und Ostdeutschland gefallen. Die Welt war in Bewegung. Lenny Bernstein war bereits von schwerer Krankheit gezeichnet, aber sein Lebenshunger war immer noch extrem groß. Zwei Tage vor Weihnachten 1989 dirigierte er in der Westberliner Philharmonie Beethovens Neunte Sinfonie und am ersten Weihnachtstag im Ostberliner Schauspielhaus das gleiche Werk noch einmal. Im Schlussgesang *Ode an die Freude* ersetzte er das Wort „Freude“ durch „Freiheit“. Traditionalisten stießen sich an Bernsteins Willkür, aber die internationalen Zeitungen berichteten begeistert. Er war einer der großen, tief religiösen und mystisch verankerten Künstler des 20. Jahrhunderts. Jonathan Cott führte mit dem 71-jährigen Leonard Bernstein elf Monate vor dessen Tod am 20. November 1989 im Haus des Maestros in Fairfield, Connecticut ein sehr bewegendes Gespräch, das unter dem Titel *Leonard Bernstein – Kein Tag ohne Musik* erschienen ist. Jonathan Cott beginnt das Buch mit dem Zitat des japanischen Haiku-Meisters Matsuo Bashō aus dem 17. Jahrhundert: *Der Klang der Tempelglocke endet – doch der Ton ist weiterhin zu hören aus den Blumen.* Leonard Bernstein spricht darin in beeindruckender Weise davon, wie sehr ihn die indische Musik inspiriert hat.

Jesus überbrückte den Abgrund der Gottesferne – Eugen Biser

Eugen Biser wurde am 6. Januar 1918 in Oberbergen am Kaiserstuhl als Sohn eines Lehrers geboren und wuchs in sehr bescheidenen Verhältnissen auf. Sein in Freiburg im Breisgau begonnenes Theologiestudium wurde durch den Zweiten Weltkrieg unterbrochen. In der Hölle von Stalingrad wurde er schwer verwundet und brauchte eine längere Genesungszeit. Im Jahr 1946 erfolgte die Priesterweihe, dann setzte er das Studium fort und war fast zwei Jahrzehnte lang Religionslehrer in Heidelberg. 1956 wurde er mit einer Arbeit über Gertrud von le Fort zum Dr. theol. promoviert, 1961 wurde er Dr. phil. mit einer Arbeit über Friedrich Nietzsche. Nach der Habilitation im Jahr 1965 begann Eugen Bisers Universitätslaufbahn als Fundamentaltheologe in Marburg, Bochum und Würzburg; 1974 erfolgte dann die Berufung auf den renommierten *Romano-Guardini-Lehrstuhl für Christliche Weltanschauung und Religionsphilosophie* in München, als Nachfolger von Karl Rahner. Für sein Verständnis von Theologie war der Satz des Paulus zentral: *Zur Freiheit hat uns Christus befreit.* (Galater 5,1) Diese Freiheit bestand für ihn im Wesentlichen in der Aufgabe, dass der Mensch *aus dem Rohstoff seiner Person das Kunstwerk seiner Persönlichkeit* schafft.

Das Christentum verstand Biser nicht als moralische, sondern vielmehr als therapeutische Religion, die auf die Heilung des von Tod und Angst bedrängten Menschen aus ist. Das Zentrum der christlichen Botschaft war für ihn der von Jesus entdeckte und verkündete Gott bedingungsloser und vorbehaltloser Liebe, den er zärtlich als Abba, lieber Vater, anredete. Gott ist nicht mehr unnahbar oder ambivalent zwischen Güte und Zorn oszillierend. Der Abgrund der Gottferne wurde ein für allemal überbrückt. Die bedingungslose Liebe Gottes, die an unser Herz rührt und in Gestalt des Gottessohnes in uns wohnt, macht das Christentum zu einer zutiefst mystischen Religion.

Eugen Biser war der Überzeugung, dass die gegenwärtige Krise des christlichen Glaubens und der Kirche keine zufällige und deshalb gewissermaßen von selbst vorübergehende Zeiterscheinung sei. Den eigentlichen und tiefsten Grund dafür sah er in der mangelnden Konzentration auf die Kernbotschaft des Christentums. Die für den Glauben im strengen Sinn unverzichtbare Dimension der Freiheit ging immer mehr verloren, bis schließlich Glaubenszwang kirchlicherseits zu einer echten Option wurde. Im Gegenzug zu dieser Entwicklung forderte Eugen Biser die Wende vom abstrakten System, von der in sich kohärenten Doktrin, zur Lebenswirklichkeit, d. h. zu Jesus als der alleinigen Bezugsperson des Christseins, von der Lehre und Botschaft zum Botschafter selbst, von den satzhaften Wahrheiten des Christentums zur personalen Wahrheit Christi. Eugen Biser verstand Glauben als dialogische Beziehung zu Christus und durch ihn zu Gott. Dadurch werden alle Vergegenständlichungen in Zeichen, durch Sätze und Lehren auf deren Innendimension hin durchbrochen. Die *Einwohnung des Geistes* erhebt den Menschen zur Gotteskindschaft – ein Thema, mit dem sich Eugen Biser noch in einer seiner letzten Monografien befasste – und kann den Menschen damit zu seiner eigenen Identität führen. Diesen Prozess der Neuentdeckung der Mitte des Christentums verstand Eugen Biser als *Christomathie.* Allein dadurch kann das Christentum von seinem *Selbstmissverständnis* befreit werden. Im Kontext dieser Überlegungen zeigte Eugen Biser überzeugend, dass das Christentum keine asketische, sondern eine mystische Religion der inneren Erfahrung ist und als solche therapeutische Funktion hat. Mit der Überwindung der Angst vor Gott überwindet Christsein auch die Todesangst und beantwortet dadurch die den Menschen ständig bedrängende und sein Dasein belastende Sinnfrage. In der Rückbesinnung auf die Mitte des Evangeliums hat er die Wirklichkeit von Christsein neu entdeckt und in seiner Theologie unter verschiedenen Gesichtspunkten reflektiert. Er selbst sprach von seiner *Neuen Theologie* oder der *Theologie der Zukunft.* Aus seinem Gesamtwerk ergeben sich Konsequenzen von großer Tragweite. In erster Linie ist davon das Lehrgebäude der Kirche betroffen, aber auch das Verständnis der Strukturen der Kirche selbst muss von seinem Ursprung her befragt und einer kritischen Prüfung unterzogen werden. Bis ins hohe Alter von 89 Jahren leitete er an der Ludwig-Maximilian-Universität in München das von ihm initiierte Seniorenstudium – jeweils Hunderte von Menschen drängten zu seinen faszinierenden Vorlesungen. Bis zum Jahr 2007 zelebrierte er jeden Sonntagabend in der Schwabinger Universitätskirche St. Ludwig die stets überfüllte Abendmesse – die eindrucksvollen Predigten Eugen Bisers waren stets eine willkommene Einladung, die Christuswirklichkeit im Hier und Jetzt zu erfahren.

Am 25. März 2014 ist Eugen Biser in München in großem Frieden in die himmlische Ewigkeit eingetreten.

Angestellter Gottes sein! – Adolph Kurt Böhm

Der Maler, Pianist und Komponist Adolph Kurt Böhm, der „Weise von Murnau", ist ein ungewöhnlicher und großartiger Mensch. Kaum jemand kennt die Geschichte des bescheidenen Mannes, den Eingeweihte den *Schubert des 20. Jahrhunderts* nennen. Er selbst versteht sich als *Angestellter Gottes*; er denkt, redet, schreibt und handelt wie ein Mystiker. In seinem Haus im oberbayerischen Künstlerort Murnau am Staffelsee hat er mehr als fünfhundert Gedichte von Matthias Claudius, Hermann Hesse, Josef von Eichendorff, Eugen Drewermann und Wilhelm Busch vertont.

Adolph Kurt Böhm stammt aus dem fränkischen Oberlangenstadt, wo er am 27. Juli 1926 geboren wurde. Sein Vater Josef Böhm, der dort eine kleine Korbfabrik betrieb, war Jude, seine Mutter Marie Christin. Zusammen mit seinem Bruder Gerd wurde er katholisch erzogen. Nach der nationalsozialistischen Machtergreifung musste Josef Böhm ins KZ nach Dachau. In ihrer Not wandte sich Marie Böhm an den Bischof von Bamberg. Und ein kleines Wunder geschah: Der Bischof erreichte die Freilassung des gefolterten und schwer verletzten Mannes. Im Dezember 1933 emigrierte die Familie nach Paris. Dort angekommen, lebte sie von den 200 Mark, die sie mitnehmen durfte, von Almosen und manchmal aus der Mülltonne; Adolph Kurt Böhm schreibt dazu: *Flüchtlinge durften nicht arbeiten. Mutter fand heimlich eine Putzstel-*

le und Vater bekam eine Anstellung bei einer jüdischen Pariser Tageszeitung. Tante Metti aus Amerika bezahlte die Wohnungsmiete. 1940 kam der Krieg nach Paris. Im selben Jahr begann Adolph Kurt Böhm eine Ausbildung zum Kunstmaler an der Akademie der Künste: Malerei, Zeichnen, Akt, Reklame und Buchstaben. Die Prüfungen zur Kunstschule absolvierte der damals 14-Jährige so hervorragend, dass er die erste Klasse überspringen durfte. Böhm entwickelte Fähigkeiten, die in den folgenden Jahren vielen Menschen das Leben retten sollten.

Nach der Besetzung Nordfrankreichs mussten alle Juden einen gelben Stern an ihrer Kleidung anbringen. Im Pass wurde mit einem roten Stempel „Jude" eingetragen. „Manchmal gab es in der Metro Razzien. Dazu wurden Juden von der Gestapo wahllos herausgezogen und auf Lastwagen abtransportiert. Die Familien haben vom Schicksal ihrer verschleppten Angehörigen nie etwas erfahren." Der 17-Jährige begann zu grübeln: *Wenn ich den Leuten falsche Pässe ausstellen könnte, müssten sie keine Sterne tragen und wären gerettet.*

Mit Zirkel und Spezialtinte zeichnete Böhm die Stempel auf die Ausweisrohlinge: *Diese Arbeit machte mir Riesenspaß.* Als Geburtsorte wurden Gemeinden ausgesucht, die von den Deutschen bombardiert worden waren. In solchen Städten lag kein Stein mehr auf dem anderen. Die Rathäuser waren zerstört. So konnte niemand die Angaben auf den falschen Dokumenten nachprüfen. Die Manipulationen wurden niemals entdeckt.

Für diese Fluchthilfe wurden Adolph Kurt Böhm und postum auch seine Mutter Marie 1995 mit der höchsten Auszeichnung bedacht, die der Staat Israel für Nichtjuden vorsieht: mit dem Ehrentitel *Gerechter unter den Völkern.* Adolph Kurt Böhm und seine Mutter erhielten die Medaillen auf Initiative von Irene und Raymond Rosenstiehl. Das Ehepaar wurde von Marie Böhm in Dachzimmern versteckt und von den Söhnen mit Kleidung, Nahrung und Bettzeug versorgt. Als die Situation immer gefährlicher wurde, produzierte Adolph Kurt Böhm 1943 ihnen die falschen Ausweispapiere:

Unsere Arbeit war lebensgefährlich. Als 17-Jähriger hat man keine Angst. Da will man nur helfen. Wir, vor allem meine Mutter, warnten die Juden vor einer drohenden Deportation. Manche von ihnen wollten das nicht glauben und blieben. Tage später wurden sie abgeholt. Als die Gestapo an die Türe von Hermann Faust pochte, rührte sich der alte Mann nicht. Seine Familie war bereits im Konzentrationslager umgekommen. Die Nazis zogen wieder ab, versiegelten die Türen. Hermann Faust war gefangen. Durch das Fenster versorgten wir ihn einige Tage. Danach fanden wir ein anderes Versteck für ihn. Das Siegel zogen wir vorsichtig ab und klebten es anschließend wieder drauf. Unser Problem war, wo wir die Menschen verstecken und das Essen herkriegen sollten.

Nach dem Krieg kam die Familie zu bescheidenem Wohlstand. Es gehörte in der Gesellschaft zum guten Ton, dass die Buben Klavier spielen konnten. Adolph Böhm nahm professionellen Unterricht. Nach dem Krieg, als der Vater aus der Schweiz nach Frankreich zurückkam, hatten die Böhms einen Familienbetrieb für Uhrenarmbänder gegründet. Adolph entwarf die Modelle und zeichnete die Reklameplakate. Eines Tages im Jahr 1962 brachte ein Kunde eine Schallplatte in den Laden. Die solle sich Adolph Kurt Böhm unbedingt anhören. Der ungarische Klaviervirtuose György Cziffra spielte darauf vier ungarische Rhapsodien von Franz Liszt. Cziffra stand für Fachleute auf der gleichen Stufe wie Vladimir Horowitz und Arthur Rubinstein: *Cziffra war ein Orkan am Klavier. Niemals hat er ein Stück zweimal gleich gespielt. Er hat mit dem Herzen improvisiert.*

Böhm wollte den Pianisten unbedingt kennenlernen. Nach einem Konzert ergatterte er von seinem Idol ein Autogramm. Bis zur ersten persönlichen Begegnung dauerte es aber noch ein Jahr. Zu dieser Zeit hatte Böhm ein Buch über geistige Phänomene geschrieben und mehrere Zeitungsartikel zum selben Thema veröffentlicht. György Cziffra wohnte in einer 28-Zimmer-Villa und empfing seinen Gast in offenem Hemd und in Hausschuhen. Er war 1921 in Budapest geboren und war mit der Tochter des ägyptischen Botschafters in Ungarn verheiratet. Aus dem Material des Interviews schrieb Adolph Kurt Böhm einen Artikel. Wenige Tage nach dem ersten Treffen bekam er einen Brief von Cziffra, der mit den Worten begann: „Mein lieber Adolph ...“ Das war die Geburtsstunde einer Freundschaft, die drei Jahrzehnte, bis zum Tod Cziffras im Jahr 1994, dauerte: *György Cziffra hat mein musikalisches Leben geprägt wie kein Zweiter.* Adolphe Böhm hat eine wunderschöne Biografie in französischer Sprache über ihn geschrieben: *Hommage à Cziffra – Le journal d'une amitié.*

Mehr als fünfzig Jahre hatte „Mutz“ Böhm in Paris gelebt und als Unterhaltungspianist gearbeitet. Seit fast drei Jahrzehnten lebt er mit seiner Frau Christl in Murnau und ist unermüdlich kompositorisch tätig. Zu mitternächtlichen Stunden lässt er sich vom Himmel inspirieren und bringt dann in handschriftlicher Schönheit die Noten zu Papier. Eine wunderbare Freundschaft verbindet uns. Für den Jesuitenpater und Gandhi-Freund Michael A. Windey (1921–2009) hat er das Gedicht eines unbekannten Poeten, *I am with you always,* vertont.

Der Weg liegt vor deinen Füßen! – Paul Brunton

Paul Brunton, ursprünglich *Raphael Hurst*, war ein englischer Philosoph, Mystiker, Reiseschriftsteller und spiritueller Autor. Er machte *Sri Ramana Maharshi* (1879–1950), den *Weisen vom Berg Arunachala*, erstmals einem weiten Kreis im Westen bekannt. Seine Werke über östliche Philosophie und Mystik sowie die Geheimnisse der ägyptischen Pyramiden erlangten große Popularität. Er war einer der Pioniere des Ost-West-Dialogs. Wir sind uns zweimal begegnet.

Geboren wurde er am 21. Oktober 1898 in London. Nach einer sechsmonatigen Phase intensiver Meditation erlebte er als Sechzehnjähriger ein erstes ekstatisches spirituelles Erwachen. Er beschrieb es als die Zerstörung des Egos durch eine unbekannte Macht, die zum Empfinden der Einheit mit Gott führte. Der Kontrast zwischen seiner mystischen Erfahrung und der groben materialistischen Wirklichkeit seiner Umwelt stürzte ihn zunächst in eine innere Krise, die so heftig war, dass er plante, Selbstmord zu begehen. Er setzte sich eine Frist von 14 Tagen, während der er in der *British Library* von London Bücher über Sterben und Tod entlieh. Je mehr er aber darüber las, desto unsicherer wurde er in seinem Vorhaben, ließ schließlich ganz davon ab und lernte, mit der Spannung umzugehen. Obgleich sich die mystische Erfahrung allmählich wieder verflüchtigte, hinterließ sie doch einen Grundstock für sein weiteres spirituelles Leben.

1921 heiratete Paul Brunton Karen Augusta Tuttrup. Zwei Jahre später wurde ihm sein Sohn Kenneth Thurston geboren, dem er zeitlebens sehr verbunden war und für den er zum spirituellen Lehrer wurde. (Kenneth veröffentlichte nach dem Tod seines Vaters die bislang einzige Biografie über Paul Brunton.) 1926 ließ sich Brunton von seiner Frau scheiden, da sie eine Beziehung mit seinem Freund Leonard Gill eingegangen war, der er nicht im Wege stehen wollte. Alle drei bewahrten zeitlebens ein freundschaftliches Verhältnis.

In seinen jüngeren Jahren war Brunton Mitglied einer spiritistischen Gesellschaft und entdeckte seine okkulten Begabungen. Schließlich ließ er aber wieder von ihnen ab, da er einsah, dass sie vom spirituellen Weg ablenkten. Inspiriert wurde er vom buddhistischen Mönch *Allan Bennet* (*Bhikku Ananda Metteya*), der nach dem Ersten Weltkrieg die *Buddhistische Gesellschaft* in England wiederbelebt hatte und ihn in die buddhistische Meditation einführte. Ein amerikanischer Maler und Okkultist namens *Thurston* war eine weitere Persönlichkeit, die ihn in jungen Jahren beeinflusste, und als Dritter war da noch ein indischer Herr, der ihm prophezeite, er würde eines Tages nach Indien reisen und dort Weise und Heilige besuchen. Zudem gehörte Brunton den Bohemiens an, einer Gruppe von Künstlern, die sich außerhalb der Gesellschaft bewegte und sich u. a. mit spirituellen und esoterischen Themen befasste.

Brunton war als Herausgeber verschiedener Zeitschriften in London tätig. 1930 gab er seine journalistische Laufbahn auf, um seinen Traum, nach Indien zu reisen und dort nach der Wahrheit und nach spirituellen Meistern zu suchen, zu verwirklichen. Er suchte die verschiedensten Heiligen und Yogis auf, von denen er mehr oder minder beeindruckt war. Schließlich kam er zu *Ramana Maharshi*, der ihn tief berührte. Anschließend reiste er weiter durch ganz Indien und begegnete noch vielen anderen Yogis, Magiern und Fakiren. Doch er fand darin keine rechte Befriedigung und kehrte schließlich zum Maharshi zurück. Als er nach einem längeren Aufenthalt den Ashram wieder verließ, hatte er zur inneren Gewissheit gefunden, dass Ramana Maharshi sein Meister war.

Zurück in England, veröffentlichte er seinen Erlebnisbericht unter dem Titel *A Search in Secret India.* Das Buch erschien 1934 und wurde ein Bestseller. Mit seiner Veröffentlichung nahm Raphael Hurst den Autorennamen *Paul Brunton* an. Seine Freunde nannten ihn fortan schlicht „PB". Das Buch zog weite Kreise und führte viele Suchende zu Ramana Maharshi, der bislang im Westen nahezu unbekannt war. Auf der weiteren Suche nach Weisen und den Geheimnissen alter Kulturen reiste Brunton anschließend nach Ägypten. Dort stieß er jedoch auf niemanden von der Größe Ramana Maharshis. Höhepunkt dieser Reise war, dass er als erster Europäer alleine eine Nacht in der Königskammer der Cheopspyramide verbringen durfte.

Paul Brunton hatte dort dramatische Visionen und ein Todeserlebnis. Es brachte ihm die befreiende Gewissheit, dass der Leib nur eine Hülle ist, die abgelegt wird, und das Leben erfüllter weitergeht. Die Pyramiden mit ihrer geheimen Kammer betrachtete er fortan als Symbol für die innerste geheime Kammer im eigenen Selbst. 1936 veröffentlichte er *A Search in Secret Egypt.*

Ein Jahr später reiste er zum zweiten Mal nach Indien. Im *Raman-Ashram* in Tiruvannamalai bewohnte er eine einfache Hütte in der an den Ashram angrenzenden Sadhu-Kolonie Palakotthu und schrieb dort *A Message from Arunachala.* Anschließend plante er, dem Ruf des Maharshi zu folgen und sich am *Mount Kailash* (dem nördlichen Gegenstück zum südindischen Berg Arunachala) zur Meditation zurückzuziehen. Da er jedoch keine Erlaubnis erhielt, in Tibet einzureisen, wählte er *Tehri-Garhwal.* Nur in Begleitung eines Dieners bewohnte er eine Zeitlang ein abgelegenes Haus im Himalaya und widmete sich spirituellen Übungen. Nach seiner Rückkehr erschien *A Hermit in the Himalayas,* eines seiner mystischsten Bücher und sein letzter spiritueller Reisebericht.

1938 ging Brunton in die USA. Der Zweite Weltkrieg trennte Vater und Sohn neun Jahre lang, doch sie blieben miteinander in regem Briefwechsel. Brunton ließ seinem Sohn auf diesem Weg Anweisungen spiritueller Art zukommen, bis sie sich 1947 in New York wieder trafen. Nach der Veröffentlichung von *The Hidden Teaching Beyond Yoga* 1941, in dem Brunton Ramanas Lehre in einigen Aspekten kritisierte, war er im Raman-Ashram nicht mehr willkommen. Es mag dafür auch noch andere Gründe gegeben haben. Darunter litt er sehr, denn auf seinen späteren Indienbesuchen war er oft in der Nähe des Ashrams, durfte aber Ramana Maharshi nicht mehr besuchen. Erst in seinen letzten Lebensjahren wurde der Konflikt beigelegt.

1952 veröffentlichte er sein letztes Buch, *The Spiritual Crises of Man*. 1960 bis 1963 hielt er sich in Australien und Neuseeland auf, lebte anschließend wieder in New York und verbrachte seinen Lebensabend in der Schweiz.

Von Bruntons zahlreichen Büchern wurden über 2 Millionen verkauft. Sie wurden in 17 Sprachen übersetzt. Es bildete sich eine Art Schülerkreis, dem auch viele Studenten angehörten. Das *Wisdom's Goldenrod Center for Philosophical Studies* in den USA widmete sich seiner Lehre. Dort traf er zahlreiche Menschen zum Gespräch.

Brunton versuchte zeitlebens, eine lebendige Verbindung zwischen östlicher Weisheit und westlichem Pragmatismus zu schaffen. Dabei war er ganz englischer Gentleman und realistischer Geschäftsmann und zugleich eine Art moderner Yogi. Er sprach gerne vom *Überselbst* (ein Terminus, den er von *Ralph Waldo Emerson* [1803–1882], der einer seiner literarischen Vorbilder war, übernommen hatte) und meinte damit jene Wirklichkeit, die das individuelle Ich überschreitet. Er sah die Welt als eine Art großer Universität des Lebens, wobei die Menschen lernen müssen, ihre Selbstsucht zu überwinden und zur Einheit mit dem Unendlichen, der Höheren Macht, zu gelangen und mit dem ganzen Universum im Einklang zu sein. Trotz seiner Popularität und seiner Schüler nahm er nie die Rolle eines Gurus an und zog sich in seinen späteren Jahren in die Schweiz zurück, um aus dem Fokus der Öffentlichkeit zu verschwinden.

Im Sommer 1981 erlitt er eine schwere Gehirnblutung, der vermutlich ein leichterer Schlaganfall vorangegangen war, und lag im Krankenhaus in Vevey (Schweiz) im Koma. Sein Sohn kam eilig aus den USA angereist. Brunton kam nochmals zu sich, konnte aber nicht mehr sprechen. Er starb noch in derselben Nacht, am 27. Juli 1981, friedvoll in den Armen seines Sohnes.

Ich zeige die Wirklichkeit – Martin Buber

Ich muss es immer wieder sagen: Ich habe keine Lehre. Ich zeige nur etwas. Ich zeige Wirklichkeit, ich zeige etwas an der Wirklichkeit, was nicht oder zu wenig gesehen worden ist. Ich nehme ihn, der mir zuhört, an der Hand und führe ihn zum Fenster. Ich stoße das Fenster auf und zeige hinaus. Ich habe keine Lehre, aber ich führe ein Gespräch.

Martin Buber gehörte zu den prägenden Gestalten des deutschen Geisteslebens im 20. Jahrhundert. Er entwickelte die Philosophie des Gesprächs. Der 1938 nach Jerusalem emigrierte Religionsphilosoph untersuchte das jüdisch-palästinensische Verhältnis und stieß damit in Israel auf heftige Kritik. Die Geschichte von Martin Buber, geboren am 8. Februar 1878 in Wien, aber aufgewachsen im galizischen Lemberg, heute Lviv in der Ukraine, ist ohne seinen Großvater nicht zu erzählen. Durch diesen Talmudgelehrten Mann, der Polnisch, Hebräisch, Jiddisch und Deutsch sprach, kam Martin Buber mit dem Chassidismus in Berührung, der im 18. Jahrhundert entstandenen religiösen Bewegung des Judentums Osteuropas. Buber studiert Philosophie, Germanistik und Psychologie.

Die jüdische Mystik mag recht ungleichmäßig erscheinen, oft trübe, zuweilen kleinlich, wenn wir sie an Meister Eckhart, an Plo-

tinus, an Lao-Tse messen: Sie bleibt die wunderbare Blüte eines uralten Baums, deren Farbe fast allzu grell, deren Duft fast allzu üppig wirkt und die doch eine der großen Erscheinungen ekstatischer Weisheit ist. Die mystische Anlage ist den Juden von Urzeiten her eigen, und ihre Äußerungen sind nicht, wie es gewöhnlich geschieht, als eine zeitweilig auftretende bewusste Reaktion gegen die Herrschaft der Verstandesordnung aufzufassen. Gott ist in jedem Ding zu schauen und durch jede reine Tat zu erreichen. Diese Einsicht ist aber keineswegs, wie man vermeint hat, der pantheistischen Weltanschauung gleichzusetzen. Für die chassidische Lehre ist die ganze Welt nur ein Wort aus Gottes Mund; und dennoch ist das geringste Ding in der Welt würdig, dass Gott sich aus ihm dem Menschen, der ihn wahrhaft sucht, offenbare; denn kein Ding kann ohne einen göttlichen Funken bestehen, und diesen Funken kann jeder zu jeder Zeit und durch jede, auch die gewöhnlichste Handlung entdecken und erlösen, wenn er sie nur in Reinheit, ganz auf Gott gerichtet und gesammelt, vollbringt. Darum gilt es nicht, in einzelnen Stunden nur und mit bestimmten Worten und Gebärden Gott zu dienen, sondern mit dem ganzen Leben, mit dem ganzen Alltag, mit der ganzen Weltlichkeit. Nicht darin besteht das Heil des Menschen, dass er sich vom Weltlichen fernhalte, sondern dass er es heilige, es dem göttlichen Sinn weihe ...

Infolge der besonderen familiären und der schulischen Verhältnisse –Martin Bubers Eltern waren geschieden – hatte er vielfältige kulturelle Einflüsse in sich aufgenommen: zunächst die jüdische Tradition, wie sie sich ihm im Alltag darbot, und zwar nicht nur die der gesetzesstrengen Orthodoxie. Ihr stand er zeitlebens fremd gegenüber, obwohl er sich als *Erzjude* begriff und seine Zugehörigkeit zum alten Bundesvolk, auch seine Verwandtschaft mit dem Juden Jesus von Nazaret ausdrücklich bestätigte. Das synagogale Leben hatte im Leben der Buber-Familie keine große Rolle gespielt. Deutsch sprach man in der Familie, Polnisch in der Schule und im öffentlichen Leben, auf der Straße und im Umgang mit anderen Juden dominierte Jiddisch, nicht zu vergessen „die große Stimme hebräischer Vorzeit“: das Hebräische der Bibel, das der Großvater schon infolge seiner gelehrten Midrasch-Studien beherrschte. Durch ihn wurde der Enkel zuerst an das Hebräische herangeführt. Die Liebe zur deutschen Sprache und Literatur pflanzte ihm die Großmutter Adele ein.

Bis in mein zwanzigstes Jahr, in geringerem Maße auch noch darüber hinaus, war mein Geist in stetiger und vielfältiger Bewegung, in einem von mannigfaltigen Einflüssen bestimmten, immer neue Gestalt annehmenden Wechsel von Spannungen und Lösungen, aber ohne Zentrum und ohne wachsende Substanz: Es war wahrhaftig der „Olam ha-tohu“, die „Welt des Wirrsals“, die mythische Wohnstätte der schweifenden Seelen, worin ich lebte – in beweglicher Fülle des Geistes, aber wie ohne Judentum, so auch ohne Menschlichkeit und ohne Gegenwart des Göttlichen.

Unser menschliches Lebensgetriebe, das alles einlässt, das ganze Licht und die ganze Musik, alle Tollheiten des Gedankens und alle Varianten des Schmerzes, die Fülle des Gedächtnisses und die Fülle der Erwartung, ist nur einem verschlossen: der Einheit ... Aber das ist der Gottessinn des Menschenlebens, dass das Getriebe eben doch nur das Außen ist zu einem unbekannten und allerlebendigsten Innen und dass dieses Innen sich nur der Erkenntnis, die eine Tochter des Getriebes ist, nicht aber der schwingenden und sich befreienden Seele zum Erlebnis versagen kann. Die Seele, die sich ganz gespannt hat, das Getriebe zu sprengen und ihm zu entrinnen, diese ist es, die die Gnade der Einheit empfängt.

Mensch sein heißt das gegenüber seiende Wesen sein. Von daher ergibt sich für ihn die *doppelgerichtete Beziehung von Menschen-Ich und Gottes-Du.* Und weil er mit diesem Wort urjüdische Spiritualität ausgedrückt sah, hielt er sich für legitimiert, dieses dialogische Prinzip in seiner Chassidismus-Deutung und bis in seine Bibel-Verdeutschung hinein zur Geltung zu bringen, denn nicht als der Seiende („Ich bin, der ich bin") erschien dem Mose der Ewige, sondern als der Da-Seiende – „Ich bin da" – als Name des Unnennbaren. Demnach handelte es sich bei Bubers Gang in die Wirklichkeit nicht nur um eine individuelle Entscheidung, schon gar nicht um ein zufälliges Einzelerlebnis.

1953 erhielt Martin Buber den *Friedenspreis des Deutschen Buchhandels*; mit dessen in Israel sehr umstrittener Entgegennahme in der Frankfurter Paulskirche setzte er ein Zeichen der Verständigungsbereitschaft.

Martin Buber war mit der 1877 in München geborenen Katholikin Paula Winkler verheiratet (gestorben 1958 in Venedig). Sie hatten zusammen zwei Kinder: Rafael (1900–1990) und Eva (1901–1992).

Martin Buber starb am 13. Juni 1965 in Jerusalem. Im Jahr 1970 wurde in Wien-Floridsdorf (21. Bezirk) die *Bubergasse* nach ihm benannt. Auch ist die *Martin-Buber-Jugendherberge* (1974) in Überlingen am Bodensee nach ihm benannt.

Originalzitate aus: Dominique Bourel, Martin Buber – was es heißt, ein Mensch zu sein. Biografie, © 2017, Gütersloher Verlagshaus, Gütersloh, in der Verlagsgruppe Random House GmbH

Die ganze Schöpfung ist die Schönschrift Gottes – Ernesto Cardenal

Ein weiterer Nachmittag stirbt über Solentiname, Tom,
die heiligen Gewässer schimmern
und nach und nach erlöschen sie.
Und wie der Mond stirbt und wiedergeboren wird ...
(Ernesto Cardenal zum Tode seines Freundes
Thomas Merton)

Ernesto Cardenal wurde am 20. Januar 1925 im aristokratischen Granada/Nicaragua geboren. Schon seine äußere Erscheinung hat Kultstatus: die schwarze Baskenmütze auf dem langen weißen Haar, sein weißes Bauernhemd, Jeans und Jesuslatschen. Cardenal verkörpert gleichsam eine Symbiose aus Christ, Marxist und Che Guevara. Kaum ein anderer Dichter Lateinamerikas hat als Literat, Theologe, Politiker und Agitator eine bewegendere Rolle gespielt: Sein Lebenslauf ist ein Spiegelbild des Ringens der lateinamerikanischen Länder um Unabhängigkeit und soziale Gerechtigkeit.

Schon früh wird Cardenals Leidenschaft zur Literatur entfacht: Geprägt durch Gespräche seiner vielbelesenen Großmutter wie auch durch die Dichtungen seines Vetters Pablo Antonio Cuadra und seines Onkels José Coronel Urtecho, zwei der berühmtesten vielen Dank, dass Sie dieses Buch gekauft haben. Gerne informieren wir Sie regelmäßig über unser Programm. Schicken Sie uns einfach die ausgefüllte Karte zurück oder senden Sie diese als Fax. Sie erhalten dann die neuesten Informationen.

Datum, Unterschrift

Bitte per Post senden oder als Fax: 0 28 32/929-139

Vorname, Name

Straße, Hausnummer

PLZ, Ort

E-Mail

Beruf

Porto
zahlt
Empfänger

Deutsche Post
ANTWORT

Topos Taschenbücher
Herrn Dr. Berthold Weckmann
Hoogeweg 100
47623 Kevelaer
Deutschland

worten Sie uns bitte folgende Fragen. Als kleines Dankeschön verlosen wir unter allen Einsendern viermal im Jahr ein Buchpaket mit 10 frei auswählbaren Büchern.

Diese Karte habe ich dem Buch entnommen:

____

Ich bin auf dieses Buch aufmerksam geworden durch:

- ❍ Prospekt __________
- ❍ Anzeige in __________
- ❍ Buchbesprechung in __________
- ❍ Empfehlung von Freunden/Bekannten/Kollegen
- ❍ Homepage des Verlags __________
- ❍ Internet allgemein __________
- ❍ Buchhandlung __________
- ❍ Ich habe das Buch geschenkt bekommen

Wie hat Ihnen das Buch gefallen?

❍ sehr gut ❍ gut ❍ mittelmäßig ❍ gar nicht

- ❍ Topos Premium
- ❍ Geschenk
- ❍ Lebenswissen – Lebenssinn
- ❍ Spiritualität
- ❍ Sachbuch
- ❍ Biografien
- ❍ __________

Zu diesem Thema sollte Topos Taschenbücher ein Buch in sein Programm aufnehmen:

____

Weitere Anmerkungen:

Dichter Nicaraguas, beginnt Cardenal 1943 sein Studium der Literatur, Philosophie und Theologie an der University of Mexico. 1947 schreibt er seine Magisterarbeit über die *Sehnsucht und Sprache in der neuen Lyrik Nicaraguas*. 1948 bis 1949 studiert er an der Columbia University in New York zwei Jahre englische und nordamerikanische Literatur.

1957 ist ein radikaler Wandel in Cardenals Leben zu beobachten. Cardenal zieht sich ins *Trappistenkloster Gethsemani* in Kentucky (USA) zurück und gibt das Schreiben auf. Sein Ordensname ist *Lawrence*, sein Mentor ist der 42-jährige *Thomas Merton*. Es wird ein Leben in Schweigen sein, das er jetzt zu führen hat. Die Tage sind eine Mischung aus Lektüre, Studium und Gebet. Er fühlt sich in einem künstlichen Zustand, *wie unter Drogen*. Doch Merton, sein Novizenmeister, lehrt ihn auch, dass er in Gesprächen mit ihm auf nichts verzichten muss, nicht auf das Interesse an seinem Land, der Politik Nicaraguas und Lateinamerikas, den Diktatoren, dem Imperialismus, seinen Freunden, seinen Büchern. Dieses Kapitel der Erinnerungen über das Klosterleben ist auch zu lesen als ein großes Porträt Mertons, eines weit über die Klostergrenzen und die USA hinaus bekannten Schriftstellers, ein *fröhlicher Heiliger*. Merton korrespondiert u. a. mit *Boris Pasternak* und lässt die Novizen für Fidel Castros Revolution auf Kuba Gebete sprechen. Der Einfluss Mertons auf Ernesto Cardenal ist enorm. So weist er Cardenal auf die Indios hin, auf ihre Poesie, ihre Kosmovision, ihre Weisheit und Mystik. Cardenal wird im Laufe der Jahre zu einem immer besseren Kenner dieser indianischen Themen und wird später sagen: „... ein großer Teil meiner eigenen Dichtung ist davon beeinflusst worden“. 1959 tritt Cardenal, bestärkt durch Thomas Merton, aus dem Trappistenkloster aus. Bis 1961 hält er sich im Benediktinerkloster in Cuernavaca in Mexiko auf. Er ist 34 Jahre alt. Danach widmet sich Cardenal dem Theologiestudium (1961–1965). Im Jahr 1961 entstanden seine *Psalmen*, die zu den wichtigsten Werken lateinamerikanischer Poesie gehören und die noch heute die poetische Grundlage für die *Theologie der Befreiung* bilden (in mehr als zwanzig Sprachen übersetzt). 1965 empfängt Cardenal in Nicaragua die katholische Priesterweihe. Nach Vorbild seines Noviziats im Kloster von Gethsemani gründete er auf den Solentiname-Inseln im Großen See von Nicaragua die später weltbekannte christliche klosterähnliche Gemeinschaft. Als Ort der Besinnung und der Solidarität mit den Armen wurde Solentiname weltberühmt: Meditation und Kontemplation, die harmonische Übereinstimmung von Kunst und Leben als Ausgangspunkt einer alternativen Lebensform.

Doch die sich verschärfende politische Situation zerstörte das Glück der friedlichen, doch bewusstseinsstarken Kommune. 1977 beteiligen sich jugendliche Anhänger der Kommune an den ersten Aufständen gegen die zunehmenden Missstände. Cardenal selbst schloss sich auch früh der Sandinistischen Befreiungsfront an, die 1979 der jahrzehntelangen Diktatur der Familie Somoza ein Ende bereitete. Danach wirkte Cardenal acht Jahre lang als Kulturminister der Revolutionsregierung seines Landes. 1980 erhielt er den *Friedenspreis des Deutschen Buchhandels*. 2005 wurde Cardenal für den *Literaturnobelpreis* nominiert. Mit 72 Jahren schreibt Ernesto Cardenal seine Erinnerungen nieder, ein spontan erzähltes, aber bewusst komponiertes Memoirenwerk, das nicht nur das eigene Leben nacherzählt, sondern auch die Zeit reflektiert, in der sich diese eine, ganz besondere Individualität entfalten kann, in all ihren Widersprüchen. Der Titel, *Verlorenes Leben*, spielt an auf Lukas 9,24: *Denn wer sein Leben verliert um meinetwillen, der wird es erhalten.* 1983 wurde Ernesto Cardenal auf Betreiben von Kurienkardinal Joseph Ratzinger (dem ehemaligen Papst Benedikt XVI.) von Papst Johannes Paul II. die Lehrbefugnis entzogen, und er wird vom Priesteramt suspendiert.

Mein Gott, mein Gott – warum hast Du mich verlassen? Ich bin zur Karikatur geworden, das Volk verachtet mich. Man spottet über mich in allen Zeitungen. Panzerwagen umgeben mich, Maschinengewehre zielen auf mich, elektrisch geladener Stacheldraht schließt mich ein. Jeden Tag werde ich aufgerufen, man hat mir eine Nummer eingebrannt und mich hinter Drahtverhauen foto-

grafiert. Meine Knochen kann man zählen wie auf einem Röntgenbild, alle Papiere wurden mir weggenommen. Nackt brachte man mich in die Gaskammer, und man teilte meine Kleider und Schuhe unter sich. Ich schreie nach Morphium, und niemand hört mich. Ich schreie in den Fesseln der Zwangsjacke, im Irrenhaus schreie ich die ganze Nacht, im Saal der unheilbar Kranken, in der Seuchenabteilung und im Altersheim. In der psychiatrischen Klinik ringe ich schweißgebadet mit dem Tod. Ich ersticke mitten im Sauerstoffzelt. Ich weine auf der Polizeistation, im Hof des Zuchthauses, in der Folterkammer und im Waisenhaus. Ich bin radioaktiv verseucht, man meidet mich aus Furcht vor Infektion. Aber ich werde meinen Brüdern von Dir erzählen. Auf unseren Versammlungen werde ich Dich rühmen. Inmitten eines großen Volkes werden meine Hymnen angestimmt. Die Armen werden ein Festmahl halten. Das Volk, das noch geboren wird, unser Volk, wird ein großes Fest feiern. (Psalm 22)

Die Wüste als Ort der Reife – Carlo Carretto

Carlo Carretto wurde am 2. April 1910 in der italienischen Stadt Alessandria (Piemont) geboren. In den 1930er- und 1940er-Jahren ist er aktiv in der Katholischen Aktion in Italien. Lange Jahre verbringt er damit, Konferenzen, Treffen und Aktionen aller Art zu organisieren. Die Wende kam im Jahr 1954. Carlo Carretto gab sein gesamtes Engagement in der katholischen Laienarbeit auf und trat im algerischen El-Abiodh in das Noviziat der „Kleinen Brüder" von Charles de Foucauld ein. Dort blieb er zehn Jahre lang. Die Wüste wird für ihn der Ort der Gottesbegegnung. In seiner einmaligen Weise beschreibt Carlo Carretto diese Erfahrungen in seinen zahllosen Büchern. So wird er nicht nur zu einem spirituellen Meister, er wird auch zu einem Lehrer des Gebets. Nach seiner Rückkehr gründete er 1964 in Spello bei Assisi ein geistiges Zentrum. Von dort aus setzte er seine schriftstellerische Tätigkeit fort und begann eine weltweite Vortragstätigkeit. Sein wunderschönes Buch *Was Franziskus uns heute sagt* wurde ein Bestseller; die deutsche Ausgabe erschien in zehn Auflagen. Am 4. Oktober, dem Festtag des hl. Franziskus, 1988 starb Carlo Carretto in Spello. In seinem Buch *Unser Weg durch die Wüste* schreibt er:

Im Evangelium bedeutet die Wüste die Zeit, in und mit der sich Jesus auf sein Wirken vorbereitet: „Und sofort trieb ihn der Geist hinaus in die Wüste. Vierzig Tage lang war er in der Wüste und wurde vom Satan versucht. Mit den wilden Tieren war er zusammen, und die Engel dienten ihm." (Markus 1,12) Die Wüste ist Ort des ungestörten und unerschütterlichen Seins. Wenn sich die Propheten und Jesus in die Wüste zurückgezogen haben, müssen auch wir es von Zeit zu Zeit tun. Es geht natürlich nicht darum, sich wirklich und tatsächlich in die Wüste zu begeben. Für viele wäre das eine besondere Art von Luxus! Es geht vielmehr darum, ein Stück Wüste in das eigene Leben hineinzutragen. Dies heißt, sich zurückzuziehen, sich zu lösen von den Dingen und den Menschen. Nur so können wir geistig gesund bleiben. Man braucht nicht zu fürchten, dass die anderen Schaden nehmen, wenn man sich von Zeit zu Zeit zurückzieht. Unsere Liebe zum Nächsten wird nicht abnehmen, wenn wir versuchen, unsere persönliche Liebe zu Gott zum Wachsen zu bringen. Es wird sogar recht vorteilhaft sein für die Entfaltung jener Liebe! Wir müssen uns eins vor Augen halten: Unsere Liebe zu den Mitmenschen, die Hingabe an sie, die uns aufgetragen ist, die demütige Hinwendung zum Armen mit seinen Problemen – das alles ist sehr fordernd und beanspruchend. Man kann es nur leisten, wenn man mit einer starken und sehr persönlichen Liebe dem Herrgott verbunden ist. Nur dann bleibt unsere Liebe zum Nächsten ursprünglich und immer neu. Es entspricht dem Wunsch Gottes und der Natur des Menschen, diese beiden Weisen der Liebe nicht zu trennen, sie vielmehr in einer ausgewogenen Dialektik zusammenzuhalten. Und es ist das Geschick des Menschen, allein zu sein. Daher müssen wir uns auf die Einsamkeit immer wieder vorbereiten, müssen auf sie hinreifen. Die Wüste ist der Ort dieser Reife. Die Wahrheit liegt also in der Verbindung beider Dimensionen. Nicht umsonst ist das Kreuz Symbol des Christentums [...] Am Morgen war ich schon vor Sonnenaufgang in den Dünen. Der Wind des Vortags hatte sie wunderbar geformt und ließ sie nun in ihrer ganzen Großartigkeit und geheimnisvollen Pracht vor dem Auge entstehen. Das Sandmeer erstreckte sich vor meinen Augen bis hin zum Horizont, wo das Licht zögernd den Anbruch des neuen Tages ankündigte. We-

nige Schauspiele der Natur sind so rein wie das Sandmeer unter dem blauen Himmel der Wüste! Es ist wie ein Schauspiel, das die Schöpfung zu Anfang darbot. Mit großer Eindringlichkeit verweist das sichtbar geschaute auf das dahinter liegende Unsichtbare. Sand und Himmel sind verbunden, nur andeutungsweise getrennt durch die Linie des Horizonts. Die Schöpfung in ihrem Gleichnischarakter hebt neu an. Ihre ganze verborgene Bedeutung tut sich mir auf. Wer mit dem reinen Auge eines Kindes jenes Schauspiel angeschaut, kann nicht zweifeln: Gott ist da, wie du selbst, wie der Sand und der Himmel da sind. Sofort kannst du mit ihm ins Gespräch kommen. Auf solche Weise wird er gegenwärtig. Seine Worte sind es, die die Einzelteile jenes Gesamten vor meinen Augen gestaltet haben. Sein Reden ist in den Dingen enthalten, sein Denken ausgedrückt in der Wirklichkeit, die mich umgibt. Alles wird zum Gleichnis, bereitet mich auf etwas vor, das kommen soll und doch schon gekommen ist. Ich spüre, dass er da ist und auf mich zukommt, empfinde, wie er mich umarmt als einer, der lange Zeit auf mich wartete und wusste, dass ich kommen würde. Voll dankbarer Liebe blicke ich auf diese Schönheit, die seine Schönheit ist, betrachte diese Harmonie, welche die seine ist. Versuche einmal, dich zeitlich zurückzuversetzen und dir vorzustellen, wie du noch im Schoß deiner Mutter warst, mit Händen, Füßen und dem ganzen Sein eingeschlossen in sie. Du empfindest sie, spürst sie, berührst sie, aber du siehst sie noch nicht. Die Zeit ist noch nicht da, sie zu sehen – könntest du an ihrer Gegenwart zweifeln, daran, dass sie wirklich da ist? Und doch: Du siehst sie nicht. Der Vergleich mit der Mutter hat mir sehr geholfen, das Warum des Glaubensdunkels zu verstehen, das Warum der Frage zu beantworten, warum wir klein werden müssen vor dem Geheimnis des Seins. Wir leben noch in den Dingen, in der Geschichte, im Zufälligen und in der Dynamik des Werdens. Erst am Ende werden wir die göttliche Jenseitigkeit schauen können, das, was über die Dinge hinausgeht, jenseits von ihnen steht. Vorläufig aber können wir nur warten. Leben heißt nichts anderes als warten. Warten, bis wir Gott schauen von Angesicht zu Angesicht.

Das Herz aller Religionen ist eins – Der XIV. Dalai Lama

Im September 1994 hatte der *XIV. Dalai Lama* (geb. am 6. Juli 1935) in London auf Einladung der *World Community for Christian Meditation* ein dreitägiges Seminar über die Lehre Jesus aus buddhistischer Sicht gehalten. Die Vorträge waren faszinierend und dokumentierten die Liebe und Barmherzigkeit eines überragenden spirituellen Meisters, der ständig Tausende von Menschen bei seinen Besuchen auf der ganzen Welt im Tiefsten berührt. Dieser inzwischen 83-jährige Weise benötigt kein „Lama-Mobil", um sich vor möglichen Angriffen wie der Papst in Rom zu schützen. Die erkennbare Angstfreiheit und sein herzhaftes Lachen sind Ausdruck seines gottesähnlichen Wesens.

Religion ist Nahrung für Geist und Seele. Wenn Sie sich auf einen spirituellen Weg begeben, so ist es wichtig, dass Sie einen für Ihre geistige Entwicklung, Ihre geistige Veranlagung und Ihren spirituellen Neigungen besonders geeigneten Übungsweg beschreiten. Dadurch kann man eine innere Wandlung zuwege bringen und jene innere Ruhe bewirken, die den betreffenden Menschen zu spiritueller Reife kommen lässt, ihn zu einer warmherzigen, ganzen, guten und liebenswürdigen Person macht. Dies muss man bei der spirituellen Nahrungssuche in Betracht ziehen …

Der Dalai Lama hatte zuvor das Neue Testament genau studiert und sprach in London ausführlich über *Liebe deinen Feind* (Matthäus 5,38–48), *Die Seligpreisungen aus der Bergpredigt* (Matthäus 5,1–10), *Gleichmut* (Markus 3,31–35), *Das Reich Gottes* (Markus 4,26–34), *Die Verklärung* (Lukas 9,28–36), *Die Aussendung der zwölf Jünger* (Lukas 9,1–6), *Glauben* (Johannes 12,44–50), Die Auferstehung (Johannes 20,10–18). Zum Thema *Wiedergeburt* berief er sich auf einen Dialog mit dem Mönch und Mystiker Dom Bede Griffiths:

Ich habe davon gehört, dass es in den frühen Tagen der christlichen Kirche viele Anzeichen dafür gibt, dass der Glaube an die Wiedergeburt, der jetzt im christlichen Denken keinerlei Rolle mehr spielt, ein anerkannter Glaube war. In den Lehren der Frühkirche gibt es bestimmte Teile, die man dahingehend auslegen könnte, dass ein Wiedergeburtsglaube mit dem christlichen Glaubensbekenntnis vereinbar sei. Darum habe ich mir die Freiheit genommen, über diesen Punkt mit verschiedenen christlichen Priestern und führenden Vertretern der Kirche zu sprechen – natürlich hatte ich nicht die Gelegenheit, Seine Heiligkeit Papst Johannes Paul II. direkt zu fragen. Ansonsten habe ich jedoch viele verschiedene praktizierende Christen und christliche Priester darüber befragt. Sie alle haben mir ziemlich einhellig gesagt, dass die christliche Lehrauffassung diesen Glauben an die Wiedergeburt nicht akzeptiert. Allerdings hat man mir keinen speziellen Grund dafür genannt, weshalb die Vorstellung der Wiedergeburt im weiteren Kontext des christlichen Glaubens und seiner Ausübung keinen Platz hat. Im Mai 1992 jedoch in Australien, bei meiner letzten Begegnung mit dem von mir sehr verehrten Benediktinermönch Bede Griffiths (ich habe ihn bei verschiedenen Gelegenheiten getroffen), richtete ich diese Frage an ihn. Unsere Begegnung habe ich noch lebhaft vor Augen. Er trug seine safrangelben Sadhu-Gewänder, und es war ein sehr bewegendes Treffen. Er sagte mir: Wenn man von der Wiedergeburt überzeugt sei, so würde dies vom christlichen Standpunkt aus den Nachdruck auf den eigenen Glauben und seine Praxis untergraben. „Wenn Sie glauben, dass dieses Leben, Ihr individuelles Dasein, direkt vom Schöpfer erschaffen wurde und wie ein Geschenk direkt von ihm kommt, wird dadurch zugleich ein ganz spezielles Band zwischen Ihnen als einem individuellen Geschöpf und dem Schöpfer geknüpft. Es besteht eine direkte, persönliche Verbindung, die Ihnen ein Gefühl der Nähe und eine Vertrautheit mit Ihrem Schöpfer gibt. Ein Glaube an die Wiedergeburt würde diese besondere Beziehung zu Ihrem Schöpfer untergraben." Ich fand diese Erklärung zutiefst überzeugend.

Der XIV. Dalai Lama, den ich in den letzten 25 Jahren bei diversen Gelegenheit persönlich getroffen und gesprochen habe, sagte immer wieder zu den Menschen in der Öffentlichkeit: „Versuchen Sie, ein besserer Christ zu werden, wir versuchen, bessere Buddhisten zu werden." Er hatte niemals die Absicht, andere zu bekehren.

Ich habe immer geglaubt, dass alle großen Weltreligionen Liebe und Selbstlosigkeit verkünden und versuchen, ihre Anhänger zu besseren Menschen zu verwandeln. In ihrem Wesenskern haben sie alle die gleiche Botschaft. Aus diesem Grunde bewundere ich sehr die lebenslange Arbeit von Dom Bede Griffiths für das interreligiöse Verstehen und sein Bemühen, den Menschen behilflich zu sein, Herz und Verstand zu öffnen, um ein Gefühl von Frieden und Nutzen auf dem Wege zur Verständigungsbereitschaft unter allen Menschen zu erreichen.

Originalzitate aus einem Dialog mit Bede Griffiths, Perth/Australien, Mai 1992

Das Tor zur Weite Gottes – Madeleine Delbrêl

Mit fünfzehn war ich strikt atheistisch und fand die Welt täglich absurder.

(Madeleine Delbrêl)

Madeleine Delbrêl wird am 24. Oktober 1904 in der südfranzösischen Kleinstadt Mussidan im Département Dordogne geboren. Sie wächst als Tochter eines Eisenbahnbeamten ohne jeden Bezug zur Religion auf und entwickelt schon als Jugendliche künstlerische und intellektuelle Begabungen. Als sie sechzehn Jahre alt ist, zieht die Familie nach Paris, wo Madeleine an der Sorbonne Kunst und Philosophie studiert. Sie schreibt Gedichte und erhält einen bedeutenden französischen Literaturpreis. Die junge Frau stürzt sich in Paris in den Taumel der „Goldenen Zwanzigerjahre“:

Man verachtet die, die sich amüsieren. Ich – amüsiere mich. Ich liebe es, zu tanzen, bis ich nicht mehr weiß, wo ich bin. Ich liebe schnelle Autos. Ich liebe schnelle Autos und Schmuck und ich liebe Musik, die so laut ist, dass man kein Wort mehr versteht. Alles Dinge, die ich auch wieder lassen könnte, ohne dass das ein Drama wäre.

Madeleine lernt Jean Maydieu kennen und lieben, den Patensohn eines Freundes ihres Vaters. An ihrem 19. Geburtstag findet die

Verlobung statt. Kurz darauf bricht Jean Maydieu die Verbindung für lange Jahre ab und wird Dominikanermönch. Madeleine gerät in eine tiefe Lebenskrise.

Das Experiment einer neuen Erfahrung des Betens mündet bei Madeleine Delbrêl ganz unerwartet in die Gewissheit, dass Gott existiert – eine Erfahrung, die sie zeitlebens als überwältigende Umkehr zum Leben empfand. Nach ihrem Tod fand man einen Zettel in ihrem Gebetbuch – darauf exakt als Datum der Bekehrung notiert: der 29. März 1924. Wie eine Richtschnur für ihr weiteres Leben stehen auf diesem Merkzettel die Sätze:

Ich will das, was du willst, ohne mich zu fragen, ob ich es kann. Ohne mich zu fragen, ob ich Lust darauf habe. Ohne mich zu fragen, ob ich es will.

Madeleine hatte kurzzeitig überlegt, sich von der Welt zurückzuziehen, ins Kloster zu gehen und ihren heiligen Vorbildern wie Teresa von Ávila und Johannes vom Kreuz nachzufolgen. Beim Lesen und Studieren des Neuen Testaments hatte sie entdeckt, dass Jesus mitten in der Welt geblieben ist, mitten unter den Menschen, dass er das Leben der Menschen geteilt hat, die beiden Pole von Gottesliebe und Nächstenliebe zusammenhalten konnte und auch seine Jünger auf diesen Weg geschickt hat. Das hatte sie sehr bewegt und beeindruckt; und sie hatte für sich erkannt, dass ihr Weg in diese Richtung zu gehen hatte, dass sie nochmal an den Ursprung vom Christentum zurückgehen wollte, um in der heutigen Zeit Jesus Christus nachzufolgen, mitten in der Welt.

Im Herbst 1933 beginnt Madeleine Delbrêl gemeinsam mit zwei Gefährtinnen ihr unorthodoxes Projekt: Sie verlassen Paris und gründen mitten in der kommunistisch regierten Arbeitervorstadt Ivry im Geiste des Evangeliums eine kleine christliche Gemeinschaft. Ohne Gelübde, ohne Klausur, aber ehelos und bereit, Gott den ersten Platz in ihrem Leben einzuräumen:

Es gibt Leute, die Gott nimmt und in eine besondere Lebensform beruft. Andere gibt es, die lässt er in der Masse, die zieht er nicht aus der Welt zurück. Wir anderen, wir Leute von der Straße, glauben aus aller Kraft, dass diese Straße, diese Welt, auf die Gott uns gesetzt hat, für uns der Ort unserer Heiligkeit ist. Wir glauben, dass uns hier nichts Nötiges fehlt, denn wenn das Nötige fehlte, hätte Gott es uns schon gegeben.

Madeleine Delbrêl ließ sich zur Sozialarbeiterin ausbilden. Sie ist schockiert über die Arbeits- und Lebensbedingungen der 1930er-Jahre in Ivry. Sie beginnt, sich leidenschaftlich zugunsten der sozial Benachteiligten zu engagieren.

Geht hinaus in euren Tag ohne vorgefasste Ideen, ohne die Erwartung von Müdigkeit, ohne Plan von Gott, ohne Bescheidwissen über ihn, ohne Enthusiasmus, ohne Bibliothek – geht so auf die Begegnung mit ihm zu. Brecht auf ohne Landkarte – und wisst, dass Gott unterwegs zu finden ist und nicht erst am Ziel. Versucht nicht, ihn nach Originalrezepten zu finden, sondern lasst euch von ihm finden in der Armut eines banalen Lebens. Im Glauben haben wir Gott gefunden; wir können ihn weitergeben, wenn wir uns selbst geben, und zwar hier in unserer Stadt. Es geht also nicht darum, dass wir uns irgendwohin davonmachen, das Herz beschwert von der Not der anderen, wir müssen vielmehr bei ihnen bleiben, mit Gott zwischen ihnen und uns.

Madeleine Delbrêl hatte zeitlebens an der Enge, an der Kleinkariertheit von Menschen aus der Kirche gelitten. Sie hatte immer wieder davon gesprochen, dass die meisten Christen, die sie kennenlernte, den Glauben an den lebendigen Gott mit christlicher Mentalität verwechseln. Christliche Mentalität ist etwas, was sich im Laufe der Zeit an Traditionen, an Gebräuchen, Einstellungen um den Glauben herum gruppiert. Und oft neigt man dazu, das für das eigentliche zu halten. Der lebendige Gott ist in jeder Zeit neu zu übersetzen, wirft auch immer wieder neue Fragen über den Haufen, ist immer wieder überraschend.

Ihre letzten Lebensjahre waren davon geprägt, dass sie sich innerlich ihrem Umfeld entfremdete. Sie hatte gespürt, dass es in ihrem eigenen Inneren eine Begegnung mit Gott, eine Tiefe gab, die sie kaum noch mit anderen teilen konnte. In ihr wuchs das schmerzvolle Gefühl, ausgesondert zu sein:

Wenn man sich in seinem eigenen Innern, zwischen der Masse der Menschen und Gott, zur Anerkennung Gottes bekennt, bringt man sich in Gegensatz zur einmütigen Überzeugung der Gemeinschaft, in der man lebt. Durch alle erlittene Einsamkeit hindurch eine Insel göttlicher Anwesenheit werden: um Gott einen Ort zu sichern. Das Mysterium des göttlichen Lebens auf uns lasten lassen, in den Finsternissen der allgemeinen Unwissenheit Punkte der Bewusstwerdung seines Daseins setzen. Erkennen, dass hier der eigentliche Akt der Erlösung geschieht.

Warum sollte der Lerchengesang im Kornfeld, das nächtliche Knistern der Insekten, das Summen der Bienen im Thymian unser Schweigen nähren können – und nicht auch die Schritte der Menschenmenge auf den Straßen, die Stimmen der Marktfrauen, die Rufe der Männer bei der Arbeit, das Lachen der Kinder im Park, die Lieder, die aus der Bar dröhnen. Begegnung mit Gottes lebendiger Kausalität im Lärm der Straßenkreuzungen. Begegnung mit Jesus Christus in all denen, die physisch leiden, die sich langweilen, die sich ängstigen, denen etwas fehlt.

In ihren letzten Lebensjahren reist Madeleine Delbrêl nach Polen und Afrika. Sie ist bewegt vom Elend der Menschen in Madeira, Dakar und Conakry. Sie verfasst letzte Schriften und arbeitet unermüdlich in der Rue Raspail in Ivry. Am Spätnachmittag des 13. Oktober 1964 finden ihre Gefährtinnen sie leblos in ihrem Arbeitszimmer.

Jedem Menschen, dem man begegnet, die ganze Fülle der Liebe schenken; das ist das Tor zur Weite Gottes, das Tor, das sich geradewegs auf die universale Liebe hin öffnet.

Aus derselben Quelle leben wir – Neil Douglas-Klotz

Wir haben heute das Heilige zum größten Teil säkularisiert und zur Ware gemacht. Irgendwie müssen wir das Gegenteil vollbringen und das, was uns am weltlichsten erscheint, zu einem Ausdruck unserer tiefsten Liebe und religiösen Hingabe machen. Wir müssen mit den Werkzeugen beginnen, die uns zur Verfügung stehen, und darauf vertrauen, dass sie uns eine Inspiration aus der Quelle ermöglichen, die uns weiterführt. Ein solches Vertrauen zu kultivieren ist auf jeden Fall ein wichtiger Faktor bei der Wiedergewinnung einer lebendigen Sprache der Schöpfung ...

Jesus sprach Aramäisch – eine der Ursprachen des Nahen Ostens. Mit welcher Fassung des Evangeliums wir uns auch befassen, Jesus sprach die Worte, die ihm zugeschrieben werden, auf Aramäisch. Dies gilt vor allem für das Gebet, das er seinen Jüngern gab, unser heutiges *Vaterunser.* Um es zu singen, benutzen wir die Form des Gebets, die in den aramäisch sprechenden Kirchen der Welt, einschließlich der assyrischen und syrisch-orthodoxen, benutzt wird. Aramäisch unterscheidet sich sehr deutlich vom Griechischen, der Sprache, von der die westeuropäische Christenheit ihren Ursprung herleitet. Jedes aramäische Wort kann auf mehrere unterschiedliche Weisen interpretiert werden. Das gilt insbesondere für die Worte eines Mystikers oder eines Propheten. In der jüdischen Tradition wird diese Art mehrfacher Interpretation, bei der die Übersetzung eine spirituelle Handlung darstellt, *Midrasch* genannt.

Neil Douglas-Klotz, ein profunder Kenner der aramäischen Sprache und des Urchristentums, hat die tiefere Bedeutung der Worte Jesu im *Matthäusevangelium* ans Licht gebracht. Er wurde 1951 in Chicago geboren, seine Eltern waren christliche Freidenker, die aus Europa geflohen waren. Im Hause wurde Deutsch, Jiddisch und Polnisch gesprochen. Der Vater war Chiropraktiker, die Mutter war eine Schülerin des legendären Parapsychologen und Hellsehers *Edgar Cayce*.

Neil Douglas-Klotz hatte diverse religiöse Kulturen intensiv studiert und war Mitbegründer der heutigen *University of Creation Spirituality* in Kalifornien. 1982 erfolgte die Gründung des *Netzwerks für die Tänze des universellen Friedens*. Douglas-Klotz entfaltete eine weltweite Seminartätigkeit und ist Autor grandioser Bücher. Seit 1999 lebt er in Edinburgh, seit 2006 ist er mit der russischen Therapeutin Natalia Lapteva verheiratet.

Abwûn d'bwaschmâja – Vater unser im Himmel
Oh Du, atmendes Leben in allem, Ursprung des schimmernden Klanges. Du scheinst in uns und um uns, selbst die Dunkelheit leuchtet, wenn wir uns erinnern. Vater-Mutter des Kosmos, oder Atmendes Leben in allem, Namen aller Namen, unsere Identität entwirrt sich durch Dich.

Nethkâdasch schmach – Dein Name werde geheiligt
Hilf uns einen heiligen Atemzug zu atmen, bei dem wir nur Dich fühlen – und Dein Klang in uns erklinge und uns reinige. Bündele Dein Licht in uns, oder hilf uns loszulassen und den inneren Raum zu reinigen.

Têtê malkuthach – Dein Reich komme
Lass Deinen Rat unser Leben regieren und unsere Absicht klären für die gemeinsame Schöpfung.

***Nehwê tzevjânach aikâna d'bwaschmâja af b'arha* – Dein Wille geschehe wie im Himmel so auf Erden**

Möge der brennende Wunsch Deines Herzens Himmel und Erde vereinen durch unsere Harmonie. Lass allen Willen in Deinem Spiralkreis sich gemeinsam bewegen, wie Sterne und Planeten durch den Himmel kreisen, oder vereinige all unsere Anteile in uns, Licht paart sich mit Form. Die Verschmelzung von Himmel und Erde.

***Hawvlân lachma d'sûnkanân jaomâna* – Unser tägliches Brot gib uns heute**

Gewähre uns täglich, was wir an Brot und Einsicht brauchen: das Notwendige für den Ruf des wachsenden Lebens. Brot bedeutet u. a. auch Einsicht und geistige Vitalität; es wäre zu übersetzten mit: Erzeuge durch uns die Einsicht, durch die geistige Vitalität, damit wir dem Nächsten geben.

***Waschboklân chaubên (wachtahên) aikâna daf chnân schvoken l'chaijabên* – Und vergib uns unsere Schuld, wie auch wir vergeben unseren Schuldigern**

Löse die Stränge der Fehler, die uns binden, wie wir loslassen, was uns bindet an die Schuld anderer. Waschboklan bedeutet: Rückkehr zum ursprünglichen Zustand. Löse unseren inneren Knoten so, dass wir fähig sind, unsere Herzensbindungen zu anderen zu verbessern, um den ursprünglichen Zustand der Reinheit in uns aufzuleben.

***Wela tachlân l'nesjuna ela patzân min bischa* – Und führe uns nicht in Versuchung, sondern erlöse uns von dem Bösen**

Lass oberflächliche Dinge uns nicht irreführen, sondern befreie uns von dem, was uns zurückhält. Hiermit ist eigentlich gemeint, dass wir nicht eintreten in die Welt der äußeren Erscheinungen und nicht dem Materialismus dienen, dass wir nicht unreif agieren, sondern dass wir zur richtigen Zeiten aus den Früchten Heiligkeit-Frieden-Einheit handeln.

Metol dilachie malkutha wahaila wateschbuchta l'ahlâm almîn. Amên – Denn Dein ist das Reich und die Kraft und die Herrlichkeit in Ewigkeit

Aus Dir kommt der allwirksame Wille, die lebendige Kraft zu handeln, das Lied, das alles verschönert und sich von Zeitalter zu Zeitalter erneuert. Wahrhaftige Lebenskraft diesen Aussagen! Mögen sie der Boden sein, aus dem alle meine Handlungen erwachsen. Besiegelt im Vertrauen und Glauben. Amen.

Das Holon der Spiritualität – Hans-Peter Dürr

Für mich als Naturwissenschaftler bedeutet Versöhnung, dass wir nicht auf das Spirituelle verzichten können. Das Spirituelle kommt ohne das naturwissenschaftliche Denken aus, aber nicht umgekehrt. Das heißt, das Spirituelle ist sozusagen das größere Holon, in dem die Naturwissenschaft eine Art Unterholon ist. Die Naturwissenschaft hat das Ohr der Welt, weil sie angesehen wird als etwas, das Macht gibt – und deshalb werden Naturwissenschaftler anerkannt. Aber die Naturwissenschaft, wenn sie eine Verbindung zur Religion findet, könnte auch die Tendenz zur Weisheit verstärken und nicht nur zur Macht. Wissen ist für mich nicht nur ein Mittel zur Macht, sondern auch zur Einsicht und zur Weisheit. Nicht direkt, aber indem wir und die anderen deutlicher unsere jeweiligen Begrenzungen sehen; deshalb interessiere ich mich für den Dialog. Wir müssen unbedingt die spirituelle Komponente wieder in diese Welt bringen, sonst gehen wir einem unendlichen Leid entgegen. Ich fühle mich verantwortlich. Daher auch die Frage, inwieweit Religion ebenfalls eine neue Verantwortung in der Welt übernehmen muss, wenn es darum geht, etwas tun zu wollen.

In den Kriegswirren des Zweiten Weltkriegs hat der weltberühmte Atom- und Quantenphysiker *Hans-Peter Dürr*, am 7. Oktober 1929 in Stuttgart geboren, sein Abitur gemacht. Sein Vater war

Gymnasiallehrer für Mathematik, der 1943 in völliger Verzweiflung mit einer Pistole in der Hand nach Hause kam und die gesamte Familie (Frau, zwei Söhne und vier Töchter) erschießen wollte, um ihr zu erwartendes Leid zu ersparen. Die beherzte Mutter (im hohen Alter von 93 Jahren gestorben) konnte das Unglück verhindern. 1944 wurde der Vater kurzfristig eingezogen und starb wenige Monate später an der Front. Hans-Peter Dürr musste 15-jährig im letzten Kriegsjahr in den Dienst des „Führers". Bei der totalen Zerstörung von Pforzheim verlor er u. a. seine beste Freundin, deren verbrannten Körper er eigenhändig begrub.

Dürr machte eine Feinmechanikerlehre und studierte Physik, obwohl er sich an einen sehr langweiligen Physikunterricht in der Schule erinnerte. Aufgrund seiner enormen Begabung erhielt er ein Stipendium für die USA und kam an die Elite-Universität in Berkeley, San Francisco. Er wurde Schüler von Edward Teller, dem Erfinder der Wasserstoffbombe, und promovierte bei ihm über das Thema *Resonanzphänomene elektromagnetischer Felder* (heute die Grundlage für die Kernspintomografie in der Nuklearmedizin). Dürr lernte Robert Oppenheimer und andere namhafte Physiker jener Zeit persönlich kennen. Er führte dann das Erbe seines verehrten Lehrers und Weggefährten Werner Heisenberg fort, mit dem er zwanzig Jahre lang in München eng zusammengearbeitet hat. Dürr war die führende Kapazität im Bereich der Quantenphysik. Er war farbenblind und sah von Kindheit an nur auf dem rechten Auge. *Mein Weg zum Dritten Auge führt zunächst über das zweite Auge, das ich gar nicht nutzen kann,* sagt Dürr lächelnd, in Anspielung auf angeblich Sehende, die das Wesentliche zu erkennen glauben. Dürr zählt zur Familie der Physiker, in der es keine Geheimnisse, aber unterschiedliche Ansichten gibt. Zahllose Vorlesungen hat er an führenden Universitäten der Welt gehalten (USA, China, Japan, Indien, Südamerika). Dürr war Mitglied der *Russischen Akademie der Wissenschaften* und maßgeblich an der Rehabilitierung des Kernphysikers und Nobelpreisträgers *Andrej Sacharow* beteiligt. Ein Jahr lang war er Chef von *Green Peace* in Deutschland und hat dort Grundlegendes auf den

Weg gebracht. Mit *Michail Gorbatschow* war er lange befreundet. Durch den engen Kontakt zu Gorbatschow war Hans-Peter Dürr über den „Fall der Mauer“ lange im Voraus informiert.

Er ist Gründer des *Global Challenges Network* (1987 in Starnberg aus der Taufe gehoben) und war in diversen internationalen Gremien maßgebend tätig. Zu seinen besonderen Auszeichnungen gehören der *Alternative Nobelpreis 1987*, der *Friedensnobelpreis 1995* zusammen mit den Mitgliedern der *Pugwash Conferences on Science and World Affairs*, und die *Ehrenbürgerschaft der Stadt München 2007*. Siebzig bis achtzig Vorträge hielt er pro Jahr, reiste ständig noch rund um den Globus und warnte vor der Gefahr einer großen Katastrophe, wobei er dennoch stets Hoffnung ausstrahlte und Lösungen anbot.

Am 12. September 2001 sollte er einen Vortrag im *World Trade Center* in New York halten zum Thema *Moderne Waffensysteme und ihre Gefahren*. Am 11. September 2001 flog er um 11 Uhr (in New York war es 5 Uhr morgens) mit einer Lufthansa-Maschine von München nach New York. Bei Erreichen der amerikanischen Ostküste wurden die Passagiere informiert, dass man aufgrund eines noch nicht bekannten Unglücks nach München zurück müsse. Da der Kerosinvorrat nicht ausreichte, wollte man nach Shannon, Irland, wo aber wegen Überfüllung des Flugplatzes keine Landungen mehr möglich waren. Nach vielen Versuchen bot sich nur noch Halifax, Nova Scotia an; dort konnten 45 Flugzeuge aufgenommen werden, der LH-Flug aus München mit Hans-Peter Dürr an Bord war auf Position 43. Wegen der begrenzten Verfügbarkeit von nur einer Treppe zum Aussteigen der Passagiere mussten Dürr und seine Mitreisenden zwölf Stunden im Flugzeug ausharren. In einer riesigen Zelt-Notunterkunft blieb Dürr zwei weitere Tage in Halifax und fuhr dann per Bus 28 Stunden nach New York. Er wollte seine Freunde sehen.

Über fünfzig Jahre war der musikalisch begabte Physiker Hans-Peter Dürr mit einer US-amerikanischen Folkloretänzerin glücklich verheiratet (Vater von zwei Söhnen und zwei Töchtern und geliebter Großvater von zwölf Enkelkindern). Nach seinem Tod im Jahr 2014 darf uns der folgende Text als sein Vermächtnis gelten:

Es geht um Rüstung und Weltherrschaft. Es ist erstaunlich, dass die Wissenschaft auf dem falschen Wege erkennt, dass sie gar nicht auf dem richtigen Weg ist. Unsere Vernunft gründet sich nicht nur auf unseren Verstand, unser Wissen über mögliche Wirkungszusammenhänge, sondern auch auf unsere Wertvorstellungen, die wir aus einer tieferen Schicht unseres Seins, aus den Traditionen der menschlichen Gesellschaft, aus den Religionen beziehen. Naturwissenschaft sagt uns wohl, was ist, aber sie gibt keine Auskunft darüber, was sein soll, wie wir handeln sollen. Der Mensch bedarf, um handeln zu können, einer über seine wissenschaftlichen Erkenntnisse hinausreichenden Einsicht – er bedarf der Führung durch das Transzendente.

Die Originalzitate entstammen einem Gespräch mit dem Autor

Ins Land der Unsterblichkeit – Sri Eknath Easwaran

Als ich den indischen Literaturwissenschaftler, Mystiker und Weisen Sri Eknath Easwaran am 7. März 1997 im *Blue Mountain Meditation Center* in Tomales, Kalifornien, besuchte, ahnte ich nicht, dass es unsere letzte und sehr tiefe Begegnung sein sollte. Seine Worte bei unserer Verabschiedung werde ich nie vergessen:

Die Weisen im alten Indien lehrten, dass im Lotos des Herzens eine geheime Wohnstatt ist, die in den Tiefen der Meditation betreten werden kann. Darin finden wir die Erfüllung aller Wünsche und das Wissen, dass wir nicht der Körper sind. Mit diesem Wissen aus Erfahrung lassen wir Krankheit, Verfall und Tod weiter hinter uns. Zwar lassen wir dem Körper sorgfältige Pflege angedeihen, aber nur aus Liebe zu all jenen, denen wir helfen wollen, über den Tod hinauszugelangen, indem sie diese erhabene Entdeckung selbst machen. Und wenn der Körper anderen nicht mehr zu dienen vermag, geben wir ihn anmutig und würdevoll ab und überqueren die Brücke von diesem Land der Sterblichkeit in das Land der Unsterblichkeit.

An einem Vollmondtag, dem 17. Dezember des Jahres 1910, wurde Eknath Easwaran in einem kleinen Dorf im südindischen Staat Kerala geboren. *Meine Großmutter war der Baum*, erzählte er, *meine Mutter die liebliche Blüte, und mein eigenes Leben ist nur die Frucht.* Bei seinem Vater lernte er die klassische südindische Musik und Tanzkunst lieben, und bei einem Tempelpriester lernte er Sanskrit, die Sprache der alten heiligen Schriften Indiens. Aber es war ein Onkel, ein ungewöhnlicher Lehrer, der die Fantasie des Jungen mit der Literatur Englands entfachte. Mit 16 Jahren kam er auf ein Jesuitenkolleg, mehrere Bahnfahrtstunden von seinem Heimatdorf entfernt. Den Direktor, Pater John Palakaran, der an der Universität von Edinburgh in Schottland studiert hatte und der ihn zu öffentlichen Vorträgen und zur Lektüre von William Shakespeare ermutigte, verehrte er als Vorbild. Er wurde ein leidenschaftlicher Student und wurde recht bald ordentlicher Professor und Direktor für Englische Literatur an der Universität von Nagpur. Die persönliche Begegnung mit Mahatma Gandhi blieb ihm lebenslang unvergesslich. 1997 erschien Easwarans Buch *Der Mensch Gandhi. Sein Leben ist eine Botschaft.* Es ist leider seit Jahren nicht mehr im Handel.

Eknath Easwaran hatte eine große Leserschaft in der *Times of India.* Sein Leben schien glänzend gesichert: eine attraktive Frau, zwei prächtige Söhne, aber im Alter von 49 Jahren kam eine große innere Krise. Und just in dieser Zeit wurde er in die USA eingeladen, im Rahmen des Fulbright Austauschprogramms. Man bat Eknath Easwaran u. a. einmal, wöchentlich in einer Buchhand lung in San Francisco Vorträge über die *Upanishaden* zu halten. Hier lernte er seine spätere zweite Frau Christine kennen. 1962 musste er nach Indien zurückkehren. In seiner Heimat erregte er die Aufmerksamkeit von faszinierenden Persönlichkeiten – Missionare, Theosophen, Mitarbeiter in Gandhis Dorfaufbau-Bewegung und diverse spirituelle Lehrer, u. a. *Anandamayi Ma*, eine der größten Heiligen Indiens. Sie entwickelten Pläne für ein Meditationszentrum in Kalifornien, wohin Christine und Eknath Easwaran 1966 zurückkehrten. An der Universität in Berkeley hielt Easwaran jeden Dienstag Meditationskurse für zahllose Studenten. Ab Januar 1968 gab es den ersten akademischen Meditationskurs an einer weltberühmten Universität.

Am Heiligabend 1969 wurde der Kaufvertrag für ein traumhaftes Grundstück in Tomales, Kalifornien, unterschrieben, wo das 1961 gegründete *Blue Mountain Meditation Center* fortan seine Wirkungsstätte hatte. Dort hat Sri Eknath Easwaran bis zu seinem Tod am 26. Oktober 1999 die erfülltesten Jahre seines Lebens verbracht. Tausende von Menschen hat er in das tiefste Mysterium der Meditation hineingeführt und begleitet. Seine zahlreichen Publikationen – christlich wie hinduistisch und buddhistisch – sind von authentischer Meisterschaft und sprachlicher Schönheit geprägt. Kaum ein Zweiter hat im 20. Jahrhundert annähernd vergleichbar bessere Übersetzungen und Kommentare der Weisheitsbücher *Bhagavad Gita*, *Dhammapada* und *Upanishaden* herausgebracht als Sri Eknath Easwaran. Erst viele Jahre nach seinem Tod hat ein Münchener Verlag das Kostbare dieser Bücher entdeckt und herausgebracht. Sie sind Glanzlichter in dem gewaltigen Angebot an Esoterik-Literatur.

Die Schätze der Mystik sind in allen Religionen zu finden. Kein Zeitalter, kein Volk, keine Glaubensrichtung hat in irgendeiner Hinsicht ein Monopol auf spirituelle Weisheit. Der Gewinn ist und war immer da, für jedwede Einzelperson, die gern mit dem nötigen Wagemut danach sucht. Es gibt nur eine einzige höchste Wirklichkeit, und es kann nur die eine, einzigartige Vereinigung mit ihr geben. Aber die Sprache, Tradition, Ausdrucksweise und kulturelle Note differieren. Einer schreibt in Französisch, ein anderer in Pali. Einer schreibt in Versen, ein anderer in Prosa. Einer spricht von seiner Mutter, ein anderer von Seiner Majestät und noch ein anderer von dem Geliebten. Darin liegt die Schönheit der spirituellen Literatur: Sie spiegelt einerseits die faszinierende Vielfalt des Lebens wider und andererseits die unveränderlichen Prinzipien, die, ungeachtet von Zeit und Ort, hinter dieser Vielfalt stehen.

Originalzitate aus einem Gespräch mit Roland Ropers, Tomales/Kalifornien, März 1997

Pionier der ZEN-Meditation für Christen – Hugo Makibi Enomiya-Lassalle

Das Christentum gründet sich auf Offenbarung – das ist der große Unterschied zu den anderen Religionen. Ich bin der Meinung, dass die östliche Seinserfahrung und die christliche Erfahrung der Präsenz Gottes nicht zwei einander gegenüberstehende Positionen sind. Die eine Erfahrung ist in der anderen enthalten. Weil es sich um verschiedene Entfaltungen desselben Grunderlebnisses handelt, kann man sogar sagen, dass die christliche Gegenwart Gottes in der Erfahrung der Buddhisten verborgen ist. Der Christ entfaltet die Seinserfahrung bis zur Erfahrung der letzten Ursache des Seins hin. Letztlich müssen sich die Denkweisen von Ost und West gegenseitig ergänzen. Im Westen herrscht mehr das Bewusste, im Osten mehr das Unbewusste vor. Beide Bereiche sind zu integrieren, damit eine volle Persönlichkeit entsteht.

Der deutsch-japanische Jesuit und ZEN-Meister H. M. Enomiya-Lassalle (1898–1990) gilt als Pionier des ZEN für Christen, Brückenbauer zwischen Ost und West und als Wegbereiter eines neuen Bewusstseins. Im 92. Lebensjahr starb er am 7. Juli 1990 in Münster. Er erlebte in unmittelbarer Entfernung den Abwurf der Atombombe am 6. August 1945, er wurde verwundet und war seither strahlengeschädigt. Das Missionszentrum lag nur 1200 Meter vom Zentrum der Explosion entfernt.

Wir haben zahlreiche Gespräche über die Überwindung der Dualität geführt. Immer wieder betonte er dabei die Integration der raumzeitbedingten, phänomenalen und der raumzeitfreien, transzendenten Welt als voneinander untrennbare Erfahrungen der Wirklichkeit. Das zu einseitige Bemühen um das Jenseits betrachtete der weise und erfahrene Meister als gefahrenvolle Täuschung und Trennung. Es ging ihm nicht um den Wechsel von Positionen: Hier und Drüben, Vorher und Nachher, Gut und Böse, Christ und/oder Buddhist, sondern um die ganzheitliche Erfahrung des Lebens in Fülle (siehe Johannes 10,10) im Hier und Jetzt, in jedem einzigartigen Augenblick. Das Leben nach dem Tod war für ihn kein Gegenstand von Diskussion und Spekulation. Wiedergeburt war für ihn selbst, wie übrigens für viele erleuchtete Meister, ohne Bedeutung, da für ihn Wiedergeburt eine Angelegenheit des Egos war, das der Schüler in der ZEN-Meditation überwinden sollte. Der Geist Gottes (Sanskrit: *Atman*) war immer, ist immer und wird immer sein, ohne Anfang und Ende, unmanipulierbar und frei von Projektionen. Enomiya-Lassalle war in dieser Hinsicht sehr klar und ließ sich niemals in spekulative Diskussionen ein. Er sprach so überzeugend aus der Tiefe des unmittelbaren Seins und übertrug an den Schüler die hohe Qualität des ungeteilten Daseins im Augenblick der Begegnung. Enomiya-Lassalle hatte mich wiederholt ermuntert, bei dem Benediktinermönch Dom Bede Griffiths im *Sat-Chit-Ananda-Ashram* Shantivanam, Südindien, das Geheimnis von *Advaita* (Sanskrit: Nicht-Dualität) intensiv zu studieren und zu erfahren. Mit dieser Empfehlung hatte er mir ein unschätzbares Geschenk gemacht. Bede Griffiths, der bedeutende Mönch und Mystiker dieses Jahrhunderts, hat mir auf wunderbarste Weise dann die Präsenz Gottes in der Gegenwart vermittelt und mir für die Nicht-Dualität von Diesseits und Jenseits die Augen geöffnet:

Es gibt Menschen, auch Christen, die einen Glauben an Gott haben, der vielleicht sehr stark ist, die aber immer mit Gott hadern, wenn es ihnen schlecht geht, und Gott für alles Unglück und Böse in dieser Welt verantwortlich machen, weil er allmächtig ist. Solchen Menschen gegenüber hilft kein Zureden. Wenn sie dann – was zwar sehr unwahrscheinlich ist, solange sie so eingestellt sind – trotz allem eine Erleuchtung bekommen, werden sie inne, dass sie eine falsche Vorstellung von Gott haben. So kann es geschehen, dass sie zu dem wahren Gott finden, den man sich gar nicht vorstellen kann, und trotz aller Schicksalsschläge nicht mehr an Gott irre werden. ZEN kann, wenn es richtig geübt wird, einem Christen helfen, eine echte Gotteserfahrung zu erleben. [...] Wenn sich jeder Einzelne in der ganzen Welt mitverantwortlich fühlte, dann erst könnten wir hoffen, dass in nicht allzu ferner Zukunft unser Leben auf dieser Erde ein besseres sein wird. Wir, die wir jetzt in dieser Welt leben, sollten bereit sein, das zu erleiden, was erlitten werden muss, bis die Menschheit reif ist für den vollen Durchbruch des neuen Bewusstseins, das eine glücklichere Menschheit hervorbringt.

Liebe ist die Ursache der ganzen Schöpfung – Reshad Feild

Der am 15. April 1934 in Hascombe, England, geborene Richard Timothy Feild starb am 31. Mai 2016 in Devon, England. Er war als Mystiker unter dem Namen Reshad Feild bekannt, war Autor von rund zwanzig Büchern über Spiritualität, das Geheimnis des Atems und die innere Essenz der Sufi-Lehren und hatte seit den 1970er-Jahren einen bedeutenden Einfluss auf Tausende von Sinn suchenden Menschen im Westen.

Als junger Engländer durchlief er eine für die britische Upperclass typische Internatserziehung in Eton, bevor er zwei Jahre lang bei der *Royal Navy* diente. Danach wurde er Folksänger und reiste – als „spiritueller Hippie", wie man es damals vielleicht ausgedrückt hätte – singend um die halbe Welt. Auf seinen Reisen war er unter anderem auf eine Derwisch-Bruderschaft und damit den mystischen Zweig des Islam gestoßen. Dieses Zusammentreffen sollte den Beginn einer vollständigen Veränderung in seinem Leben markieren.

Wieder zurück in England, kam er in Kontakt mit den Lehren des in Armenien geborenen Esoteriker Georges I. Gurdjieff und dem in Moskau geborenen Schriftsteller Pjotr D. Ouspensky, während er unter anderem als „singender Kellner" im damals bekannten Londoner Restaurant *Luba's Bistro* auftrat, das von Gurdjieffs Nichte geführt wurde. Zu jener Zeit nannte er sich noch *Tim*. Als er schließlich Tom, dem Bruder der damals noch unbekannten

Dusty Springfield, begegnete, entfaltete sich seine Karriere als Folksänger über das Kabarett ins Radio und ins Fernsehen. Die Drei gründeten zusammen die Folkband *The Springfields,* welcher 1962 eine nationale Auszeichnung als „Gesangsgruppe des Jahres" verliehen wurde. Später zog sich Tim von den Springfields zurück und wurde durch den Sänger Mike Hurst ersetzt. Die Gruppe löste sich schließlich auf, als Dusty ihre eigene, sehr erfolgreiche Solokarriere startete. Tim wurde Antiquitätenhändler in London.

Während jener Zeit lernte er *Pir Vilayat Khan*, den Leiter des Internationalen Sufi-Ordens, kennen, der ihn initiierte und ihm den Namen *Reshad* gab. In der Folge verließ Reshad das Antiquitätengeschäft und half mit, ein spirituelles Studienzentrum aufzubauen und zu leiten. Dieses Zentrum entstand auf der ehemaligen Swyre Farm in Gloucestershire und lag in unmittelbarer Nähe von Sherborne House, der spirituellen Schule von John G. Bennett, zu dem freundschaftliche Beziehungen bestanden. Als Name des Zentrums wurde *Beshara* gewählt, und zwar auf Vorschlag jenes Mannes, der mittlerweile Reshads wichtigster spiritueller Lehrer geworden war: *Bulent Rauf*, ein türkischer Autor und Übersetzer, der selbst aus einer langen – auf den andalusischen Mystiker Muhyiddin Ibn Arabi (1165–1240) zurückgehenden – Linie des Sufismus stammte und den Reshad in seinem ersten Buch *Die letzte Schranke – Ich ging den Weg des Derwischs „Hamid"* erwähnt. Dieses in viele Sprachen übersetzte Werk gilt heute als ein Klassiker der modernen spirituellen Literatur. Es erzählt die spannende Geschichte von Reshad, schildert, wie er in einem Antiquitätengeschäft in London auf Bulent trifft, und berichtet über den Beginn seiner anschließenden abenteuerlichen Reise, die sein ganzes Leben verändern sollte.

1973 zog sich Reshad von seiner leitenden Rolle im Beshara-Zentrum zurück und wurde von Bulent Rauf angewiesen, nach Vancouver in Kanada zu gehen, wo er ein Studienzentrum ins Leben rief. Später wurden weitere Zentren in Kalifornien, Boulder (Colorado) und in Mexiko aufgebaut. An all diesen Orten half

Reshad unter anderem mit, die *Sema-Zeremonie* einzuführen, die 2005 von der UNESCO zum Weltkulturerbe erklärt wurde.

Der Film *Dem Morgen entgegendrehen* zeigt die von Reshad Feild und seiner *Lebenden Schule* am 17. Dezember 1989 in Zürich gehaltene Sema-Zeremonie. Er ist ein eindrückliches Zeitdokument und spiegelt die Ernsthaftigkeit, die Schönheit und die Reinheit wider, mit denen der spirituelle Gehalt dieser würdevollen Tradition hier weitergegeben wurde. Mittlerweile sind die *wirbelnden Derwische* rund um den Globus bekannt, die Aufführungen von Derwischtänzen gehören zum touristischen Standardprogramm in der Türkei. Im Laufe der Jahre wandte sich Reshad – trotz seiner stets großen Achtung vor allen authentischen Traditionen – in seiner Lehrtätigkeit immer weiter von der äußerlichen Form ab, die er als *ein lediglich auf bestimmten Etappen der Reise notwendiges Gepäckstück* betrachtete, das, wenn der Suchende entschlossen weiterschreitet, nach und nach zurückgelassen werden kann. In diesem Sinne heißt es auch in seinem Buch *Die letzte Schranke – Ich ging den Weg des Derwischs*:

Wir suchen nach Erkenntnis, aber Erkenntnis ist nicht einfach Information. Wir suchen nach Selbsterkenntnis. Man muss lernen, sich aller Etiketten und Schubladen zu entledigen, die in der Vergangenheit vielleicht noch gebraucht wurden. Denn es gibt nur ein einziges Absolutes Dasein. In dem Sinne sind wir ganz einfach nur Menschen des Weges.

Die letzten Jahre seines Lebens verbrachte er zurückgezogen in England.

Der Geist der Erkenntnis – Edwin Fischer

Gleichwie nach stockfinsterer Nacht die erste Lichtwelle des aufsteigenden Tages uns von Angst und Alpdruck erlöst, so hebt die Macht des Denkens unser Sein in die höhere Sphäre geistiger Klarheit. Der Sonne Licht gibt dem Chaos Umrisse, Formen und Farben, sie lässt uns erkennen, wo wir uns befinden und welche Schönheiten uns umgeben. Das große Unbewusste bekommt erst durch den Strahl des Verstandes einen höheren Sinn; er schafft Klarheit, Ordnung und setzt eines gegen das andere. Der Geist gibt uns die Möglichkeit, zu erkennen, zu prüfen, zu wählen, zu gestalten, und so muss es unsere Aufgabe sein, diese Sonne des Geistes hell in unsere seelische Landschaft scheinen zu lassen.

Wer nicht mehr weiter oder noch nicht alles wusste, der reiste in den Nachkriegsjahren nach Luzern. Dort unterrichtete *Edwin Fischer.* Legionen von Pianisten pilgerten zu ihm, um ewige Weisheiten zu erbitten und sich an den Leben spendenden Tropf eines Großmeisters zu hängen. Edwin Fischer, am 6. Oktober 1886 in Basel geboren, war nicht nur eine Instanz auf dem Klavier, sondern auch ein legendärer Therapeut für Verkrampfte, ein Trainer für Übernervöse. Seine Unterweisungen begannen immer mit einer seltsamen Übung: Er lehrte seine Schüler das Ausatmen. Einatmen, wusste Fischer, könne schließlich jeder. Jeden Morgen solle man sich der Etüde widmen, den Druck aus dem Körper zu leiten; danach funktioniere jedes Klavierspiel besser. Für Fischer war es wichtig, den Willen des Komponisten zu rekonstruieren, um als Pianist selbst zum Medium der Kunst zu werden. Wohin das führt, erklärt sein berühmter Ausspruch: *Nicht ich spiele – es spielt.*

Der mystisch begabte Pianist Edwin Fischer hielt bei einem Meisterkurs vor über fünfzig Jahren folgende bedeutungsvolle Einführungsrede, die heute mehr denn je Gültigkeit hat:

In der heutigen Zeit vollkommener Technik und Mechanik hat ein nur im rein pianistisch-artistischen Sinne gut gespieltes Klavierstück keinen Zweck mehr. Nur innerlich erlebte Kunst, an der Ihre Persönlichkeit schöpferischen Anteil hat, interessiert, wirkt und baut auf. Sie müssen zu sich selbst gelangen. Um Sie dazu zu bringen, müssen die, die nicht schon einmal gestorben sind, sterben; und zwar den Opfertod aller Eitelkeit, alles Angelernten, Aufgeklebten, Falschen.

Sie müssen dann wie ein Suchender leise hinuntersteigen in das Dunkel Ihres tiefsten Seins, dorthin, wo Sie in der Kindheit waren, und dem Rauschen Ihrer Wünsche und Sehnsüchte lauschen, wieder sein wie ein Kind, ein Baum, eine Blume, unverfälscht und echt, hingegeben dem Gefühl vollen Lebens. Und wenn Sie still genug sind, voller Ehrfurcht für den Gott in Ihnen und Ihr Ohr an das Urgestein pressen, um dem heimlichen Tod zu lauschen, der durch alle Welten zieht, wird ER das heilige Feuer der Fantasie aufleuchten lassen, einer Fantasie, die ihre Kräfte aus Ihrem eigenen Sein und Wesen zieht.

Und bist du demütig und stark zugleich, so schaust du das Land deines eigensten Wesens, das Land der reinen Dinge, die Kraft, die Größe, die Schönheit selbst und auch das Leid und die Weichheit und die Verklärung. Und hast du diese Urbilder in dich aufgenommen, so lass den Strom deiner Kräfte aufsteigen in dein Leben, in deine Taten, in deine Kunst und forme nach d e i n e r *Fantasie – und das Bild deiner Schönheit, deiner Größe, deiner*

Liebe und deiner Trauer, deiner Hoffnung und deiner Freude wird leuchtend und fruchtbar. Du wirst ein Schöpfer.

Ein schöpferischer Mensch aber in seiner besten Stunde ist göttlich. Wenn es dir jedoch nicht gegeben ist, deine innere Vorstellungskraft in eigenen Schöpfungen zu verwirklichen, so findest du die Werke der großen Meister. Sie sind, wie Gefäße, bereit, deinen Strom zu empfangen. Diese herrlichen Gebilde sind die andere Hälfte deines Daseins. Umfange sie, belebe sie, ohne ihnen Gewalt anzutun, veredle an ihnen, wachse an ihnen und leihe ihnen, diesen Götterbildern eines geahnten Reiches, die Kraft deines warmen Lebens.

Der Weg vom Urbild über Psyche, Physis, Instrument und Klang ist weit – und auf jeder der Leidensstationen geht etwas verloren – nur ein Bruchteil des Urbildes kommt zu Erscheinung.

Wenn ich Ihnen auf diesem Wege helfen kann, so tue ich es gerne, damit aus dem Werk und Ihrer Persönlichkeit zusammen ein Neues entstehe, aus dem in Kraft und Reinheit das Ewige leuchte, um dessentwillen zu leben allein sich lohnt.

Edwin Fischer verfiel Ende des Jahres 1954 in eine schwere Depression und ist bis zu seinem Tod im 74. Lebensjahr am 24. Januar 1960 in Zürich kaum noch aufgetreten.

Ja zum Leben sagen! – Viktor E. Frankl

Viktor Emil Frankl, Neurologe und Psychiater, Begründer der Logotherapie und Existenzanalyse, wurde am 26. März 1905 in Wien geboren, wo er auch am 2. September 1997 starb. Er entstammte einer jüdischen Beamtenfamilie. Er studierte Medizin, wobei sich Depressionen und Suizid zu seinen Schwerpunktthemen entwickelten. Seine Dissertation trug den Titel *Der unbewusste Gott*. Er hatte persönlich Kontakt zu Sigmund Freud und Alfred Adler, den Begründern der *ersten* und *zweiten Wiener Schule der Psychotherapie.* Im Gegensatz zu Adler stellte Frankl allerdings bald die Sinnfrage ins Zentrum seiner Arbeiten zur Suizidprävention. Von 1933 bis 1937 leitete er im psychiatrischen Krankenhaus in Wien den „Selbstmörderinnenpavillon". Hier betreute er als Oberarzt jährlich bis zu dreitausend selbstmordgefährdete Frauen. 1938 wurde ihm aufgrund seiner jüdischen Herkunft untersagt, „arische" Patienten zu behandeln, und er übernahm 1940 die Leitung der neurologischen Abteilung des Rothschild-Spitals, des einzigen Krankenhauses, in dem in Wien noch jüdische Patienten behandelt wurden. Einige seiner Gutachten aus dieser Zeit sollten Patienten davor bewahren, dem nationalsozialistischen Euthanasieprogramm zum Opfer zu fallen.

Im Dezember 1941 heiratet er Tilly Grosser. Als Juden wurden er, seine Frau und seine Eltern am 25. September 1942 ins Ghetto Theresienstadt deportiert. Sein Vater starb dort 1943, seine Mutter wurde in der Gaskammer von Auschwitz ermordet, seine Frau starb im KZ Bergen-Belsen. Frankl wurde am 19. Oktober 1944 von Theresienstadt nach Auschwitz gebracht und einige Tage später von dort in das KZ-Kommando Kaufering VI (Türkheim), ein Außenlager des KZ Dachau, transportiert. Am 27. April 1945 wurde er in Türkheim von der US-Armee befreit. Seine Eindrücke und Erfahrungen in den Konzentrationslagern verarbeitete er in dem Buch *Trotzdem Ja zum Leben sagen – Ein Psychologe erlebt das Konzentrationslager.* Schon kurz nach Ende des Krieges vertrat er die Ansicht, dass vor allem Versöhnung einen sinnvollen Ausweg aus den Katastrophen des Weltkrieges und des Holocaust weisen könne. 1946 wurde er zum Vorstand der Wiener Neurologischen Poliklinik berufen und war dies bis 1971. Er begründete die österreichische Ärztegesellschaft für Psychotherapie und wurde deren erster und einziger Präsident. 1947 heiratete Viktor Frankl in zweiter Ehe Eleonore Katharina Schwindt, die über fünfzig Jahre nicht nur seine Lebensgefährtin war, sondern ihn auch wissenschaftlich unterstützte. Zusammen hatten sie eine Tochter, Gabriele.

1955 erhielt Viktor Frankl den Professorentitel für Neurologie und Psychiatrie an der Universität Wien, Gastprofessuren führten ihn aber auch in die USA (Harvard University, Dallas und Pittsburgh). Er gilt als einer der größten Fachleute auf seinem Gebiet. Frankl verfasste 32 Bücher (viele in über dreißig Sprachen übersetzt) und erhielt weltweit 29 Ehrendoktorate.

Viktor Frankl war begeisterter Bergsteiger und Alpinist. Die Rax war sein Lieblingsrevier.

Erst unter den Hammerschlägen des Schicksals, in der Weißglut des Leidens an ihm, gewinnt das Leben Form und Gestalt. So lautet eine seiner Grundüberzeugungen. Einen Patienten, der über den Verlust seiner Frau nicht hinwegkam, machte Frankl einmal darauf aufmerksam, dass im umgekehrten Fall seine Frau ebenfalls gelitten hätte. Dadurch, dass sie vor ihm starb, blieb ihr das Trauern erspart. So bekam der Schmerz des Mannes einen Sinn. Seine Einstellung zum Tod seiner Frau wandelte sich. Das ist der Kern von Logotherapie, der sogenannten Dritten Wiener Richtung der Psychotherapie.

1995 wurde er Ehrenbürger seiner Heimatstadt Wien. 1970 wurde an der *U.S. International University* in San Diego Kalifornien extra für ihn eine Internationale Professur für Logotherapie eingerichtet. Frankls bekanntestes Buch ist *Man's Search for Meaning*, die amerikanische Ausgabe seines Buches *Trotzdem Ja zum Leben sagen.* Es wurde neun Millionen mal verkauft – die *Library of Congress* nennt es „eines der zehn einflussreichsten Bücher in Amerika". In vielen dieser Bücher klingt der Sinn des Lebens an. *Sinn muss gefunden werden, kann nicht erzeugt werden.*

Was im Tod bleibt, ist unser Geist – Gendün Rinpoche

Lama Gendün Rinpoche wurde 1918 in der Provinz Nangtschen in Kham, Osttibet, in der „Festung der Klarheit" (*Singka Dsong*) in 5000 m Höhe als Sohn eines Bildhauers geboren. Schon mit sieben Jahren begann seine Lehrzeit im Kloster, aber er interessierte sich nicht besonders für das Lesen und Rezitieren von intellektuellen Texten, sondern für die Praxis der Meditation. Mit 17 Jahren legte er die Mönchsgelübde ab und mit 21 begann er in einer Einsiedelei oberhalb des Klosters mit einer Gruppe von Praktizierenden einen völligen Rückzug in die Stille von drei Jahren, drei Monaten und drei Tagen, wie er in der Regel der *Kagyü-Linie* Tradition ist. Er konnte die Übertragung seiner Meister vollkommen in sich aufnehmen, sodass sein Geist vollständig von ihrem Geist durchwirkt war. Aufgrund seiner Verwirklichung des Yogas innerer Wärme (*Tummo*) erlangte er die Fähigkeit, Eis und Schnee in mehreren Metern Umgebung zu schmelzen. Selbst im tiefsten Winter lebte er ohne Heizung und verbreitete in seiner Zelle aufgrund seiner meditativen Versenkung eine beständige Wärme. Er hatte weder Hunger noch Durst und nahm extrem wenig Nahrung zu sich.

Auf der ersten Stufe geistiger Ruhe werden wir zunächst des ständigen Spiels von Vorstellungen und Gedanken gewahr, die in steter Folge erscheinen und sich wieder auflösen. Sie rauschen vor-

bei wie ein Wasserfall. Mit dem Fortschreiten der Praxis werden auch die subtileren gedanklichen Bewegungen ausklingen, sie fließen vorbei wie ein langer Strom und verschwinden dann ganz. Es entsteht auf natürliche Weise eine große Stille. Der Geist verweilt wie ein Ozean ohne Wellen. Der Geist erkennt sich in seinen Wahrnehmungen als in der Essenz leer und zugleich als kraftvoll und dynamisch – Weisheit erkennt sich selbst. In Samadhi verweilen bezieht sich nicht auf mystische Konzentrationszustände, sondern bedeutet, den Geist tief in sich selbst ruhen zu lassen, in größter Offenheit, ohne den Projektionen zu folgen. Der Geist erkennt sich selbst in allen Erscheinungen, ohne Dualität zu erzeugen. Es gibt kein Subjekt mehr, welches die Wahrnehmung von Objekten projiziert. Der Geist lässt sich jenseits von Dualität auf natürliche Weise in sich selbst nieder. Das ist geistige Ruhe im tiefsten Sinne …

Gendün Rinpoche machte eine einjährige Pilgerreise durch Tibet und Nepal, danach begab er sich wieder in die Abgeschiedenheit von Höhlen, die durch große Erleuchtete der Vergangenheit wie Padmasambhava und Milarepa gesegnet waren. Später leitete er drei Jahre lang ein im Aufbau befindliches Kloster im östlichen Bhutan. Im August 1975 ließ er sich in der Dordogne, Frankreich, nieder und gründete 1984 in der Auvergne ein Zentrum für Dreijahresklausuren, dem er den Namen *Kündröl Ling* gab, *Der Ort, an dem sich alles befreit.* Im Herzen des Mandalas erhebt sich mit Blick auf die Vulkankette des Puy-de-Dôme der große Karmapa-Tempel, der kurz vor dem Tod von Gendün Rinpoche am 31. Oktober 1997 eingeweiht wurde.

Wenn sich das Haften an der Wirklichkeit der Erscheinungswelt auflöst, tauchen die Erfahrungen von Freude, Nichtdenken und völliger Klarheit der Wahrnehmung auf. Zunächst erscheint meist eine Erfahrung von Transparenz oder Leerheit. Wir haben den Eindruck, dass die Welt ihren festen Charakter verliert und ohne wirkliche Substanz ist. Ihre scheinbare stoffliche Wirklichkeit wird in dieser Stille als immer weniger dicht erfahren. Die Welt erscheint unwirklich wie ein Traum oder eine Illusion, leuchtend und transparent, ohne irgendwelche Festigkeit, und wir verstehen, dass sie die Schöpfung des Geistes ist. Die transparente Stille des Nichtdenkens ist mit einer Erfahrung von Freude verbunden, da sich hierdurch eine unbegrenzte Weite auftut. In Offenheit und tiefer Freude ruhen wir ganz natürlich. Wir haben das Gefühl, dass Körper und Geist nicht getrennt sind. Das Wohlbefinden selbst wird als in sich leer, substanzlos wahrgenommen. Gleichzeitig stellt sich eine Qualität ein, die wir Klarheit nennen. Damit ist die dynamische, lebendige Qualität des Geistes gemeint, eine helle, wache Bewusstheit, die äußerst klar, strahlend und präzise ist. Der Geist nimmt sich selbst und alle geistigen Bewegungen völlig ungetrübt wahr. Solange der Geist Gedanken erzeugt – selbst wenn er sie frei von Anhaftungen vorüberziehen lässt –, ist dies noch nicht wirklich geistige Ruhe. Es ist wichtig, den Unterschied zwischen Erfahrung und Verwirklichung zu kennen. Freude, Klarheit und Nichtdenken sind nur Erfahrungen und noch keine Verwirklichung. Verwirklichung zeichnet sich dadurch aus, dass sie vollkommen frei von allem Haften ist und von jeder Beurteilung dessen, was wir gerade erleben. Indem wir Erscheinungen im Moment ihres Auftauchens loslassen, befreien wir uns von den vielen Schichten unseres Anhaftens, welche die Freiheit des Geistes einschränken, so, als würden wir zu enge Kleider ablegen. Die zunehmende geistige Ruhe führt zum Entstehen von intuitiver Einsicht …

Lama Gendün Rinpoche hat nicht Dutzende von Büchern über Glück, Freude, Schicksal, Erleuchtung u. v. m. publiziert. Er war ein Meister der Praxis und ein strahlender Geist voller Demut und Bescheidenheit. Das einzige Buch, *Herzensunterweisungen eines Mahamudra-Meisters*, ist eine Schatztruhe für Menschen auf der Suche nach ihrer geistigen Urquelle. Nach seinem Tod verweilte Gendün Rinpoche noch einige Tage im *Thugdam*, der Meditation der Natur des Geistes, wie sie große, verwirklichte Meister im Moment ihres Todes vollziehen. Während dieser Zeit blieb seine Herzgegend warm, und sein Gesicht wirkte jung und strahlend.

Der Tod ist die Fortsetzung des Lebens – ein Szenenwechsel im kontinuierlichen Prozess der Veränderung. Was im Tod bleibt, ist unser Geist, unsere Sichtweise der Dinge und das, was an Vertrauen, Erfahrungen und Verwirklichung in unserem Wesensstrom entstanden ist.

Am 29. November 2010 habe ich in München unseren 93-jährigen Vater mit den Gedanken von Gendün Rinpoche im Sterben begleitet – eine unvergessliche Erfahrung.

Originalzitate aus: Gendün Rinpoche, Herzensunterweisungen eines Mahamudra-Meisters, 2. Auflage 2017, Norbu Verlag in der Ekayana GmbH, Lenzkirch / Badenweiler

Jesus lebte niemals in Angst – Khalil Gibran

Der libanesische Dichter Khalil Gibran wurde mit seinen mystischen Erzählungen und Gedichten zu einem der meistgelesenen spirituellen Meister des 20. Jahrhunderts. In seinen Büchern erschließt er uns den verborgenen Kern aller Religionen, den wir nur mit dem Herzen erfahren können.

Die Menschheit ist eine Trauergemeinde, die mit Freuden die Geschehnisse und die Helden der Vergangenheit beweint. Besäße sie Verstand, so würde sie frohlocken über deren Herrlichkeit. Aber sie gleicht einem Kind, das über ein verwundetes Tier lacht; und sie freut sich über den reißenden Strom, der die trockenen Äste der Bäume mit sich trägt und alles, was nicht fest verankert ist, wegschwemmt.

Jesus lebte niemals ein Leben in Angst. Er starb auch nicht unter Jammern und Wehklagen. Er lebte wie ein Führer. Er wurde gekreuzigt wie ein Kämpfer. Und er starb wie ein Held, was denjenigen, die ihn misshandelten und töteten, Furcht einjagte. Jesus war kein Vogel mit gebrochenen Schwingen. Er war ein tosender Sturm, der alle krummen Flügel brach. Er fürchtete sich weder vor seinen Feinden noch vor seinen Mördern. Er war frei, tapfer und mutig. Er trotzte allen Gewaltherrschern und Unterdrückern. Er sah die ansteckenden Geschwüre und schnitt sie weg. Er ließ das Böse verstummen, zerschmetterte die Falschheit und schüttelte den Verrat ab.

Jesus verließ nicht das Innerste des Lichts, um Häuser zu zerstören und auf ihren Überresten Klöster und Abteien aufzubauen. Er überredete die Starken nicht, Priester zu werden, sondern er kam, um auf dieser Welt einen neuen Geist zu verbreiten, der die Kraft besitzt, die Fundamente einer jeden Herrschaft, die auf Menschengebein errichtet wurde, zu zermalmen. Er kam, um die prunkvollen Paläste, die auf den Gräbern der Schwachen stehen, in Schutt und Asche zu legen, und um die Götzenbilder, die auf den Leibern der Armut erbaut worden sind, zu stürzen.

Jesus war nicht hierher gesandt, um den Menschen beizubringen, wie man großartige Kirchen und Tempel mitten unter kalten und verfallenen Hütten aufbaut.

Jesus kam, um aus dem menschlichen Herzen einen Tempel zu machen, aus der Seele einen Altar und aus dem Geist einen Priester.

Dieses waren die Aufgaben, die Jesus von Nazaret zu erfüllen hatte, und dieses sind die Lehren, derentwegen er gekreuzigt wurde.

O gekreuzigter Jesus, der du voll Wehmut vom Kalvarienberg herab auf den Trauerzug der vergangenen Zeiten blickst, der du das Geschrei der verblendeten Völker hörst und die Träume der Ewigkeit verstehst!

Am Kreuz bist du herrlicher und würdiger als tausend Könige auf tausend Thronen in tausend Reichen.

In deinem Todeskampf bist du stärker als tausend Generäle in tausend Schlachten.

Mit deiner Trauer bringst du mehr Freude als der Frühling mit seinen Blumen.

In deinem Leiden bist du tapferer und stiller als die weinenden Engel im Himmel.

Bei der Geißelung bist du standhafter als ein Felsengebirge.

Deine Dornenkrone ist erhabener in ihrem Glanz als die Krone des Fürsten von Bahram.

Und die Nägel, die deine Hände durchbohren, sind schöner als Jupiters Zepter.

Die Blutstropfen an deinen Füßen sind strahlender als das Geschmeide an Ishtars Hals.

Vergib den Schwachen, die dich heute beklagen, denn sie wissen nicht, dass sie sich selbst bejammern.

Vergib ihnen, denn sie wissen nicht, dass du durch deinen Tod den Tod besiegtest und den Toten dadurch das Leben verliehen hast.

Vergib ihnen, sie wissen nicht, dass deine Kraft noch immer auf sie wartet.

Vergib ihnen, sie wissen nicht, dass jeder Tag nur dein Tag ist.

Khalil Gibran wurde am 6. Januar 1893 in Bischarri, Libanon, geboren und emigrierte 1895 mit seiner Mutter, seinen Schwestern und seinem Halbbruder nach Boston in die USA. Kamileh Gibran, seine Mutter, war die Tochter des Priesters Istiphan Rahmeh. Die falsche Schreibweise Kahlil Gibran geht auf die Anglisierung seines Namens in der Bostoner Grundschule, die er besuchte, zurück. In seinen Jugendjahren war Gibran Protegé des Fotografen und Publizisten F. Holland Day. Gibran studierte 1897 nach Rückkehr in den Libanon Kunst, Französisch und Arabisch sowie arabische Literatur. 1899 kehrte er über Paris wieder nach Boston zurück. 1903 starben seine Mutter, sein Halbbruder Butrus und seine jüngere Schwester Sultanah an Tuberkulose. 1904 hatte er erste Erfolge als Maler.

Ab 1908 studierte er in Paris Kunst und europäische Literatur. 1912 zog er nach New York. Der autobiografische Roman *Gebrochene Flügel* (*Broken Wings*) erschien im selben Jahr. 1918 erschien *Der Narr* (*The Madman*), das erste Buch, das er in englischer Sprache verfasst hatte. Er war Gründungspräsident der literarischen Vereinigung *Arrabitah*. Er gehörte der christlichen Kirche der Maroniten an. Am 10. April 1931 starb er im St. Vincent Hospital in New York an Leberkrebs und wurde am 21. August 1921 in seinem Geburtsort im Libanon beigesetzt. Hunderte von Priestern und religiösen Würdenträgern hatten den Toten in einer endlosen Prozession begleitet: Maroniten, Katholiken, Schiiten, Juden, Protestanten, Muslime, Griechisch-Orthodoxe, Sunniten, Drusen und Menschen anderer Bekenntnisse verneigten sich vor einem

Dichter, dessen höchstes Ziel es war, Gerechtigkeit zu schaffen, Gegensätze zu überwinden, Menschen zusammenzuführen und sie ihr größeres Selbst finden zu lehren.

Die zentralen Motive seiner Dichtung und seines philosophischen Denkens kreisen um den Gedanken, dass das Leben, die Liebe und der Tod das Wesentliche für uns Menschen sein sollen. Sein Werk wird als Bindeglied der philosophischen Richtungen des Orients, z. B. des Sufismus, und der westlichen, durch das Christentum beeinflussten Philosophien gesehen.

Der Prophet (*The Prophet*), erschienen 1923 (dt. Erstausgabe 1925), gilt als Hauptwerk und zugleich als bekanntestes Werk Gibrans. Es wurde, wie viele andere seiner Schriften, von ihm selbst illustriert. Der Prophet verkündet eine Botschaft von zeitloser Wahrheit in einer metaphorischen Sprache, die natürliche Schönheit und geistige Tiefe in einzigartiger Weise verbindet. *Der Prophet* ist eine poetische Offenbarung, deren Tiefe sich nur dem offenen Herzen erschließt. Die ursprüngliche Fassung schrieb Gibran bereits im Alter von fünfzehn Jahren. Erst zwanzig Jahre später gab er ihr die heutige Form, nachdem er den Text mehrfach überarbeitet hatte. Vielleicht liegt hierin der Grund für die einzigartige Verbindung von jugendlicher Leichtigkeit und reifer Lebensweisheit, die den „Propheten" weltweit zu einem Kultbuch machten. In den zwanzig Jahren zwischen der ersten und der letzten Fassung wurde Khalil Gibran von schweren Schicksalsschlägen heimgesucht. Neben unglücklichen Liebesbeziehungen gehörte dazu auch der Verlust von Mutter, Schwester und Bruder in einem einzigen Jahr (1903). Grenzenloses Leid und untrübbare Freude begleiteten Khalil sein Leben lang.

Jenseits von Worten und Gedanken – Joel Sol Goldsmith

Erleuchtung löst alle materiellen Bande und verbindet die Menschen mit der goldenen Kette spirituellen Einvernehmens. [...] Sie besitzt keine Regel und kein Ritual als nur die göttliche, überpersönliche, alles umfassende Liebe, keine andere Verehrung als die innere Flamme, die ewig im Schrein des Geistes leuchtet. Diese Vereinigung ist der freie Stand geistiger Bruderschaft. [...] Wir sind ein geeintes Universum ohne physische Begrenzungen, ein heiliger Dienst für Gott ohne Zeremonie oder Dogma. Die Erleuchteten wandeln furchtlos – durch Gnade ...

Der Mystiker und geistige Heiler *Joel S. Goldsmith*, ältester Sohn jüdischer Eltern, wurde am 10. März 1892 in New York City geboren und starb am 17. Juni 1964 im Piccadilly Hotel in London-Westminster.

Der noch lebende 92-jährige amerikanische Arzt und Psychiater Gerald Gersham Jampolsky, der durch seine zahlreichen Publikationen weltbekannt geworden ist, verehrte Joel Goldsmith als einen der großen Lehrer für spirituelle Weisheit.

Goldsmith ist Begründer des *Infinite Way*, einer Offenbarung spiritueller Prinzipien, die das Licht von Christus widerspiegeln und jenseits aller religiösen Konzepte liegen. Er führt mit seinem Erfahrungswissen den Leser in das inwendige Königreich Gottes. Er war ein Praktiker; in einfacher, einprägsamer Sprache beschreibt er zahlreiche Methoden, die zur Erfahrung der Gottesgegenwart im eigenen Innern führen.

Wir erreichen Gott, wenn wir unser Gemüt an einen Ort der Stille führen. [...] Dieser Ort liegt in uns selbst, jenseits von Worten und Gedanken. Da wird unserer Seele die Erfahrung Gottes zuteil.

Er begann schon in jungen Jahren durch die Welt zu reisen. Nach dem Schulabschluss trat er in das Importgeschäft seines Vaters ein, das ihn auch nach Europa führte. Aber erst im Alter von 36 Jahren begab sich Goldsmith ernsthaft auf eine andere Reise – auf die Reise in sein inneres Universum. Durch ein Kindheitserlebnis mit der wunderbaren Heilung seines Vaters war sein Interesse für geistige Heilung geweckt worden. Gänzlich unerwartet und aus ihm damals unverständlichen Gründen baten ihn die Menschen plötzlich um seine Hilfe, um sein Gebet. Verwirrt und überrascht bemühte er sich um geistige Erkenntnis, und langsam ließ sich eine Stimme vernehmen, die ihn in den nachfolgenden Jahren führen und zu immer tieferen Erfahrungen leiten sollte. In einem authentischen Bericht schildert Lorraine Sinkler, seine engste Mitarbeiterin, die 22 Bücher von Goldsmith herausgegeben hat, auf lebendige Weise Leben und Werk des amerikanischen Mystikers.

Gott und Mensch sind eins. Es gibt allein diese eine Wirklichkeit. Sie ist Geist, Bewusstsein, immateriell. Die materielle Welt ist nur die körperliche Vorstellung unseres Gemüts von Gottes unkörperlicher Schöpfung. Das ganze menschliche Erleben ist nichts anderes als ein Scheinerleben, eine Traumerfahrung, die verschwindet, sobald wir im eigenen Innern Gott entdecken. Da wir mit Gott eins sind und Gott Geist ist, sind auch unsere Bedürfnisse und unsere Versorgung geistiger Art. Wenn wir uns nach innen wenden, bitten wir nur um Gnade.

Das Nachdenken über Gott oder das Wiederholen von Aussagen bringt uns nicht die Erfahrung Gottes. Durch das Nachdenken über Musik werden wir nicht zum Musiker. Auf irgendeine Weise muss man ein Musikbewusstsein erlangen. So werden auch die Worte über Gott, die wir sprechen, und die Gedanken, die wir über Gott hegen, nur Verstandesübungen bleiben, ehe wir nicht Gott im Inneren erfahren ... Es gab Menschen, die ihr ganzes Leben dem Nachsinnen über Gott widmeten, sie gingen ihr Leben lang mit ihrer Bibel in den Händen und sind doch Gott nicht auf eine Milliarde Meilen nahe gekommen. Es gibt keine Worte im menschlichen Geist, die je Gott werden. Gott ist kein Wort, auch Christus nicht. Gott ist eine Erfahrung ebenso wie Christus. [...] Es besteht kein Zweifel, dass viele Menschen gefühlsmäßig Bilder hervorbringen. So gibt es Leute, die jedes Jahr die Nägelmale des Meisters an ihrem Körper erleben, und die Welt betrachtet sie fälschlicherweise als Mystiker. In vielen Fällen sind sie nichts als emotionale Neurotiker, denn alles, was sie tun, ist, dass sie in ihrer Vorstellung so stark mit dem mentalen Bild der Passion leben, dass dieses äußerlich erscheint ...

Das Gebet kann nur in dem Maß wirken, in dem wir uns ohne ein Begehren an Gott wenden. Wir können Gott nicht um etwas bitten. Wenn wir es tun, werden wir seine Ehre missachten. Wir würden nämlich in Wirklichkeit sagen: „Gott, ich weiß, was ich brauche, aber du weißt es nicht, daher will ich es dir sagen." Es hat auch keinen Zweck, zu Gott zu gehen mit dem Wunsch, Er möge unsere Krankheiten heilen oder diese oder jene Disharmonie oder Not auflösen. Das wahre Gebet ist ein Öffnen des Bewusstseins hin zur Gemeinschaft im Inneren ... Christus schläft nie in uns. Er ist immer wach und wirksam. Allein wir schlafen und bemerken ihn nicht ... Jeder, der sich je ein Bild von Gott oder von Christus gemacht hat, hat sich des Götzendienstes schuldig gemacht. Die Erhebung zum mystischen Bewusstsein in Gebet und Heilung bedeutet Erhebung ins Unkörperliche. Mein Bewusstsein und deines ist die Substanz des ganzen Universums, weil Gott unser Be-

wusstsein ist. Dies ist die höchste Wahrheit. Über die Unkörperlichkeit kann man nicht hinaus. Wir müssen das Immaterielle aus unserem Bewusstsein hervorbringen. Der immaterielle Mensch wurde nie geboren, wird nie altern und kann auch nicht sterben.

Originalzitate aus: Joel S. Goldsmith, Ein Leben zwischen zwei Welten. Jenseits von Worten und Gedanken, © 1965 Heinrich Schwab Verlag, Argenbühl-Eglofstal

Die Liebe ist das Grundprinzip des Universums! – Bede Griffiths

Der englische Benediktinermönch und Mystiker Dom Bede Griffiths war ein *sannyasin* (ein Mensch, welcher der Welt entsagt hat und in völliger Besitzlosigkeit lebt, nur auf die Verwirklichung der Befreiung [Sanskrit: *moksha*] ausgerichtet), ein *rishi* (ein Seher, ein inspirierter Dichter, der die Hymnen der Veden vernommen hat), ein *jivanmukta* (ein zu Lebzeiten Befreiter) und ein *mahatma* (ein großer Geist). Er trug den indischen Namen *Swami Dayananda* (Meister der glückseligen Barmherzigkeit).

Bede Griffiths wurde auf den Tag genau dreißig Jahre vor Papst Franziskus geboren – am 17. Dezember 1906. Beiden gemeinsam ist die bedingungslose Liebe zu den Menschen.

Schon als Gymnasiast hatte Bede Griffiths in der Natur sehr nachhaltige mystische Erlebnisse, die ihn die unmittelbare Verbindung mit dem Göttlichen spüren ließen. Sein ganzes Leben war von dieser kontinuierlichen Wesensschau des göttlichen Urgrundes geprägt. Als 84-Jähriger berichtete er nach einer sehr tiefgreifenden Erleuchtungsphase:

Ich wurde von Liebe überwältigt und überflutet. Das Weibliche in mir öffnete sich, und ein neuer Ausblick tat sich auf. Ich sah die

Liebe als das Grundprinzip des Universums, ich sah Gott in der Erde, in den Bäumen, in den Bergen. Das führte mich zu der Überzeugung, dass es in dieser Welt kein absolut Gutes oder Böses gibt. Wir müssen alle unsere Begriffe aufgeben, welche die Welt in Gut und Böse, Richtig und Falsch einteilen, und die Komplementarität der Gegensätze entdecken.

Mit seinem beispielhaften Leben bezeugte Bede Griffiths die einzigartige Möglichkeit, dem göttlichen Mysterium in der Gegenwart zu begegnen, wenn der gewohnte dualistische und von Projektionen verformte Denkprozess aufgegeben wird zugunsten des Gefühls von Angekommensein, Rückkehr zur Mitte. Bede Griffiths nimmt unter den Mystikern in der Geschichte des Christentums eine herausragende Stellung ein. Er hat andere religiöse Traditionen und Kulturen berührt und integriert wie kaum ein anderer und hat vorbildhaft das Johannes-Wort (Johannes 17,21) verwirklicht: „Alle sollen eins sein!"

Mein ganzes Bemühen und Denken ist darauf ausgerichtet, Körper, Seele und Geist in jedem Augenblick unserer Existenz zu integrieren. Das allgemeine Problem des Westens besteht darin, dass die meisten Menschen nur in der Dualität von Körper und Seele leben, wobei die dritte Ebene, der Geist, das Spirituelle, tragischerweise fehlt. Alle Menschen in der Welt spüren gegenwärtig das Verlangen, die spirituelle Dimension zu erschließen. Jenseits von Körper und Seele befindet sich der raum- und zeitfreie Zustand der Gegenwart. Hierbei handelt es sich nicht um ekstatische Befindlichkeiten oder Visionen, sondern es geht sehr schlicht und einfach um die unmittelbare Erfahrung von Gegenwart in allen Dingen unseres täglichen Lebens. Dieser Gegenwart sollte man keinen Namen geben. Man kann sie Gott nennen, aber das scheint mir gefährlich. Das Wort Gott ist derart missbraucht und dubios, dass man es besser nicht benutzt. Die Menschen haben so viele verschiedene Vorstellungen von dem, was Gott ist und/oder nicht ist. Der deutsche Mystiker Meister Eckhart bevorzugte den Begriff

Gottheit, die letzte Wirklichkeit jenseits eines persönlichen Gottes. Im Hinduismus nennt man dies Brahman, den göttlichen Urgrund. Buddha weigerte sich, einen Namen zu nennen, und sprach von Nirwana, dem Auslöschen jeglicher Vorstellungen ...

Zum Zölibat habe ich eine ganz andere Meinung als die römische Amtskirche. In der Frühkirche gab es zunächst überhaupt keine Priester. Dann etablierte sich gegen Ende des ersten Jahrhunderts allmählich das Priestertum. Die Priester waren normalerweise verheiratet, genau wie die Apostel. Wir wissen, dass Petrus verheiratet war, und die anderen Apostel waren es möglicherweise auch. Jesus hatte verheiratete Männer um sich geschart. Dann kam im dritten und vierten Jahrhundert innerhalb der Kirche eine Bewegung auf, die für das klösterliche Leben eintrat. Der Mönch hatte im Zölibat zu leben. Er hatte seine Familie, seine Freunde, sein Heim, alles aufzugeben, um Jesus Christus nachzufolgen – und dies ist ein ganz besonderer Ruf. Das Leben eines Mönches unterscheidet sich ganz klar und eindeutig vom Priestertum. Die Mönche waren keine Priester. Es hieß, dass es zwei Gruppen von Menschen gäbe, denen ein Mönch unbedingt aus dem Wege gehen solle, nämlich den Frauen und den Bischöfen. Die Frauen versuchen, ihn zum Heiraten zu überreden, und die Bischöfe wollen einen Priester aus ihm machen. Leider hat man die Mönche etwa vom vierten Jahrhundert an mehr oder weniger als die Vorzeigechristen schlechthin betrachtet. So kam es mehr und mehr, dass Mönche im Zölibat lebten und dass Mönche Priester wurden, und man hat diese beiden Berufungen niemals getrennt.

Heute müssen wir die beiden Wege trennen. Ich denke, wir sollten zum verheirateten Priestertum zurückkehren und das Zölibat als eine besondere Gabe betrachten, die nur wenigen Menschen gegeben ist. Wir sollten beide Berufungen auseinanderhalten. Sie ergänzen sich gegenseitig, beide sind notwendig für die Kirche, doch man sollte sie nicht durcheinanderwerfen. Doch genau das ist es, was heutzutage geschieht ...

Der Status der Frauen in der Kirche ist auch ein großes Problem, das direkt bis auf das Alte Testament zurückgeht. Wir müssen uns darüber im Klaren sein, dass das Alte Testament aus einer patriarchalischen Kultur stammt. In Kanaan, Ägypten, Babylon und all den anderen ringsum lebenden Völkern herrschten matriarchalische Kulturen. Israels Reaktion war ein Aufbegehren gegen die Gesamtheit jener matriarchalischen Kultur, gegen die Mutter-Göttin, die Fruchtbarkeit der Erde und das Weibliche. Es war eine notwendige Bewegung, notwendig für den transzendenten Gott, der jenseits aller Natur, jenseits des Weiblichen, des Passiven, des Menschlichen, des Irdenen ist. Gott ist ganz und gar transzendent. Doch man hat den weiblichen Aspekt, die Natur, das Leben und vor allem die Sexualität beiseite geschoben. [...] Wir müssen die Natur und das Leben transzendieren, das Weibliche transzendieren, so wie auch das Kind seine Mutter verlassen und hinaus in die Welt gehen und ein erwachsener Mensch werden muss. Doch wir haben das Weibliche einfach links liegen lassen, haben das Weibliche, den Sex, die Erde, die Materie und das Leben abgelehnt, um diese wundervolle Religion der Gnade und der Wahrheit usw. aufzubauen. Jetzt, so meine ich, ist es an der Zeit, die beiden miteinander in Einklang zu bringen. Wir müssen das Gleichgewicht wiederfinden.[...]

Heute erkennen wir, dass die Kirche, so wie sie in Europa und auf der ganzen Welt organisiert ist, einer patriarchalischen Kultur angehört. Alle unsere Begriffe für Gott sind männlich, und die Apostel waren alle männlich, und die Bischöfe sind alle männlich. Alles hat zu seiner Zeit eine Berechtigung, und dieses patriarchalische System war zu seiner Zeit gerechtfertigt. Doch es besitzt keine Gültigkeit mehr. Heute entdecken wir die Werte des Weiblichen überall im normalen Alltag, und ganz langsam entdecken wir sie in der Kirche. Wir werden sie mit der Zeit auch bei Gott entdecken. Gott ist ebenso weiblich wie männlich. Es macht keinen Sinn, Gott nur das eine, nicht aber das andere sein zu lassen. Wir sehen das Ungleichgewicht unserer gesamten kulturellen Tradition. Wir müssen das Weibliche in der Kirche, im Leben, in der menschlichen Natur und im gesamten Kosmos wiederentdecken. Das ist die gegenwärtig stattfindende Bewegung. All jenes, was vernachlässigt worden ist, kommt allmählich zurück. Und das ist die Hoffnung für die Zukunft ....

Jesus hat nicht die Kirche gepredigt, sondern das Königreich Gottes.

Das Buch *Hochzeit von Ost und West* wurde von Roland R. Ropers stellenweise neu übersetzt und mit einer großen Einführung neu herausgebracht.

Originalzitate aus: Bede Griffiths, Die Hochzeit von Ost und West. Hoffnung für die Menschheit. Aus dem Englischen übertragen von Guido Joos und Ulf Brühl, © 2003 Otto Müller Verlag, Salzburg

Wahrhaftigkeit in schweigender Einsamkeit – Romano Guardini

Einen Einzigen gibt es, der den Gedanken eingeben könnte, ihn in die Nähe J e s u zu rücken: B u d d h a. Dieser Mann bildet ein großes Geheimnis. Er steht in einer erschreckenden, fast übermenschlichen Freiheit; zugleich hat er dabei eine Güte, mächtig wie eine Weltkraft. Vielleicht wird Buddha der Letzte sein, mit dem das Christentum sich auseinanderzusetzen hat. Was er christlich bedeutet, hat noch keiner gesagt. Vielleicht hat Christus nicht nur einen Vorläufer aus dem Alten Testament gehabt, Johannes, den letzten Propheten, sondern auch einen aus dem Herzen der antiken Kultur, Sokrates, und einen dritten, der das letzte Wort östlich-religiöser Erkenntnis und Überwindung gesprochen hat, Buddha.

 Romano Guardini, Der Herr. Betrachtungen über die Person und das Leben Jesu Christi, 20. Aufl. 2018, S. 367. Verlagsgemeinschaft Matthias Grünewald Verlag, Ostfildern / Ferdinand Schöningh, Paderborn

Romano Guardini zählt zu den bedeutendsten katholischen Religionsphilosophen und Theologen des 20. Jahrhunderts. Er wurde am 17. Februar 1885 in Verona als Sohn eines Geflügelgroßhändlers geboren. Bereits 1886 übersiedelte die Familie nach Mainz, wo Romano 1903 sein Abitur gemacht hat. Er studierte an verschiedenen Universitäten zunächst Natur- und Staatswissenschaften, bevor er sich der Philosophie und der Theologie zuwandte. 1922 habilitierte sich Guardini und wurde ein Jahr später auf den neu gegründeten Lehrstuhl für *Christliche Weltanschauung* an die Berliner Universität berufen. Sein Leitmotiv für dieses bis dahin nicht definierte Fach war der *Blick aufs Ganze.*

Nachdem ihm die Nationalsozialisten Lehrverbot erteilt hatten, konnte er erst 1945 in Tübingen seine Vorlesungen wieder aufnehmen. 1948 wurde er auf den eigens für ihn eingerichteten Lehrstuhl in München berufen. 1952 erhielt Romano Guardini (nach Albert Schweitzer und vor Martin Buber) den Friedenspreis des Deutschen Buchhandels. 1958 wurde er in den Orden *Pour le Mérite* aufgenommen, 1962 erhielt er den Erasmuspreis in Brüssel. Drei Jahre vor seinem Tod bot ihm Papst Paul VI. den Kardinalshut an, den er allerdings ablehnte. Romano Guardini starb im Alter von 83 Jahren am 1. Oktober 1968 in München.

Er gilt als wegweisender Inspirator der liturgischen Bewegung, war eine der führenden Persönlichkeiten in der katholischen Jugendbewegung und trat als akademischer Lehrer mit außergewöhnlich hohem Zuspruch hervor. Mit seinem Schaffen gelang Romano Guardini der Brückenschlag zwischen moderner Lebenswelt und religiöser Symbolik, zwischen Glauben und wissenschaftlicher Weltanschauung, zwischen Kunst und denkerischer Wirklichkeitsauffassung.

Aufgrund seiner Sonderstellung zwischen den Fakultäten in München hatte er kein Promotionsrecht und damit auch keinen unmittelbaren wissenschaftlichen Schüler. Romano Guardini war zeitlebens von Schwermut geplagt – darüber hat er Diverses publiziert.

Die Wahrhaftigkeit des Redens lernst du im Schweigen und in der Einsamkeit. So lautet eine seiner gelebten Überzeugungen.

Die Achtung des Menschen vor sich selbst muss geradezu neu entdeckt werden. Sie wurzelt in der weithin vergessenen Wahrheit, dass Gott selbst uns achtet. Der Mensch kommt nicht aus der Natur, sondern aus der Erkenntnis und der Liebe, das heißt aber, aus der Verantwortung des Lebendigen Gottes. Ein Mensch, der nur aus der Natur käme, könnte sich nicht achten – ebenso wenig, wie ein Tier es kann. Und es ist wichtig, dass wir Selbstachtung lernen, denn die Geschichte der Menschheit droht immer mehr auf die Entehrung des Menschen zuzugehen – ebenso, wie sie auf die Vernichtung zuzugehen droht, und eines nur möglich wird durch das andere. Der moderne Krieg mit seinen Waffen wäre nicht möglich, wenn im Menschen nicht der Trieb zum Tode wirkte; und kein Totalismus würde gelingen, wenn etwas im Menschen nicht mit seiner eigenen Entehrung einverstanden wäre. Gott hat aber den Menschen nicht in der Weise erschaffen, wie er es mit den Himmelskörpern getan hat, nämlich als Objekt; sondern so, dass Er ihn zu seinem Du gesetzt und ihn angerufen hat. Eben damit hat Er aber die Achtung für den Menschen zur Grundlage des Verhältnisses gemacht, in das Er ihn zu sich selbst gesetzt hat. So darf auch das Gericht, das der Mensch über sich hält, niemals die fundamentale Achtung aufheben, die er vor sich haben soll – deswegen, weil Gott sie hat. So führt der Weg zu allem Guten aus meinem Wesensansatz heraus – und die Tapferkeit der Selbstannahme bedeutet zugleich das Vertrauen auf diesen Weg.

Ich-Sein heißt geradezu einen Weg haben, jenen, der aus dem Ich der Anfänglichkeit in das der Vollendung führt. Der kann weit umführen, durch Bedrängnisse und Dunkelheiten. Er kann scheinbar verwehen und verschüttet werden. Immer ist er aber da, sogar wenn er durch den Untergang führt. Man sagt dergleichen nicht gern. Es klingt pathetisch; und außerdem wendet das Gewissen ein, ob der Redende denn selbst damit Ernst mache. Aber schließlich muss er die Wahrheit doch sagen, auch wenn er selbst davor nicht bestehen kann. Der Tod ist nicht, was all das makabre Gerede in Philosophie und Dichtung und Kunst verkündet; der Weg geht durch ihn hindurch.

Wer ich bin, verstehe ich nur in dem, was über mir ist. Nein: in Dem, der mich mir gegeben hat. Der Mensch kann sich aus sich selbst heraus nicht verstehen. Die Fragen, in denen das Wort „warum“ vorkommt und das Wort „ich“ – sind vom Menschen her nicht zu beantworten. Die Antwort auf sie gibt nur Gott.

Und hier kommt uns wohl nahe, was der Heilige Geist bedeutet, von dem gesagt ist, dass Er „der Geist der Wahrheit“ sei, der „einführt in alle Wahrheit“; und weiter, dass Er der Geist der Liebe sei. Er kann mich jene Wahrheit verstehen lehren, die mich niemand lehren kann, nämlich meine eigene.

Dieser Geist kann wirken, dass ich meiner inne werde. Er kann machen, dass ich die haarschmale und doch so tief trennende Ferne durchmesse, die zwischen mir und mirselbst liegt. Er kann wirken, dass ich in den Frieden mit mir gelange.

Reise in die Unendlichkeit des Seins – Rahmi Oruç Güvenç

Der Mensch ist ein Reisender auf der Suche nach sich selbst, im Gestern, Heute und Morgen. Ob nach China oder in den Vorderen Orient – Entfernungen spielen bei dieser Reise keine Rolle. Und denke nicht, die Reise endet mit diesem Leben. Sie geht weiter in der Unendlichkeit des Seins.

Rahmi Oruç Güvenç wurde am 26. August 1948 in Tavşanlı, Türkei, geboren. Er studierte an der Universität Istanbul Literaturwissenschaft, Philosophie, Medizin und Psychologie und promovierte mit dem Thema der türkischen Musiktherapie an der medizinischen Fakultät der Cerrahpaşa Universität. 1976 begann Rahmi Oruç Güvenç das Alte, in Archiven aufbewahrte Material der Musiktherapie zu studieren und wieder in die klinische Praxis zu integrieren. Eine Brücke zwischen der alten Tradition und der modernen Medizin war geknüpft. Sein Lebenslauf ist geprägt durch die tiefe Liebe zur orientalischen Musik der Sufis und der Improvisation in ihrer Anwendung in der Musiktherapie sowie seinem tiefen spirituellen Wunsch, Gott und den Menschen zu dienen. In den frühen Morgenstunden des 5. Juli 2017 starb in Istanbul Rahmi Oruç Güvenç nach einer schweren Operation im 69. Lebensjahr. An diesem Tag erschien in Wien die deutsche Ausgabe seines Buches *Mevlânâ und die Gottgeliebten*.

Wenn wir Musik hören, nehmen wir sie nicht nur mit unseren Ohren wahr. Jede Zelle unseres Körpers schwingt in ihrem Rhythmus mit. Unser Körper ist durch die Schwingung ständig in kleinster Bewegung. Wenn Klänge auf den Organismus treffen, trifft Bewegung auf Bewegung, Schwingung auf Schwingung. Es findet ein Austausch statt, Resonanz und Konsonanz. Körper, Seele und Geist sind Gesang. Der Körper wird aus gröberen Schwingungen gebildet, Seele und Geist aus feineren. Leben ist ein schwingendes System. Freunde fragten ihren Meister, ob er auch ein Instrument spielen könnte. Sofort griff er zur Dombra und begann zu spielen. Dabei hielt er einen Finger unverändert auf dem Griffbrett und spielte immer wieder ein und denselben Rhythmus. Minuten, sogar eine Viertelstunde vergingen. Die Freunde wurden ungeduldig. Schließlich sagte einer von ihnen: „Meister, wenn die anderen Musiker spielen, bewegen sie die linke Hand auf dem Griffbrett auf und ab. Du hältst aber schon seit Ewigkeiten den Finger an demselben Platz.“ „Ja“, sagte der Meister lächelnd, „die suchen noch alle den Ort, an dem ich schon bin.“

Wenn Rahmi Oruç Güvenç in seinen faszinierenden Seminaren Musik macht und seine Gruppe in das Klangparadies der Einheit führt, erfährt jeder recht schnell den gegenwärtigen Ort als Wirklichkeit des Seins, wo die Suche wenigstens vorübergehend aufhört. Der Sufi-Mystiker Güvenç erinnert seine Zuhörer an den Ursprung ihrer Wesenhaftigkeit und begleitet sie in ihre innerste Urheimat, wo Ruhe, Kraft, Vertrauen und Heilung als immerwährende Lebensquelle erfahrbar sind. Rahmi Oruç Güvenç ist der Rumi des 21. Jahrhunderts

Dschalal ad-Din Muhammad Rumi (geb. am 30. September 1207 in Balkh im damaligen Persien und heute in Afghanistan; gest. am 17. Dezember 1273 in Konya, heute in der Türkei) war einer der bekanntesten persischen und islamischen Mystiker und gilt als Gründer der Mevlevi-Tariqa (Mevlevi-Derwischorden). Von seinen Derwischen und auch späteren Anhängern wird er *Moulana* (persisch/arabisch *unser Herr/Meister*) oder (in türkischer

Aussprache) *Mevlana* genannt. Zu Zeiten Rumis wurde Anatolien von den Rum-Seldschuken regiert, daher der Beiname *Rumi* (= Oströmer, Byzantiner). Das folgende Zitat fasst sein mystisches Empfinden gut zusammen:

Ich versuchte Gott zu finden am Kreuz der Christen, aber er war nicht dort. Ich ging zu den Tempeln der Hindus und zu den alten Pagoden, aber ich konnte nirgendwo eine Spur von ihm finden. Ich suchte in den Bergen und Tälern, aber weder in der Höhe noch in der Tiefe sah ich mich imstande, ihn zu finden. Ich ging zur Kaaba in Mekka, aber dort war er auch nicht. Ich befragte die Gelehrten und Philosophen, aber er war jenseits ihres Verstehens. Ich prüfte mein Herz, und dort verweilte er, als ich ihn sah. Er ist nirgends sonst zu finden.

In einer sehr orientierungsverarmten Welt versteht es Rahmi Oruç Güvenç, in jedem Menschen die Schatzkammern zu öffnen, in denen das wesentliche Lebenswissen verborgen liegt. Er ist ein Meister der Begeisterung, wo die Wellen der Gefühle mit der Unendlichkeit des Ozeans im tiefsten Urgrund in Harmonie verankert werden.

Weise des Ostens als Zeugen der Wahrheit – Tomáš Halík

Der tschechische Theologieprofessor, Psychologe, Soziologe und katholische Priester *Tomáš Halík* (geb. 1. Juni 1948 in Prag) erhielt im Frühjahr 2014 den mit umgerechnet 1,3 Millionen Euro dotierten *Templeton-Preis* für seinen Einsatz für Religionsfreiheit im kommunistischen Regime in seinem Heimatland und wurde für sein Engagement für den Dialog zwischen verschiedenen Religionen und mit Nichtgläubigen geehrt. Der Templeton-Preis ist eine der am höchsten dotierten Auszeichnungen für Einzelpersonen weltweit. Bisherige Preisträger waren u. a. Desmond Tutu (2013), der XIV. Dalai Lama (2012), Mutter Teresa (1973), Frère Roger von Taizé (1974).

Professor Halík zählt zu den bekanntesten katholischen Intellektuellen in Mittel- und Osteuropa. Er war ein enger Vertrauter des ehemaligen tschechischen Präsidenten Václav Havel sowie des langjährigen Prager Erzbischofs František Kardinal Tomášek und genießt in der deutlich atheistisch geprägten tschechischen Gesellschaft hohes Ansehen. Er lehrt an der Karls-Universität in Prag und nimmt regelmäßig zu politischen und ethischen Fragen Stellung. Vor allem ermutigt er die Tschechen zu mehr gesellschaftlicher und politischer Mitbestimmung und einer ernsthaften Aufarbeitung der kommunistischen Vergangenheit. Zudem setzt er sich seit Langem für den weltweiten Dialog zwischen den Religionen ein. Im Jahr 2001 war er Gastprofessor in Oxford, 2003 in Cambridge. 2010 erhielt er den *Romano-Guardini-Preis.*

Tomáš Halík wuchs in einem liberal-intellektuellen Elternhaus auf. Zur Kirche kam er erst nach seinem Ausschluss aus dem Wissenschaftsbetrieb durch die Kommunisten 1972. Er studierte im Geheimen Theologie und wurde 1978 in Erfurt (ehemals DDR) zum Priester geweiht. Elf Jahre lang arbeitete er im Zivilberuf als Psychotherapeut für Alkohol- und Rauschgiftsüchtige. Als Untergrundpriester hielt er geheime Seminare ab. Zu seinem Dissidenten-Zirkel gehörten auch führend die Brüder Havel. Zeitweilig lebte Tomáš Halík in einem buddhistischen Kloster in Indien und hielt Vorträge in den USA. Die Erfahrung seiner Asien-Reisen fasst er wie folgt zusammen:

Christus im Dialog der Kulturen und Spiritualitäten – das ist bei Weitem keine verrückte Neuheit der Postmoderne und Globalisierung, sondern das Vermächtnis der gesamten katholischen Tradition – katholisch im stärksten und tiefsten Sinne dieses Wortes. Meine morgendliche Vision in Hiroshima, Christus im Dialog nicht nur mit Mose und Elija, sondern auch mit vielen, die für Europa ferne geistliche Wege symbolisieren, war nichts, was einen Christen verblüffen oder beleidigen müsste. Verblüffend waren die Intensität und die seltsame Dringlichkeit, mit der dieses Bild dauerhaft in meine innere Welt eintrat. Als ob ich gehört hätte: Tritt tiefer ein in die Wolke dieses verwandelnden Geheimnisses, nimm an diesem Gespräch geistlicher Traditionen teil, hilf einen Raum für diesen Dialog zu schaffen und zu bewahren. Die Sonne stand nun schon hoch über dem Horizont. Ich notierte mir in Eile schnell noch einige Gedanken, die mir durch Kopf und Herz strömten, ich wusch mich, kleidete mich an und reihte mich in die bunte Menge von Buddhisten, Christen, Shintoisten, Hindus, Juden und Muslimen ein, die zu dem Ort strömten, wohin vor dreiundfünfzig Jahren die mörderische Bombe gefallen war, um gemeinsam für die Gesundung der Welt zu beten.

Ursprünglich sollte *Albert Schweitzer* die Orgel der Weltfriedenskirche in Hiroshima feierlich einweihen. Glücklicherweise war der große deutsche Pianist (auch Organist und Komponist) Wilhelm Kempff bereit, das Konzert zu übernehmen. Im November 1954 kam er nach diversen Japan-Konzerten nach Hiroshima, wo der Jesuit Professor Dr. *Hugo Makibi-Enomiya Lassalle* am 11. 11. 1954 seinen 56. Geburtstag feierte. Pater Enomiya-Lassalle lehrte damals Religionsphilosophie an der *Elisabeth University of Music* in Hiroshima.

Mein Weg durch Japan, so Tomáš Halík, *führte mich an einige weitere bemerkenswerte Orte, zu den Klöstern auf dem Berg Koya, in die „Bäder des göttlichen Drachens", nach Nara, nach Kyoto, nach Kamakura und Tokio und endete mit dem nächtlichen Aufstieg auf den Vulkan Fuji. Jene dringliche innere Aufforderung aus Hiroshima, mich dem Dialog zwischen den Religionen und unterschiedlichen Kulturen zu widmen, hat mich nie wieder verlassen.*

Wenn wir das Erbe herausragender spiritueller Meister und Mystiker ernst nehmen, geht es stets um das Zeugnis von Wahrheit im Laufe des gelebten irdischen Daseins. Theologisch-wissenschaftliche Traktate haben darin keinen Platz.

Originalzitate aus: Tomáš Halík, All meine Wege sind DIR vertraut. Von der Untergrundkirche ins Labyrinth der Freiheit, © Verlag Herder GmbH, Freiburg im Breisgau 2018

Nicht ich, sondern Gott in mir – Dag Hammarskjöld

Das spirituelle Tagebuch *Zeichen am Weg* ist das Vermächtnis eines herausragenden Friedenspolitikers, der auf bis heute ungeklärte Weise bei einem Flugzeugabsturz in der Nacht vom 17./18. September 1961 tragisch ums Leben gekommen ist. Er wurde nur 56 Jahre alt.

Das Jahr 1961 begann hoffnungsvoll mit der Amtseinführung des damals erst 43-jährigen John F. Kennedy zum 35. Präsidenten der USA. Im selben Jahr erfolgte allerdings auch der Bau der Berliner Mauer.

Dag Hammarskjöld kam am 29. Juli 1905 als der jüngste von vier Söhnen des schwedischen Premierministers Hjalmar Hammarskjöld in Jönköpping zur Welt. Nach einer glänzend absolvierten Schulzeit studierte er Rechtswissenschaften, Philosophie und Wirtschaftswissenschaften in Uppsala und habilitierte sich an der Universität von Stockholm. Er war Präsident des schwedischen Reichsbankdirektoriums und von 1951 bis 1953 stellvertretender Außenminister, bevor er am 7. April 1953 zum Generalsekretär der Vereinten Nationen ernannt und 1957 von der UN-Generalversammlung einstimmig für eine zweite Amtszeit eingesetzt wurde. Zu Beginn traute man Dag Hammarskjöld nicht die Härte zu, die zur Lösung internationaler militärischer Konflikte erforderlich war. Als es ihm 1954 aber in hartnäckigen Gesprächen in Peking gelang, amerikanische Kriegsgefangene des Koreakrieges freizubekommen, schlug die Skepsis in Respekt um. 1956 drohte der Konflikt um den Suezkanal zum Weltkrieg zu eskalieren. Hammarskjöld gelang es innerhalb von 48 Stunden, eine internationale Friedens- und Polizeitruppe zu schaffen, 6000 Soldaten aus allen Kontinenten zu rekrutieren und so den Konflikt zu entschärfen. Ebenfalls 1956 bemühte er sich um den Friedenserhalt in Ungarn beim Ungarnaufstand.

Hammarskjöld starb in der Nacht auf den 18. September 1961 bei einem ungeklärten Absturz seines UN-Flugzeuges an der Grenze zwischen der abtrünnigen kongolesischen Provinz Katanga und Nordrhodesien, dem heutigen Sambia; er war auf dem Weg zu einem Treffen mit dem Präsidenten Katangas, Moïse Tschombé, um im Rahmen der ONUC-Mission der Vereinten Nationen in der Kongokrise zu vermitteln. Als Ursache für den Absturz seines Flugzeuges wurden ein Abschuss durch die Truppen Katangas oder durch Söldner mit oder ohne Beteiligung der CIA, Belgiens oder des belgischen Königs Baudouin oder auch ein technischer Defekt vermutet. Erst 1998 veröffentlichte die südafrikanische Wahrheits- und Versöhnungskommission bisher geheime Dokumente. Diese legten den Schluss nahe, dass Hammarskjöld einem raffinierten Mordkomplott der Geheimdienste Südafrikas, der USA und Großbritanniens zum Opfer gefallen war, die ihre Interessen im Kongo bedroht sahen.

Hammarskjöld hinterließ sein spirituelles Tagebuch (*Vägmärken*, deutsch: *Zeichen am Weg*), das erst nach seinem Tod bekannt und veröffentlicht wurde. Es zeigt den kühlen, verschlossenen Diplomaten als religiösen Philosophen und Dichter. Ein faszinierendes Dokument, in dem das Ringen einer einsamen Seele um die höchsten Geheimnisse sichtbar wird. Hammarskjöld selbst nannte diese Aufzeichnungen „eine Art Weißbuch meiner Verhandlungen mit mir selbst – und mit Gott“.

Wegweiser, Zeichen am Weg, sind wichtige Hinweisschilder für ein Leben, das immer wieder nach Orientierung sucht. Die Wegweiser ersetzen nicht das eigene Beschreiten eines Weges. Den muss jeder selbst ausprobieren und so lange gehen, bis er ihn an einen oder mehrere Gipfel führt.

1961 wurde Hammarskjöld postum der Friedensnobelpreis verliehen. Hier einige seiner tiefen Gedanken:

Nicht ich, sondern Gott in mir.

Was du wagen musst – du selbst zu sein. Was du erreichen kannst – in dir des Lebens Größe nach dem Maß deiner Reinheit zu spiegeln.

Sorge dich nicht, wohin dich der einzelne Schritt führt: Nur wer weit blickt, findet sich zurecht.

Gib uns reinen Geist, damit wir Dich sehen, demütigen Geist, damit wir Dich hören, liebenden Geist, damit wir Dir dienen, gläubigen Geist, damit wir Dich leben.

Blicke dich nicht um. Und träume nicht von der Zukunft: Sie wird dir nicht die Vergangenheit zurückgeben noch andere Glücksträume erfüllen. Deine Pflicht und deine Belohnung – dein Schicksal sind hier und jetzt.

Was dem Leben Wert gibt, kannst du erreichen – und verlieren. Doch nie besitzen.

Verstehen – durch Stille. Wirken – aus Stille. Gewinnen – in Stille.

Gib uns Frieden mit Dir, Frieden mit den Menschen, Frieden mit uns selbst, und befreie uns von Angst.

Lass mich vollbringen, was ich beginnen durfte. Lass mich alles geben, auch ohne die Gewissheit zu wachsen.

Frei sein, aufzustehen und alles zu lassen – ohne einen Blick zurück, Ja zu sagen.

Wenn ich an die denke, die nach mir kommen – oder bleiben –, fühle ich mich, als sei ich dabei, ein Fest vorzubereiten, dessen Freude ich nicht mehr teilen werde.

Originalzitate aus: Dag Hammarskjöld, Zeichen am Weg. Das spirituelle Tagebuch des UN-Generalsekretärs. Übertr. und eingel. von Anton Graf Kryphausen, © 2011 Verlag Freies Geistesleben & Urachhaus GmbH

Mystische Evolution und Transformation – Andrew Harvey

Ich denke oft an Bede Griffiths, den Menschen, den ich im spirituellen Sinne am meisten geliebt und bewundert habe. Sein ganzes wunderbares langes Leben stand im Zeichen eines Dienens, das sich auf alle Bereiche erstreckte – das Göttliche, sein eigenes göttlich-menschliches Selbst, die Menschen in seiner nächsten Umgebung, die Menschen am Ort und schließlich die Welt, die er so sehr liebte und deren Schicksal ihm so sehr am Herzen lag.

Der genial begabte Literat und mystische Poet *Andrew Harvey* wurde am 9. Juni 1952 in Coimbatore/Indien als Sohn eines britischen Beamten geboren; er war von Kind an besonders empfänglich für die weibliche Dimension des Menschen, die er als *Divine Mother* bezeichnete. Damals konnte er nicht ahnen, dass er vierzig Jahre später – nicht weit von seinem Geburtsort entfernt – dem englischen Benediktinermönch *Bede Griffiths* in seinem Ashram begegnen und in der letzten Lebensphase des Weisen und Mystikers ein faszinierendes Filmdokument über seinen Landsmann produzieren würde: *A Human Search*.

Andrew Harvey verbrachte wohlbehütet und von vielen Menschen inspiriert seine ersten neun Lebensjahre in Südindien; in dieser Phase hatte er bereits eine Vision von der Einheitserfahrung in allen Religionen. Zur weiteren Schulausbildung wurde er nach England geschickt, wo er die asketische Disziplin schmerzlich kennenlernte. Aufgrund seiner außergewöhnlichen Begabung erhielt er mit 18 Jahren ein Stipendium für Oxford und erhielt mit 21 Jahren als jüngster Absolvent in der Geschichte Oxfords *All Souls College*, die höchste akademische Auszeichnung. Seine literarischen Kenntnisse waren beeindruckend, und er entwickelte sich sehr schnell zu einem Dichter poetischen Formats. Das Leben in Oxford hatte Andrew Harvey sehr desillusioniert, und so kehrte er 1977 nach Indien zurück, um seine spirituelle Suche zu beginnen.

1983 veröffentlichte er sein erstes Buch, *A Journey in Ladakh* (deutscher Titel: *Ins Innerste des Mandala. Reisen in Ladakh*), das viele Leser zu Ladakh-Liebhabern gemacht hat.

Andrew studierte intensiv die mystischen Traditionen von Hinduismus, Buddhismus und Christentum.

Jesus war ein Realist, der wusste, dass sich eine mystische innere Gemeinschaft auf allen Ebenen alltäglicher Beziehungen in der Gesellschaft widerspiegeln musste und dass die heilige Gleichheit aller Menschen vor dem Auge Gottes, das alles liebte, nicht einfach erfahren werden konnte, sondern auch in das Leben der Welt integriert werden musste. Tatsächlich ist jede politische Vision, die nicht in erster Linie eine mystische Vision von Transformation ist, ein Verrat an der Fülle und Erhabenheit von Jesu Absicht. ... Das Reich Gottes konnte nicht – und würde niemals – durch Blutvergießen erschaffen werden. Das Bewusstsein des Reiches Gottes löschte nicht nur alle Unterschiede aus zwischen Reich und Arm, Schwarz und Weiß, Männlich und Weiblich, Jude und Nichtjude; es zerstörte auch alle Unterschiede, die das normale Bewusstsein zwischen Freund und Feind machte. Nur die bedingungslose Liebe zu allen Geschöpfen kann einen Menschen in ein Werkzeug des Reiches Gottes in der Wirklichkeit transformieren. Jesu Lehre, seine Feinde zu lieben, ist nicht der Aufschrei eines utopischen Träumers. Es ist vielmehr die Ankündigung eines Gesetzes der Transformation, eines Gesetzes der mystischen Evolution. ... Man sollte nie vergessen, dass Jesus unnachgiebig forderte, dem Bösen keinen Widerstand zu leisten. Mit der für ihn charakteristischen

Klarheit hatte er erkannt, dass die Widerstandsbewegung trotz all ihrer Unerschrockenheit in Wirklichkeit ein selbstmörderisches Unternehmen war. Jesu Lehren stellten eine Herausforderung für die gesamte patriarchalische Ordnung dar, auf der römische Macht basierte. Einer von Macht besessenen Welt bot Jesus eine Vision vom Strahlen der Machtlosigkeit und der starken Verletzlichkeit der Liebe an. Einer Kultur, die durch alle Erscheinungsformen eines absoluten Autoritätsanspruchs gebeutelt war, gab er eine Vision von der Heiligkeit innerer und äußerer Armut. Einer Gesellschaft, die auf allen Ebenen in unterschiedliche Hierarchien gegliedert war, zeigte er durch sein eigenes Leben, sein Wesen und sein tägliches Wirken eine Vision von radikaler und allumfassender Gleichheit, die allen Dogmen und Institutionen für immer ein Ende bereiten sollte ...

Im Jahr 1996 lag Andrew Harveys Vater in Coimbatore im Sterben. Seit vielen Jahren hatten sich Vater und Sohn entfremdet. Andrew flog von San Francisco in seine Heimat. Tagelang verbrachte er am Sterbebett seines Vaters, und es entwickelte sich ein tiefes Liebeserlebnis. Harvey schreibt:

Keine Zeit mehr für irgendetwas anderes als Liebe. Jeden Tag saß ich lange an seinem Bett, um ihm zu sagen, wie dankbar ich war, ihn zum Vater gehabt zu haben, und wie viel seine Güte und Würde mir bedeuteten. Meist drehten sich unsere Gespräche um Christus. Ich war betroffen von der Tiefe und Schlichtheit des christlichen Glaubens meines Vaters. Im Laufe der Tage öffneten wir uns einander immer mehr. Oft spürte ich die Gegenwart des Christus im Zimmer und in der Kraft der zwischen uns fließenden Liebe.

An einem Dienstag war ich in Coimbatore angekommen, und am darauffolgenden Sonntag besuchte ich mit Freunden die katholische Kirche in der Nähe. In seiner Predigt sprach der indische Priester mit leiser Stimme von Christus dem König und sagte, das Königliche an ihm liege nicht in weltlicher oder religiöser Macht, sondern in seiner leidenschaftlichen Liebe und dem zu jedem Opfer bereiten Verlangen, allen Menschen zu dienen und alle zu erlö-

sen. Nach der Predigt blickte ich zufällig zum Kruzifix im Hintergrund der Kirche auf. Und was dann geschah, kann ich nur so beschreiben: Der Christus am Kreuz erwachte zum Leben. Eine Viertelstunde lang sah ich mit offenen Augen und wie erschlagen von der Herrlichkeit des Anblicks, wie der Christus am Kreuz in allumfangender, absoluter und endgültiger Liebe zu allem und allen die Arme ausbreitete. In Wellen fühlte ich die göttliche Liebe hereinbrechen, und in keiner meiner bisherigen Erfahrungen des Göttlichen lag auch nur eine Ahnung von der Urgewalt der Ekstase und Leidenschaft, von der erschreckenden Kraft dessen, was vom lebendigen Christus auf mich überströmte. Ich klammerte mich an die Sitzreihe vor mir, geschüttelt von unwillkürlichem Schluchzen aus tiefer Dankbarkeit. ... Es gibt keine Bezeichnungen und Lehrgebäude für die gewaltige Kraft der göttlichen Liebe, die ich an jenem Sonntag in Coimbatore erlebte. ... Durch die Begegnung mit dem Christus in Coimbatore gab sich mir der Weg der unmittelbaren persönlichen Kommunion mit Gott zu erkennen. Der letzte Segen meines Vaters, sein Tod und mein Erlebnis in der katholischen Kirche von Coimbatore weckten in mir den Wunsch, der authentischen mystischen Tradition des Christentums nachzuforschen.

Was Andrew Harvey hier beschreibt, habe ich mit *immediate experience* bezeichnet – *Erfahrung ohne Medium, ohne Vermittler.* Andrew, der außergewöhnlich Sprachbegabte, war von meiner Deutung des Wortes *immediately* begeistert.

Mehr als dreißig Bücher hat Andrew Harvey geschrieben bzw. herausgegeben. Für sein Buch *A Journey in Ladakh* bekam er den *Christmas Humphries Award*, für sein Buch *Mary's Vineyard: Daily Readings, Meditations and Revelations* den *Benjamin Franklin Award.*

Höchstbegabungen wie Andrew Harvey haben kein leichtes Leben. Er lebt heute in Melbourne/Arkansas/USA. Sein Reise- und Workshop-Programm ist enorm.

Originalzitate aus persönlichen Gesprächen und Korrespondenz des Autors mit Andrew Harvey

Paradies inmitten der Hölle – Alice Herz-Sommer

Der Mensch braucht nicht Essen, er braucht nur einen Inhalt. Und das kann die Musik sein. Nicht die Malerei und nicht der Goethe mit dem Shakespeare, denn die Musik macht uns vergessen. Zeit existiert dann nicht mehr. Man hört, und speziell in einer schwierigen Situation ist man verzaubert, in einer anderen, in einer besseren, hoffnungsvolleren Welt.

Die Konzertpianistin und Überlebende des Ghettos Theresienstadt, Alice Herz-Sommer, starb als älteste Einwohnerin Londons am 24. Februar 2014 im 111. Lebensjahr in ihrer Wohnung in Hampstead.

Sie wurde am 26. November 1903 zusammen mit ihrer Zwillingsschwester Marianne in einem Vorort von Prag geboren. Als Tochter jüdischer Eltern, dem Fabrikantenehepaar Friedrich und Sofie Herz, wächst sie im Umfeld eines aufgeklärten und liberalen Bürgertums auf. Bereits in frühen Jahren entdeckt Alice ihre Liebe zur Musik. Mit drei Jahren saß sie das erste Mal am Klavier, mit fünf Jahren bekam sie Klavierunterricht. Zudem erlernt die junge Alice mehrere Fremdsprachen.

In ihrem Elternhaus in Prag verkehrten bekannte Schriftsteller, Wissenschaftler, Musiker und Schauspieler, wie Sigmund Freud und Franz Kafka, der für Alice wie ein älterer Bruder war und oft mit ihr spazieren ging. Alice Herz-Sommer ist wohl eine der letzten lebenden Menschen gewesen, die Franz Kafka noch persönlich kannten. Er war Freund ihres Schwagers, des Journalisten, Schriftstellers und Philosophen Felix Weltsch. Kafka, Weltsch, der Journalist Oskar Baum und der Schriftsteller, Übersetzer und Komponist Max Brod kamen jeden Sonntag zusammen, um über das Tagesgeschehen und Politik zu sprechen und sich gegenseitig vorzulesen, was sie unter der Woche geschrieben hatten. Alice war es als zehnjähriges Mädchen des Öfteren erlaubt, mitzukommen. Die Eltern waren zudem intensiv befreundet mit den Eltern von Gustav Mahler. *Ich habe auch Franz Werfel kennengelernt. Er hat in einem seiner Romane geschrieben: Man muss der Menschheit alle Sünden verzeihen, wenn ein Beethoven herauskam. Und er hat recht.*

Als Alice Herz-Sommer dem österreichischen Pianisten und Komponisten Artur Schnabel vorspielte, um seine Meisterschülerin zu werden, lehnte dieser ab, denn er könnte ihr weder technisch noch musikalisch etwas beibringen. 1937 wird ihr Sohn Raphael in Prag geboren. Doch nach und nach verschlechtert sich die Situation. Als die deutsche Wehrmacht im März 1939 Prag besetzt, beginnt auch dort die Verfolgung der jüdischen Bürger. Einige Bekannte, Freunde und Verwandte wie ihre Schwester Irma sowie ihr Schwager Felix Weltsch und Max Brod konnten mit dem letzten Zug am 14. März 1939 fliehen. Alice, bereits eine bekannte und gefeierte Pianistin, wurde aufgrund ihrer jüdischen Herkunft mit einem Auftrittsverbot belegt und konnte daraufhin nicht mehr öffentlich Klavier spielen. Den Lebensunterhalt der Familie konnte Alice mit dem Klavierunterricht finanzieren. Durch die deutsche Besatzung wurde dies jedoch auch von Tag zu Tag schwieriger, denn Juden durften keine Nichtjuden mehr unterrichten. Somit wurde vielen Juden auch die letzte Lebensgrundlage genommen. Dennoch setzte sich Alice über die Bestimmungen hinweg und unterrichtete weiter. *Es war alles verboten, man konnte kaum mehr wo einkaufen, mit der Tram nicht mehr fahren. In einen Park durften wir nicht gehen. Wir sind mit unseren Kindern auf einen jüdischen Friedhof gegangen, damit sie bessere Luft schnappen konnten.*

1942 deportierten die Nazis ihre 72 Jahre alte und kranke Mutter. Sie sahen sich nie wieder. Neben ihrer Mutter verlor auch ihr Ehemann Leopold später in einem KZ sein Leben. Alice Herz-Sommer, sonst eine Optimistin, verfiel daraufhin in Depressionen. Ein einschneidendes und prägendes Erlebnis hatte sie eines Tages, als sie durch die Straßen von Prag ging:

Eine innere Stimme kam mir in den Sinn, an die ich mich auch nach Jahrzehnten noch genau erinnere, mich erinnere, an welcher Stelle in Prag dies geschah. Diese Stimme sagte mir: Jetzt kannst nur du dir helfen, nicht der Mann, nicht der Doktor, nicht das Kind. Und im selben Moment wusste ich: Ich muss die 24 Etüden von Frédéric Chopin spielen. Diese Etüden sind die größte Anforderung an jeden Pianisten. Sie sind wie Goethes Faust oder Shakespeares Hamlet. Herrliche Kompositionen. Ich rannte nach Hause, und von dem Moment an habe ich Stunden um Stunden und Stunden geübt, bis zu unserer Deportierung.

Sie selbst, ihr Mann und ihr sechsjähriger Sohn Raphael wurden in das Ghetto Theresienstadt deportiert. Doch einmal mehr zeigte sich, wie wertvoll ihre musikalische Bildung für sie war. Im Juni 1940 begannen die Nazis damit, aus Theresienstadt ein Konzentrationslager zu machen. In der Kleinen Festung richteten sie am 10. Juni 1940 ein Gefängnis der Gestapo ein, in dem bis 1945 etwa 32.000 tschechische Oppositionelle, Mitglieder des Widerstandes gegen die Besatzung und Kriegsgefangene eingesperrt wurden. Ein Jahr später, im November 1941, entstand in der Garnisonsstadt ein Sammel- und Durchgangslager für die jüdische Bevölkerung Böhmens und Mährens. Um der Öffentlichkeit ein normales Leben mit zufriedenen Einwohnern vorzuspielen, um dadurch die menschenfeindliche Ideologie der Nazis zu verschleiern und um die internationale Öffentlichkeit über die mit der „Endlösung der Judenfrage" verbundenen Ziele zu täuschen, lässt die SS ein von den Lagerhäftlingen selbst organisiertes Kulturleben zeitweilig zu. *Wir mussten spielen, weil dreimal im Jahr das Rote Kreuz kam, da wollten die Deutschen zeigen, dass es den Juden in Theresienstadt sehr gut geht. Es war Propaganda der Deutschen.*

Sie spielte in mehr als 100 KZ-Konzerten und verbesserte dadurch den Alltag der Mithäftlinge in einer Welt von Hunger, Leid und Tod. Ihr Sohn Raphael war mehr als fünfzigmal einer der Hauptdarsteller in der Kinderoper *Brundibár* des Komponisten Hans Krása, der als alter Mann im KZ Auschwitz-Birkenau in Polen starb. Unter anderem spielten die Häftlinge, weitgehend ohne Partituren, aus dem Gedächtnis, Beethoven, Bach und die 24 Etüden Chopins. Alle halbe Stunde wechselten sich die vielen Konzertpianisten des Lagers ab, um in einem kleinen Zimmer auf dem Piano des Lagers zu üben. An einigen Tagen waren bis zu vier Konzerte angesetzt. Immer wieder verschwanden die Namen der Musiker von den Transportlisten, die in Vernichtungslager führten. Auf die Frage, wie sie es geschafft hat, das Leben im Konzentrationslager auszuhalten, antwortete Alice:

Da gibt es nur ein Wort als Erklärung: Die Musik. Die Musik ist ein Zauber. Wir haben alles auswendig gespielt. Die Etüden, die Beethoven-Sonaten, Schubert, alles. Im Rathaus-Saal für 150 Leute, alte, verzweifelte, kranke, verhungerte Menschen. Die haben gelebt von der Musik, die Musik war das Essen. Die wären längst schon gestorben, wenn sie nicht gekommen wären. Und wir auch.

Ihr Mann, Leopold Sommer, wurde Ende September 1944 in das KZ nach Auschwitz verbracht, danach in das KZ Buchenwald, darauf folgte das KZ Flossenbürg, und er starb kurz vor der Befreiung 1945 in Dachau an Flecktyphus. Alice und ihr Sohn Raphael, als eines von nur 130 Kindern, überlebten Theresienstadt. Ihr Mann rettete ihr und dem gemeinsamen Kind Raphael durch seine Warnung, nichts freiwillig zu machen, vor seinem Abtransport das Leben. Ein weiterer Schicksalsschlag traf sie, als ihr Sohn Raphael im Jahr 2001 im Alter von 64 Jahren starb.

Alice Herz-Sommer spielte mit 110 Jahren noch immer täglich

mehrere Stunden Klavier. Im Dezember 1992 habe ich sie besucht – sie war damals 93. Eine ungewöhnliche Frau und Jahrhundertpersönlichkeit.

Das Leben muss immer die Urquelle sein – Etty Hillesum

Obwohl sie erst 27 Jahre alt ist, schreibt *Etty Hillesum* wie eine reife Frau, die bereits auf ein langes Leben zurückblicken kann. Ein äußerst persönliches und intimes Tagebuch, das über vierzig Jahre überdauern sollte, bis es das Licht der Publikation erblicken sollte. Eine junge Ausnahmeschriftstellerin teilt mit uns ihre intimsten Seiten, ein Buch, das beginnt bei einer jungen Liebe, einer Partnerschaft, und sich immer mehr wandelt, hinein in eine Liebe zu Gott oder zum Göttlichen, eine radikal ehrliche Selbstreflexion, angesichts immer mehr bedrohender äußerer Umstände. Eine junge Autorin, die von Mitgefühl und Liebe durchdrungen ist, dass man, fassungslos und den Atem anhaltend, sich dem Staunen nicht mehr entziehen kann.

Vor mehr als hundert Jahren wurde im holländischen Middelburg am 15. Januar 1914 Esther Hillesum geboren. Im Konzentrationslager Auschwitz-Birkenau starb sie am 30. November 1943 im Alter von fast dreißig Jahren. Bekannt wurde sie durch ihr im Jahr 1981 erstmals erschienenes Tagebuch *Het verstoorde leven* („Das zerstörte Leben"), das seit 1985 in 25 Auflagen in deutscher Sprache mit dem Titel *Das denkende Herz* erschienen ist. Esther „Etty" Hillesum wuchs in Deventer auf und besuchte dort das städtische Gymnasium. Ihr Vater Louis, der zuvor in Middelburg als Lehrer für Latein, Griechisch und andere Fächer gearbeitet hatte, war damals Rektor dieser Schule. Ettys Mutter Rebecca geb. Bernstein stammte aus Russland. Die Erziehung im Elternhaus war eher christlich als jüdisch geprägt. Etty studierte in Amsterdam Slawistik und Jura. Sie hatte zwei jüngere Brüder: Jaap (Jacob) wurde Arzt und starb mit 29 Jahren im April 1945 während einer Deportation und Michael („Mischa") war ein begabter, aber psychisch sehr labiler Pianist, der mit 23 Jahren im März 1944 in Auschwitz sein Leben lassen musste, wo auch die Eltern umgebracht wurden.

1941 begegnete Etty Hillesum dem aus Deutschland geflohenen jüdischen Chiropsychologen *Julius Spier.* Spier wurde ihr Geliebter und spiritueller Lehrer, der sie ermunterte, Tagebuch zu schreiben.

Julius Spier, 1887 in Frankfurt/Main geboren, war ein von C. G. Jung ausgebildeter Psychoanalytiker, der ein ungewöhnliches Talents für das Handlesen hatte. Jung war von Spiers Kunst fasziniert und ermutigte ihn, diese Fähigkeit professionell auszuüben. Spier eröffnete daraufhin in Berlin eine chirologische Praxis und erwarb sich sehr schnell einen Ruf als ungewöhnliche „magische" Persönlichkeit. 1938 floh er nach Amsterdam und betrieb auch dort eine Beratungspraxis, bis er 1942, kurz vor seiner Deportation nach Auschwitz, an Lungenkrebs starb. Sein posthum 1944 in London erschienenes Buch *The Hands of Children*, mit einem Vorwort von C. G. Jung, zählt immer noch zu den Klassikern der Handlesekunst.

Im August 1942 kam für Etty der Aufruf zur Deportation zum Durchgangslager Westerbork. Da ihr Sonderausweis des Judenrats noch gültig war, fuhr sie von dort noch mehrmals nach Amsterdam zurück. Ihr Tagebuch konnte sie bei der befreundeten Familie Smelik in Sicherheit bringen; unterzutauchen lehnte sie allerdings ab. Am 7. September 1943 musste sie von Westerbork auf einen Transport zum Vernichtungslager Auschwitz-Birkenau, wo sie ihren 1940 von den Nazis entlassenen Vater und andere Verwandte wiedersah. Sie konnte jedoch noch einige Briefe an Freunde schreiben. In diesen Briefen gibt sie eine genaue Beschreibung der Zustände im Lager, der Rivalitäten unter den Lagerinsassen, der Blasiertheit des Lagerleiters und der alltäglichen Grausamkeiten.

Es gibt Bücher, die schon viele Jahre auf dem Markt sind und viele Auflagen erfahren haben, doch nicht immer unser Innerstes berühren. *Das denkende Herz* ist eines davon. Etty Hillesum ist mit einem 25 Jahre älteren Mann liiert, findet es kindisch, die Liebe nur mit einem einzigen Menschen zu teilen, sie liest Rilke, Augustinus und Dostojewski. Im Lager wird sie nur noch ihre Tagebücher, eine kleine Bibel, eine russische Grammatik und Tolstoi bei sich haben. Das Schreiben ist ihr innerstes Bedürfnis. Eine gelebte Lebensbejahung, die ihresgleichen sucht. Wir bekommen Einblick in ihr Innerstes als Frau, als Liebhaberin, als bekennende Frau, die Gott in sich sucht. Ihre Gedanken machen Mut, spenden so etwas wie Vertrauen ins Leben, man spürt Zuversicht, Gelassenheit, Annahme von Realität und dem, was das Leben im Moment zeigt, selbst dann, wenn alles aussichtslos erscheint.

Das Leben muss immer die Urquelle sein, niemals ein anderer Mensch. Viele Menschen, vor allem Frauen, schöpfen ihre Kraft aus einem anderen Menschen, statt selbst wirklich zu leben, jener Mensch und nicht das Leben ist die Quelle. Das ist so verdreht und unnatürlich wie nur möglich.

Für Etty Hillesum ist der Mensch ein seltsames Wesen. Sie will das Leben aus den Menschen herauslesen. Dem Leben will sie seine Geheimnisse entreißen. Sie glaubte an den tieferen Sinn des Lebens und dass das Leben hohe Anforderungen stellt und Pläne mit ihr hat. Nicht die Menschen sind es, die ausgerottet werden sollen, sondern das Böse im Menschen.

Originalzitat aus: Etty Hillesum, Das denkende Herz der Baracke. Die Tagebücher von Etty Hillesum 1941–1943. Aus dem Niederländischen von Maria Csollány, © Verlag Herder GmbH, Freiburg im Breisgau 1983

Großmeister der Toleranz – Basil Hume

Der Benediktinermönch Kardinal *Basil Hume* hat die katholische Kirche in England in der zweiten Hälfte des 20. Jahrhunderts in einzigartiger und vorbildlicher Weise geprägt und hat sich dem Widerstand von Rom stets erfolgreich entgegengestellt. Dieser Mann ragt aus der Masse der päpstlichen Gefolgsleute als orientierungskräftiger Leuchtturm heraus, der authentisch die zentrale Botschaft Jesu Christi verkörperte. 1986 publizierte er sein wichtigstes Buch: *To be a pilgrim – A spiritual notebook*. Er wusste um die irdische Pilgerschaft des Menschen und war geprägt von großer Bescheidenheit und Demut. Von theologischen Plaudereien und Spekulationen hielt er sich weitestgehend fern.

Für Basil Hume war sein englischer Mitbruder Bede Griffiths einer der größten Mystiker in der Geschichte des Christentums. Als Dom Bede und ich am 14. April 1992 zu einem Sechs-Augen-Gespräch mit dem einzigen englischen Kardinal in London zusammentrafen, haben wir sehr offen über die Zukunft der Kirche diskutiert. Basil Hume wünschte sich mehr Toleranz und wehrte sich gegen den Dogmatismus des Vatikans. Die Rigorosität des damaligen Präfekten der Glaubenskongregation, Kardinal Joseph Ratzinger, hatte ihn oft verzweifeln und letztlich auch schwer krank werden lassen.

George Haliburton Hume wurde am 2. März 1923 in Newcastle upon Tyne geboren. Er entstammte als Sohn mit drei Schwestern und einem Bruder eines schottisch-kalvinistischen Herzchirurgen und einer französischen, katholischen Mutter der einst katholikenfeindlichen englischen Oberschicht, sprach hervorragend Französisch und erwies sich als beliebter „Europa-offener" Engländer und Vorsitzender des Rates der europäischen Bischöfe. Unter seiner seit 1976 dauernden Führung fanden die lange Zeit verachteten „Papisten" ihre praktische Gleichberechtigung. Seine Kirche schloss in Abweichung von Rom Homosexuelle nicht aus. Frömmigkeit und politische Weisheit gehen selten Hand in Hand. Auch darin fiel er aus der Reihe. Geistig war er dem legendären Kardinal *John Henry Newman* (1801–1890), der zur römisch-katholischen Kirche konvertierte, nahe, für den der Glaube keine Reihe unfehlbarer Lehrsätze war, sondern ein mächtiger, in ständiger Veränderung begriffener Strom.

Basil Hume, der vor Beginn seines Bischofsamtes der berühmten englischen Benediktinerabtei Ampleforth, mit Eton die renommierteste Schule Englands, als Abt (1963–1976) vorstand, war ein für unsere Zeit geschaffener Mann der Demut.

Ein schwerer Test seines Primats war die 1992 getroffene Entscheidung der anglikanischen Kirche, die Priesterweihe für Frauen einzuführen. Tausende von katholisierenden Anglikanern blickten damals romwärts. Aber Hume gelang es, das gute Verhältnis zu den Anglikanern zu bewahren, trotz der über zweihundert verheirateten Geistlichen, die seither katholische Priester wurden.

Ich erinnere mich mit großer Freude an die persönlichen Begegnungen mit Kardinal Hume in seinem Londoner Bischofspalais und bei anderen Anlässen.

Schon Anfang der 1990er-Jahre wollte er sein Kardinalsamt abgeben und als Mönch nach Ampleforth zurückkehren, aber der Papst ließ ihn nicht. Als in meinem Beisein sein Mitbruder Bede Griffiths ihn fragte, was er von Johannes Paul II. denke, sagte er sehr diplomatisch: „Im persönlichen Vier-Augen-Gespräch ist er sehr nett."

Als 1978 der Vorgängerpapst, der nur 33 Tage „regiert" hatte, unter mysteriösen Umständen starb, gab es über Jahre viel Wirbel um Erzbischof Paul Casimir Marcinkus (1922–2006), der als Geldbeschaffer für den Vatikan ein wichtiger Mann war. In langjähriger Schule des mächtigen Kardinals John Cody (1907–1983) von Chicago hatte Marcinkus das Handwerk des oft sehr dubiosen Geldbesorgens erlernt und war für den neuen Papst eine wichtige Stütze, denn der Vatikan befand sich in finanziellen Schwierigkeiten. Marcinkus reiste u. a. als *Body Guard* von Johannes Paul II. und hielt sich im Amt, bis die Skandale sich in nicht mehr zu deckender Weise häuften. Marcinkus musste aus dem Vatikan entfernt werden, weil auch die italienische Regierung den Schutz von Marcinkus mittlerweile abgelehnt hatte. Johannes Paul II. wollte ihm eine einflussreiche Position als Nuntius, päpstlicher Botschafter, in London ermöglichen. Und hier gab es den vehementen Widerstand von Kardinal Hume, der diesen Versuch abblockte, um nicht in die bis heute sehr mysteriösen Affären des Maffia-Konspiranten Marcinkus hineingezogen zu werden. Für diesen Mut und diese Entschlossenheit habe ich Basil Hume stets bewundert.

Basil Hume war mehrfach in den engsten Kreis der Papstanwärter geraten. Er hatte aber stets im Vorfeld klargemacht, dass er dieses Amt niemals ausüben wollte, weil er mit den Machtverhältnissen im Vatikan nicht zu leben verstehe.

Kardinal Hume ließ Benediktinermönche in der anglikanischen Westminster Abbey beten und singen – zum allerersten Mal seit der Reformation Martin Luthers. Seine Initiative trug das Motto: *Vereint in Christus – Einheit in Verschiedenheit in der Kirche von heute*. Er ließ auch Nicht-Katholiken bei Eucharistiefeiern am Tisch des Herrn teilnehmen. Seit Heinrich VIII. hatte England keinen katholischen Oberhirten vom Format eines Basil Hume erlebt.

Als Bischof muss ich versuchen, Menschen dort abzuholen, wo sie sind, und dorthin zu führen, wovon sie nie zu träumen wagten.

Am 14. Januar 1993 fand in London eine besondere Ehrung für Dom Bede Griffiths statt, der persönlich leider nicht daran teilnehmen konnte. Kardinal Basil Hume hielt eine großartige Laudatio und sagte u. a.: *Bede Griffiths ist eine Quelle der Inspiration und Ermutigung für viele auf der Welt. Er ist ein Mystiker, der mit absoluter Liebe und Schönheit in Verbindung steht, er denkt und schreibt wie ein Schüler von Christus.*

Das war damals ein sensationelles Bekenntnis, denn in der Geschichte des Christentums hatte bis dahin kein Kirchenfürst aus den „oberen Etagen" einen noch lebenden Menschen als *Mystiker* bezeichnet.

Basil Hume war ein überzeugter Christ und tiefgläubiger Mensch. Seine Sehnsucht nach mehr kontemplativem Leben war groß, aber er sah die Notwendigkeit in der Pflichterfüllung seines schweren Bischofsamtes, als Oberhaupt von 4,6 Millionen Katholiken in England und Wales. Er hat in den 23 Jahren als Kardinal und Erzbischof von Westminster Großes zur Versöhnung der beiden ursprünglich katholischen Kirchen geleistet, von denen die eine seit Heinrich VIII. in ihrer Nichtanerkennung des Papstes einen eigenen Weg gegangen ist. Im englischen Königshaus war Basil Hume stets ein willkommener und hochgeschätzter Gast.

Am 7. März 2019 feierte der Benediktinermönch und ZEN-Meister im Benediktushof in Holzkirchen bei Würzburg seinen 94. Geburtstag.

Mystik ist transkonfessionell – Willigis Jäger

Am 7. März 2010 feierte der Benediktinermönch und ZEN-Meister Willigis Jäger seinen 85. Geburtstag. Er gehört zu den kompetentesten spirituellen Meistern unserer Zeit, der trotz aller Vernichtungsversuche der römisch-katholischen Glaubensinstitution „Vatikan" immer noch lebt und segensreich wirkt. 55 Jahre gehörte er der Ordensgemeinschaft der Benediktinerabtei von Münsterschwarzach an; am 2. Juni 2002, dem Tage seines 50. Priesterjubiläums, bot er seinem damaligen Abt, Dr. Fidelis Ruppert, den Rücktritt an, um seinem Vorgesetzten die Peinlichkeit des Rausschmisses zu ersparen. Folgendermaßen beschreibt er selbst das in der Meditation Erfahrene:

Wir sind Kinder des Kosmos. In der Erfahrung des kosmischen Bewusstseins wissen wir uns mit allem vernetzt und erleben die Zusammengehörigkeit aller Wesen. [...] Für viele reicht es aus, dass sie einen personalen Gott haben. Wer glauben kann, wer sich da einfügen kann, in ein Gebäude, das ihm seine Gegenwart, seine Vergangenheit und Zukunft erklärt, der ist eben religiös und hat auch Lebenshilfe. Aber für mich ist das nicht die letzte Erkenntnis. Für mich ist das, was ich Gott nenne, eine Wirklichkeit, die sich vollzieht als das, was ist. Er ist nicht abgehoben. Er ist nicht irgendwo, hat es kreiert und lenkt und leitet. Er vollzieht sich als das, was ist, es ist das Innerste der Evolution. Ich verglei-

che das gerne mit einer Sinfonie. Da ist nicht einer, der die Sinfonie komponiert hat und sie sich jetzt vorspielt oder sie dirigiert, sondern er ist die Musik dieser Sinfonie. Er vollzieht sich als diese Sinfonie, und ich bin eine Note dieser Sinfonie, ich klinge, und nicht die Note auf dem Papier ist das Wichtigste, sondern die Musik, die durch diese personale Struktur erklingt. Das ist also etwas ganz anderes als ein personales Gegenüber.

Jäger ist für die vom dogmatischen Lehrgebäude lebenden Kirchenfürsten seit Jahren ein Dorn im Auge. 1991 erschien die erste Auflage von seinem Buch *Suche nach dem Sinn des Lebens – Bewusstseinswandel durch den Weg nach innen* – inzwischen ein Longseller in mehreren Auflagen. Jäger wurde aufgefordert, dafür zu sorgen, dass keine weitere Auflage dieses Buches auf den Markt kommt; alles „zum Schutz der Gläubigen", wie das im Jahr 2002 von Kardinal Joseph Ratzinger erteilte Redeverbot aus dem Vatikan betitelt war.

Der personale Gottesbegriff ist für ZEN-Meister und Mystiker Willigis Jäger ein zentrales Hindernis auf dem Weg in den, wie er sagt, transpersonalen und transrationalen Raum. Er unterscheidet explizit zwischen Glaube und Erfahrung. Glaube bedeutet stets: Ich weiß es nicht genau, ich vermute, und obwohl ich nicht weiß, ob es beispielsweise einen persönlichen Gott gibt, glaube ich eben daran. Unbestreitbar ist aus der spirituellen Erfahrung, dass die Erkenntnis den Glauben übersteigt, aber keinesfalls ersetzt. Der Glaube wird immer integrierender Bestandteil der Erfahrung der absoluten Wirklichkeit bleiben.

Erfahrungswissen bedarf keines Beweises. Es ist ein subjektiver Erkenntnisakt, der für jeden Einzelnen das Attribut der Wahrheit hat.

Letztlich ist jede mystische Bewegung transkonfessionell. Sie beginnt eigentlich dort, wo die Konfession, das feste Glaubensgehäuse, aufhört. In einer mystischen Erfahrung fallen immer die personalen und rationalen Grenzen, weil die eigentliche Erfah-

rung in einem anderen Raum liegt, der in uns angelegt ist, der sich aber normalerweise nicht zeigen kann, weil er abgedeckt ist mit einem Vorhang, den wir Personalität nennen, der immer Abgrenzung ist und verhindert, dass wir in die Weite der Erfahrung vorstoßen können. Der Kern der Mystik ist das Überschreiten des engen begrifflichen Denkens zugunsten einer umfassenderen Erfahrung und Erkenntnis, die als Potenz in jedem Menschen vorhanden ist, die wir aber nicht entfaltet haben.

Willigis Jäger gehört in die Reihe der mutigen spirituellen Sucher und Lehrer wie u. a. Jesuitenpater und ZEN-Meister H. M. Enomiya-Lassalle, der Trappistenmönch Thomas Merton, der Benediktinermönch Bede Griffiths. Der Deutsch-Japaner Enomiya-Lassalle, der Pionier der Zen-Meditation für Christen und Brückenbauer zwischen östlicher und westlicher Spiritualität, erhielt aufgrund der Veröffentlichung seines Buches *ZEN-Weg zur Erleuchtung* (1959) zwei Jahre Rede- und Schreibverbot und wurde von Rom bis zu seinem Lebensende äußerst misstrauisch beobachtet. Thomas Merton musste zwei Äbte überleben, bevor ihm die Erlaubnis erteilt wurde, seine ersehnte Asienreise anzutreten. Bede Griffiths – der Mystiker und Poet – war im entfernten Südindien glücklicherweise weit weg vom direkten Zugriff des vatikanischen Großinquisitors; sein literarisches und spirituelles Erbe wird für die in der Tiefe suchenden Menschen des 21. Jahrhunderts eine große Befreiung bringen.

Willigis Jäger begleitet seine Schüler auf dem Weg nach innen.

Für mich besteht der Sinn des Lebens darin, unser wahres Wesen zu erfahren. Man kann dieses wahre Wesen göttliches Leben nennen, man kann es Allah oder Brahman nennen, aber das ist unsere eigentliche Identität, und diese Identität zu erfahren, das ist die Sinndeutung für unser Leben. Ob ich etwas sinnvoll nenne, ob ich es absurd nenne, das ist wieder auf der rationalen Ebene. Aber auf der Seinsebene gibt es absurd, richtig, flach, oben, unten nicht. Die Blume ist diese Blume, und der Berg ist dieser Berg. Es gibt im Grunde genommen auch keinen Vergleich. Es ist immer der Vollzug dieser Wirklichkeit. Ob ich das als Mensch gut oder böse, richtig oder falsch nenne, hat auf dieser Ebene keine Bedeutung.

Die Originalzitate stammen aus Vortragsmitschriften des Autors

Stilles Leer-Sein in der Gegenwart Gottes – Franz Jalics

Der am 16. November 1927 in Budapest/Ungarn geborene Jesuit Franz Jalics gehört seit Jahrzehnten zu den großen spirituellen Wegbegleitern in Deutschland und tritt in der Öffentlichkeit nicht in Erscheinung. Im Meditationshaus Gries im fränkischen Dorf Wilhelmsthal hält der erfahrene Theologe und Seelsorger seit 1978 zehntägige Kontemplationskurse von außergewöhnlicher Qualität. In esoterischen Magazinen ist über Franz Jalics nichts zu finden. Sein vierhundertseitiges Buch *Kontemplative Exerzitien* ist in zwölf Auflagen erschienen und in 13 Sprachen übersetzt worden. Ein beeindruckendes Buch aus der Feder eines Christus-Nachfolgers, für den die Natur „Lehrmeisterin der Kontemplation" ist.

Als 17-jähriger ungarischer Offiziersanwärter kam er nach Deutschland und machte bei dem Bombenangriff auf Nürnberg eine tiefgreifende religiöse Erfahrung. Er wollte danach ein Gymnasium besuchen und wurde abgewiesen, weil er Flüchtling war. Im Kloster Polling bei Weilheim fand er kurzfristige Aufnahme und machte täglich stundenlange Spaziergänge in der Natur.

Ich fühlte mich durch sie gereinigt. Ich fand viel Stille in der Natur und kam immer erholt zurück. Auf den Wiesen und in den Wäldern, im Licht der Sterne und in der Kraft der Sonne spürte ich die Allgegenwärtigkeit Jesu Christi. Als ich im März 1946 nach

Ungarn zurückfahren konnte, war ein kontemplatives Fundament in mir gewachsen. Erst später erkannte ich, dass besonders die Wüsten Orte der Begegnung mit Gott sind. Anfang der 1970er-Jahre verbrachte ich eine Zeit in der chilenischen Wüste von Atacama und machte Exerzitien in Mechillones nördlich von Antofagasta. Ich ging immer vom Küstendorf in die Wüste hinaus und dachte oft an Jesus Christus in der Wüstengegend von Jericho. Meine Überzeugung wurde bestätigt: Die Wüste ist ein Ort der Begegnung mit Gott.

Franz Jalics ist auf dem Landgut seines Vaters in Gyál aufgewachsen. Er sollte Offizier werden, doch sein Wunsch zum Priesterberuf war größer. Er studierte Literatur, Sprachen und Philosophie an der Jesuitenhochschule Pullach bei München und in Löwen, Belgien. 1956 schickte ihn der Jesuitenorden nach Chile, 1957 nach Argentinien, wo er Theologie studierte und 1959 zum Priester geweiht wurde. Er wurde Theologieprofessor an den Universitäten San Salvador und Buenos Aires. Anfang der 1970er-Jahre zog er mit zwei Mitbrüdern in ein Elendsviertel, um mit den Armen zu leben.

Im Mai 1976 wurde er dort durch eine Todesschwadron verschleppt und fünf Monate lang gefesselt und mit verbundenen Augen an einem unbekannten Ort festgehalten. In dieser Extremsituation musste er erneut zu einer kontemplativen Haltung finden, um die Qualen jener Zeit überstehen zu können.

Wir wurden unschuldigerweise als Terroristen denunziert. Wir wussten, dass eine gewisse Person dieses Gerücht verbreitet und mit ihrer Autorität die Verleumdung in breiten Kreisen glaubwürdig gemacht hatte. Nach späteren Zeugenaussagen zu urteilen, bezeugte diese Person gegenüber den Offizieren, die uns verschleppten, dass wir in der Terrorszene gearbeitet hätten. Kurz davor hatte ich noch besagtem Mann gegenüber geäußert, er spiele mit unserem Leben. Ihm musste bewusst gewesen sein, dass er uns mit der Aussage in den sicheren Tod schickte. Man kann sich leicht vorstellen, welche Gefühle von Ohnmacht, Wut und Groll ich gegenüber diesem Menschen und seiner Clique während der Verschleppung empfand. Aber die ganze Zeit betete ich für ihn und seine Komplizen. Nachdem ich freigekommen war, fuhr ich nach Nordamerika. Zwei Jahre lang versuchte ich, Tatsachen öffentlich zu machen, um eine Rehabilitierung zu erreichen. Mehr als dreißig schriftliche Dokumente waren in meinem Besitz, die schwarz auf weiß die Verstöße gegen die Menschenrechte in unserem Fall bewiesen. Es war umsonst. Alle Türen blieben geschlossen. Nach anderthalb Jahren gab ich die Absicht, nach Argentinien zurückzukehren, auf und kam nach Deutschland.

Seit 1978 lebt und lehrt Franz Jalics in Bayern. Seine Erfahrungen ließ er einfließen in die Tradition seines Ordens, die ignatianischen Exerzitien. Er schickt seine Schüler auf lange Spaziergänge durch die Natur. Er lädt sie ein, den Wind auf der Haut zu spüren, dem Lied des Vogels zu lauschen oder eine Blume zu betrachten. Pater Jalics lässt die Aufmerksamkeit einüben. Er weist darauf hin, dass wir modernen Menschen uns zugunsten der Geistestätigkeit stark auf das Urteilen oder Handeln konzentrieren. Dabei vergessen wir den ersten Schritt: Die Wahrnehmung – z. B. des Körpers, des Atems oder der Handflächen. Franz Jalics weckt die Hoffnung, dass wir auch Gott wahrnehmen werden, wenn wir unsere Wahrnehmung schärfen. Er übt mit seinen Schülern das *Da-Sein.* Gewöhnlich zerstreuen wir uns mit Sorgen und Plänen in Vergangenheit oder Zukunft. *Gott aber können wir nur in der Gegenwart begegnen*, so Franz Jalics. Wer aber wahrnimmt, der bleibt in der Gegenwart. Der weise Jesuitenpater steht so für eine ganz gegenwarts-, natur- und körperbezogene Spiritualität. Der Weg zum Sinn führt bei ihm über die Sinne, wodurch die Beziehung zu Gott bei ihm eine besondere Unmittelbarkeit und Innigkeit erhält. Darin ist er ein bedeutender Lehrmeister und leuchtendes Vorbild.

Franz Jalics hat mehrere Tausend Menschen in seinen Kursen und Einzelgesprächen authentisch begleitet. Er erzählt eine selbst erfundene Geschichte vom reichen Jüngling, der zu Jesus sagt: „Herr, ich mache jedes Jahr Exerzitien. Gibt es nicht mehr als das?" Jesus Christus könnte ihm antworten:

Ich zeige dir einen steileren Weg. Verkaufe deine Gedanken, deine begrifflichen Überlegungen, deine Sorgen um psychische Gesundheit. Verkaufe deine Sorgen um Pläne, Entscheidungen und Aktivitäten. Verschenke deine Wünsche, deine Bilder und deine Vorstellungen. Erst wenn du keine Stütze mehr in deinem üblichen Gebet findest, an dem du dich festhalten kannst, und erst wenn du dich ohnmächtig fühlst, dann komm und verweile arm und leer in meiner Gegenwart.

Franz Jalics ist nach seinem 90. Geburtstag in seine Geburtsstadt Budapest heimgekehrt.

Originalzitate aus dem Deutschen Allgemeinen Sonntagsblatt

Ozean kosmischer Weisheit und Liebe – Dadi Janki

Wenn ich völlig von etwas besessen bin und nur eine Seite in Betracht ziehe, verliere ich meine Objektivität. Gottes überlegene Sichtweise bietet die gesündeste Perspektive. Er überblickt den großen Bogen der Geschichte, kennt in seiner Liebe keine Grenzen, ergreift niemals Partei und ist immer bereit zu vergeben. Reine, bedingungslose Liebe kennt keine Bevorzugung, muss keine Positionen verteidigen und möchte für jeden nur das Beste ...

Dadi Janki wurde am 29. Januar 1916 in Hyderabad in der nordindischen Provinz Sind (im heutigen Pakistan) geboren. Sie ist Gründungsmitglied der 1937 gegründeten *Brahma Kumaris World Spiritual University* und deren internationale Leiterin.

Die Brahma Kumaris besitzen in über hundert Ländern mehr als 8000 Niederlassungen. Der Hauptsitz ist in Mount Abu/Rajastan, Indien.

Nach einer sehr intensiven spirituellen Schulung verließ Dadi Janki im Alter von 58 Jahren zum ersten Mal Indien. Bis vor einigen Jahren reiste sie ständig rund um die Welt – sie kennt keinerlei Ermüdungserscheinung. US-Forschungseinrichtungen hatten ihre Gehirnwellen gemessen und sie als *stabilsten Geist der Welt* bezeichnet.

Seit über achtzig Jahren arbeitet Dadi Janki intensiv an ihrer eigenen inneren Ur-Quelle und teilt ihre dadurch gewonnenen Erkenntnisse und inneren Kräfte mit Millionen von Menschen weltweit.

Andere bedingungslos anzunehmen ermöglicht Ihnen, ihre Masken fallen zu lassen und sich mit sich selbst wohl zu fühlen. Die Gewissheit, angenommen zu werden, gibt Ihnen die Freiheit, Sie selbst zu sein, sich selbst zu erkennen und zu akzeptieren.

1993 wurde sie zur Vizepräsidentin des *World Congress of Faiths* (Weltglaubenskonferenz) ernannt und sprach im Jahr 2000 auf dem *Millennium World Peace Summit of Religious and Spiritual Leaders* der Vereinten Nationen.

Sie ist Initiatorin vieler internationaler Projekte (*Millionen Minuten des Friedens, Globale Kooperation für eine bessere Welt*), gewürdigt mit sieben UN-Friedenspreisen, und rief auch *Werte in der Erziehung* (*Living Values*), eine Bildungsinitiative unter Einbeziehung von Repräsentanten der UNICEF, ins Leben, die Grundsatzberatung und Arbeitsanregungen für eine ganzheitliche Entwicklung des Kindes zur Verfügung stellt.

Niemand möchte von anderen bemitleidet werden – dies wird als Erniedrigung empfunden. Eine sanfte Form der Ermutigung hingegen kann uns den Glauben an uns selbst, unseren Optimismus und Mut wieder zurückgeben. Ein Mensch, der barmherzig ist, wirkt auf solch einer subtilen Ebene, dass seine Unterstützung andere nie erniedrigt oder ihre Schwächen aufzeigt.

Auf der *Umwelt-Konferenz in Rio 1992* und auf der *Habitat II 1996* in *Istanbul* (wo sie u. a. dem Quantenphysiker Hans-Peter Dürr und dem Jesuitenpater und Gandhi-Preisträger Michael Windey begegnete) wurde sie als *Wisdom Keeper* (Hüterin der Weisheit) ausgezeichnet.

Ohne Begeisterung wird das Leben zu einer trockenen und freudlosen Erfahrung. Begeisterung unentwegt durch unser Leben fließen zu lassen ist eine große Kunst. Das Geheimnis ist jedoch erstaunlich einfach: Lebe eine Haltung der Wertschätzung! Schätze die besonderen Qualitäten von jedem, schätze das Wunder der Natur und danke dem Kreislauf des Lebens und allen, die dazu beitragen. Begeisterung ist ansteckend, insbesondere wenn sie auf der Wertschätzung und Liebe für das Leben beruht.

Ein weiser und spiritueller Mensch hat wunderbare Manieren, die aus dem tiefen Respekt und der Liebe für die ganze Menschheit erwachsen sind. In diesem Sinn hat das Benehmen nichts mit der Kultur oder Erziehung zu tun; es ist einfach eine Frage der Demut. Wenn uns gegenüber ein solches Verhalten gezeigt wird, spüren wir, dass ein tieferer Teil von uns berührt und wertgeschätzt wurde. Tatsächlich verdient keiner von uns etwas Geringeres.

Komplikationen scheinen ein unvermeidliches Nebenprodukt modernen Lebens zu sein. Einfachheit öffnet den Raum für neue Inspirationen. Meinen eigenen Geist ruhig zu halten ist die einfachste Methode, unübersichtliche Situationen zu klären. Indem ich das Gleichgewicht zwischen einer einfachen und doch angenehmen Lebensweise wahre und von den Rohstoffen der Welt nur das benutze, was ich wirklich brauche, werde ich immer Überfluss in meinem Leben haben.

Freiheit ist ein Zustand des Geistes. Das Selbst zu verstehen ist der Schlüssel zur Freiheit. Je tiefer dieses Verständnis ist, desto leichter ist es, sich aus den Ketten von Nutzlosem und Negativem zu befreien. Freiheit heißt, unbeeinflusst und unberührt zu sein, im Frieden mit sich selbst. Wahre Freiheit heißt, die Essenz, den innersten Kern des eigenen Wesens zu erfahren.

Die erste Lektion auf dem Weg zum Frieden ist, mit dem Krieg gegen mich selbst aufzuhören. In der Meditation kann ich mich ins innere Heiligtum der Seele zurückziehen und den ruhigen Fluss liebevoller Gedanken genießen, der durch meinen Geist strömt.

Nur wenn sich die Turbulenzen in meinem Geist gelegt haben, kann ich Frieden mit der Welt schließen. Wenn ich nach und nach inneren Frieden entwickelt habe, kann ich die Stimme meiner eigenen Weisheit hören und verstehen, wie und wo es am sinnvollsten erscheint, Kraft zu spenden.

Oft berichten Menschen über die Erfahrung göttlicher Hilfe, als sie am Ende ihrer Kräfte angelangt waren. Tatsächlich ist göttliche Hilfe immer da, aber wir sind oftmals so sehr damit beschäftigt, die Dinge auf unsere Art zu bewältigen, dass wir uns erst in größter Not der göttlichen Hilfe besinnen. Das ruhige, gelassene Wesen erleuchteter Seelen entstammt ihrer Fähigkeit, Gottes Hilfe bewusst in Anspruch zu nehmen. Der Zustand wahrer Hingabe wird bei allem, was ich tue, ein Gefühl des Erfolgs in mir auslösen.

Die Fähigkeit, mit sich allein sein zu können, ist eins der größten Geschenke, die das Leben zu bieten hat. Wenn ich lerne, am Ende des Tages meine Gedanken von all meinen Verantwortlichkeiten zu lösen und meinen Geist in einen Zustand von Frieden und Güte zu versetzen, dann kann ich immer schwerere Lasten tragen, ohne mich belastet zu fühlen. Wenn meine innere Landschaft voller schöner Gedanken ist, ist alles, was ich tue, ein Vergnügen. Sanft beruhige ich verworrene Situationen und spende unruhigen, bedrückten Seelen Trost.

Im August 2006 bin ich Dadi Janki in München persönlich begegnet – damals war sie neunzig Jahre alt – in blendender körperlich-geistiger Verfassung. Inzwischen hat sie mehr als hundert irdische Lebensjahre hinter sich und strahlt mit ihrer Weisheit weiterhin in unsere Welt. Dadi Janki feierte am 29. Januar 2019 auf Mount Abu ihren 103. Geburtstag.

Originalzitate mit freundlicher Genehmigung von Brahma Kumaris, München

Die Schöpfung ist ein Akt der Liebe – Annette Kaiser

Ich bin viel und weit gereist, ich habe in allen Kulturen und Religionen hoch spirituelle Menschen kennengelernt. Mir geht es um ein Holon, in dem sich alle Wege in ihrer Einzigartigkeit respektieren. Und dort, wo sich die verschiedenen Wege finden, können sie sich gegenseitig in der Stille und in der Liebe inspirieren. Sie sind untrennbar eins zugleich.

Annette Kaiser, am 3. Juni 1948 in Zürich geboren, ist Mutter von zwei erwachsenen Kindern und unterrichtet in Deutschland, der Schweiz und Österreich. Nach einem Studium der Volkswirtschaft arbeitete sie längere Zeit in der Entwicklungszusammenarbeit und engagierte sich in der „Frauenfrage". 17 Jahre lang war Annette Kaiser Schülerin der englisch-russischen Sufi-Lehrerin Irina Tweedie. Seit 1991 lehrt sie selbst den Weg des stillen Herzensgebets und der spirituellen Traumarbeit. 1998 wurde sie von Irina Tweedie autorisiert, den Sufi-Pfad der *Naqshbandiyya-Mujaddidiyya-Linie* weiterzuführen und Menschen auf diesem Pfad zu begleiten. Dieser wurde von ihr in die heutige Zeit transformiert. Sie ist die spirituelle Leiterin der Villa Unspunnen in Wilderswil, Schweiz

Ich kam als junges Mädchen in ein Kloster, um dort Französisch zu lernen. Das war der Grund, der es mir erlaubte, so jung von

zu Hause wegzugehen. Im Kloster ist die Sehnsucht dann in mir erwacht. Es ging darum, das Verhältnis zwischen dem Göttlichen und dem Menschlichen besser zu verstehen, mich dem Göttlichen anzunähern und mit ihm eins zu werden. Das war die ursprüngliche Sehnsucht in mir, ich wollte erfüllt werden von dem Einen und ins Einssein gelangen. Diese Sehnsucht hat sich in mir als Individuum erfüllt. Heute bewegt mich eine ähnliche Sehnsucht. Nun ist damit die Menschheit und die gesamte Welt gemeint. Es ist der Wunsch, dass wir alle über längere Zeit in dieses Einssein und Erwachen hineinkommen, wodurch uns eine ganz andere Dimension der kosmischen Intelligenz zugänglich wird, die den Verstand, den Intellekt und die Vernunft umfasst und transzendiert. Diese Dimension wird es uns ermöglichen, auf der Erde in den Frieden zu kommen und Lösungen zu finden für die Probleme, die heute anstehen. Diese Sehnsucht basiert auf einem inneren Wissen darum, dass wir tatsächlich göttliche Wesen sind, die eine menschliche Erfahrung machen, und nicht umgekehrt, wie wir uns das immer vorstellen. Wir verstehen uns ja als getrennte Wesen von diesem Einen. Diese Sehnsucht ist die weibliche Seite der Liebe. Nach meinem Verständnis ist die Schöpfung aus einem Akt der Liebe entstanden. Wir befinden uns in einer Liebesbeziehung; die Liebe entspricht unserer Natur, nicht die Angst, die aus dem Gefühl der Trennung resultiert. Selbstverständlich haben wir Menschen unglaublich viele Sehnsüchte in der Welt. Von der Filmindustrie und der Werbung werden diese Gefühle geschickt aufgegriffen. Wir haben vor uns das Bild eines schönen Strandes, und schon fährt etwas aus uns und hat Sehnsucht nach dieser Weite, nach der Sonne, dem Spiel des Lichts auf den Wellen. Oder wir sehnen uns nach einem schnellen Auto, einem tollen Fahrrad, nach einer Partnerschaft, Kindern. […] Wenn wir diese Sehnsüchte genauer betrachten und zurückführen zu ihrem Ursprung, so kommen wir zu einem Verlangen nach Ganzwerden. Wir sehnen uns danach, das menschliche Potenzial bewusst ganz zu erfahren und zu integrieren. Das ist der Kern, und diesen Kern leben wir häufig kompensatorisch auf anderen Ebenen aus. […] Ich war nicht aktiv am Suchen und ging eher intuitiv vor. Es begann damit, dass ich im tibetischen Kloster von Rikon Vorträge hörte, wodurch ich aufmerksam wurde auf ein mir bis dahin unbekanntes Wissen zum Menschsein. Ich erfuhr von Geistesgiften, die in Weisheitsaspekte gewandelt wurden. Damals litt ich unter anderem an Eifersucht, die ich einfach nicht wegbrachte. Therapien interessierten mich weniger, mein Vertrauen war größer in die spirituelle Dimension. So folgte ich einer Empfehlung und besuchte die Vorträge von Geshe Rapten in Rikon. Auch der Kontakt zu Irina Tweedie kam eher intuitiv zustande. Mir fiel in einer Buchhandlung ihr Werk „Wie Phönix aus der Asche" in die Hand. Dieses Buch hat mich sehr angesprochen, weil ich darin einen Weg beschrieben fand, der radikal war und doch mitten im Leben stand. Das heißt, ich suchte nicht, sondern war offen und ließ mich führen. [...] Alles, was ich zuvor erfuhr, hat dazu beigetragen und mich auf diese Begegnung hin vorbereitet. Beim tibetischen Buddhismus habe ich ja nicht bloß zugehört. Ich verpflichtete mich dort zu einer intensiven Gebetspraxis mit 250.000 Niederwerfungen – und kurz zuvor hatte ich ein Kind geboren. Das hat meinen Körper gestärkt und mich psychisch stabilisiert. Danach wusste ich aber nicht weiter. Jenen Weg weiterzugehen, Tibetisch zu lernen und Visualisierungen zu machen, deren Inhalt mir letztlich fremd war, kam für mich schließlich nicht infrage. Was Irina Tweedie uns lehrte, ist so alt wie die Menschheit selbst: Es ist die Liebe selbst. Mich hat immer nur das interessiert. Wir alle möchten geliebt sein, wir möchten gesehen, respektiert und angenommen sein. Jeder Mensch kreist um die Erfüllung dieses Bedürfnisses. Wir möchten weg von der Angst als Grundlage des Lebens hin zur Liebe. Mir scheint, dass sich dieser Bewusstseinswandel anbahnt. Es ist bloß eine Frage der Zeit, bis sich diese Einsicht in die untrennbare Einheit allen Seins und Werdens auf der Basis der Liebe durchsetzt. Wenn man liebt, so kreiert das ein bestimmtes Feld, das weit über sich selbst hinaus wirkt. Es kommt auch Stille dazu, und es entsteht ein Grundvertrauen darauf, dass alles sich zur rechten Zeit manifestiert, am rechten Ort, mit den richtigen Menschen – in dy-

namischer Präsenz in Aktion. Von uns ist zwar ein Beitrag gefordert, doch es bedarf von unserer Seite her keiner Überzeugungsarbeit. Ich finde, wir alle sind berufen. Es gibt verschiedene Wege und Möglichkeiten, mein persönlicher Weg ist ein Sandkorn neben Billionen anderer. Für jemand anderen funktioniert etwas ganz anderes, und sie oder er braucht auch nicht diese Tunnelerfahrung, um durchzubrechen, wie ich das musste. Ich fahnde nicht, ich bin. So etwas in anderen zu suchen oder von ihnen zu wollen, das funktioniert nicht. Mir geht es um etwas weitaus Subtileres. Wie es im ZEN heißt: Indem ich still dasitze und nichts tue, wird es Frühling und das Gras sprießt auf. Der Mensch hat alles in sich. Es ist alles da. Vielleicht kann ich ein wenig dazu inspirieren, dass der Mensch sich wahrnimmt als das, was er in tiefster Essenz ist. Auf einer tieferen Ebene sind wir untrennbar eins. Es ist einfach so. Wachstum geschieht noch ganz anders, als wir es aus der Schule und von unseren Bildungskonzepten her kennen. Was wissen wir schon über die Wirklichkeit?

Annette Kaisers besonderes Anliegen ist die transkonfessionelle Spiritualität, welche ein offenes, waches Da-Sein als natürlichen Ausdruck einer integralen Lebensweise meint. Für sie ist das 21. Jahrhundert eine Aufforderung an den Menschen, sich als Teil des Ganzen und das Ganze zugleich zu verstehen und in kollektiver Weisheit schöpferisch zu werden.

Haben wir uns für einen Weg entschieden und damit vielleicht auch für den spirituellen Lehrer, welcher den Weg vermittelt, so ist es sinnvoll, sich ganz einzulassen. Dies bedeutet, dass wir die empfohlenen Übungen und Anleitungen ernst nehmen und bis ins feinste Detail anwenden und umsetzen. Es braucht dazu ein inneres Feuer, Durchhaltevermögen, Mut und Unerschrockenheit. Meistens hören die Menschen gar nicht richtig präsent zu oder hören nur, was sie gerade hören möchten. Dann gilt es, dieses im eigenen Herzen zu bewegen und zu überprüfen. So kann keine Abhängigkeit entstehen, und die Eigenverantwortung wird gefördert.

Letztendlich muss der Schüler mit seinem eigenen Licht gehen, was immer dies meint. Aber natürlich muss dieses innere Licht bewusst und klar sein. Und dann tut der Schüler, was zu tun oder zu lassen ist.

Originalzitate aus der Korrespondenz des Autors mit Annette Kaiser

Die Liebe ist der Klang der Wahrheit – Christina Kessler

Die Kulturanthropologin, promovierte Religionsphilosophin und Humanismusforscherin Christina Kessler hat sich seit Jahrzehnten mit der Thematik „Liebe und Mystik" intensiv beschäftigt und zählt zu den bedeutenden Weisheitslehrern unserer Zeit.

Ihre diversen Publikationen sind spirituelle Ratgeber einer erfahrenen Frau, die die Fallstricke der verführerischen Pseudo-Esoterik-Szene kennt und mit kraftvoll-weiblicher Behutsamkeit den Wesensraum des menschlichen Lebens freilegt: die göttliche Urquelle, unseren Urgrund und unsere ewige Heimat bei und in uns selbst.

Christina Kessler beruft sich auf den großen deutschen Mystiker Meister Eckhart, der jedem Gottsucher Mut macht und eine Vertrauenssicherheit anbietet, wie es kirchliche Institutionen und der Zaubergarten der oftmals oberflächlichen Psychotherapie nicht annähernd vermögen. Wie ein roter Faden spinnt sich die Eckhart'sche Tür zum Herzen durch ihre tiefgründigen Bücher, wenn der große deutsche Mystiker sagt:

Du brauchst Gott nicht hier oder dort zu suchen. Er ist nicht weiter entfernt als die Tür deines Herzens. Dort steht Er und wartet und wartet, bis du bereit bist, nicht nach Ihm in der Ferne zu ru-

fen. Deine Hingabe und sein Hereinkommen sind ein und derselbe Augenblick.

Ihr Lebensmotto wie auch einer ihrer Buchtitel lautet: *Amo ergo sum – Ich liebe, also bin ich.*

Die Heimkehr des Menschen zu sich selbst – Selbstrealisation – ist ein ontologischer Prozess: Das Selbst wird zu dem, was es ist, indem es erkannt und gelebt wird. Überhaupt ist Humor eine hohe Herzensqualität. Es ist die Fähigkeit, hinter den Unvollkommenheiten des Lebens das Vollkommene zu erblicken. Und hier sind wir schon mitten in der Beantwortung Ihrer Frage: Welchen Weg müssen wir einschlagen, um den Himmel auf die Erde zu holen, um heimzukehren?

Die Sehnsucht nach Vollkommenheit ist die Urantriebskraft des Menschen – Eros im Platon'schen Sinne. Es ist jene Energie, die Wachstum, Entwicklung und Kreativität ermöglicht – die, so könnte man sagen, mit dem Puls der Evolution einhergeht.

Im Zeitalter des Materialismus und der Ratio wurde die Erfüllung dieser Sehnsucht fast durchweg im Außen gesucht: in Besitz, Geld, Macht, Sex, Konsum, aber auch in Ideologien oder übertriebenem Körperkult. Dadurch verlor der Mensch die Anbindung an seinen innersten Wesenskern. Er spaltete sich von sich selbst ab, verstrickte sich in Äußerlichkeiten und wurde zunehmend abhängig davon.

Es lässt sich wohl mit Recht sagen: Der moderne Mensch lebt in einem Bewusstseinszustand der Trennung. Er hat seine eigene Hölle geschaffen. In der Hölle schmoren die Sünder, so heißt es. Das Wort „Sünde" kommt von „sondern", sich absondern. Aber nicht nur von sich selbst ist der heutige Mensch getrennt, auch von seinen Mitmenschen und der Natur.

Durch die Vorherrschaft der Ratio wurde unser Kosmos in seine kleinsten Details zerlegt, doch wie diese Details zusammenpassen, das weiß – fast – keiner mehr. Auch das ist Trennung. Auf dem „Nährboden" eines solchen Trennungs- und Mangelbewusst-

seins können nur Orientierungslosigkeit, Frustration, Verwirrung und Gefühle der Sinnlosigkeit entstehen.

Heute sind wir am äußersten Ende der Trennung angelangt. Auch haben wir alle möglichen Formen der Suche nach Erfüllung im Außen erforscht und können nun mit Sicherheit sagen, dass wir am falschen Ort gesucht haben. Folglich treibt uns die unablässig drängende „Sehnsucht" nun fast von selbst in die andere Richtung – nämlich nach innen. Der Evolutionsimpuls schlägt die umgekehrte Richtung ein und wird zur „Involution".

Über die Beschaffenheit des Inneren legt die Psychologie Zeugnis ab, das Innerste gehört zum Bereich der Mystik. Erst dem Mystiker offenbart sich in Gänze die Vollkommenheit des Seins – das Wahre, Gute und Schöne, wie Platon es nannte. Erst die mystische Erfahrung öffnet den Blick für den subtilen Zusammenhang aller Formen der Existenz. Erst in der tiefsten Tiefe unseres Selbst erfahren wir, dass alles mit allem verbunden ist. Nicht nur auf der horizontalen Ebene der materiellen Wirklichkeit, sondern auch auf einer vertikalen Ebene; einer Ebene, die sich durch die Teilhabe alles Existierenden an einem gemeinsamen geistigen Urgrund ergibt. Dort, und nur dort – in unserem wahren Selbst – finden wir den wahren Himmel: die unvergängliche Wahrheit, die Einheit alles Seienden, unser eigenes nonduales Selbst – Ganzheit.

Wollen wir aus einer gespaltenen Welt in den Himmel der Ganzheit, des Ein-Klangs, der Verbundenheit und des Ein-Verständnisses gelangen, gilt es den Weg der Liebe einzuschlagen. Denn Liebe i s t das Prinzip der Verbindung. Somit ist Liebe das religiöse Phänomen schlechthin (religere – rückverbinden).

Der Weg der Liebe führt direkt zum Kern der Religion, aller Religionen – nämlich mitten hinein in die mystische Erfahrung.

Wir müssen die Trennungsillusion erkennen und alle trennenden Denk-, Verhaltens- und Handlungsmuster in verbindende verwandeln. Wenn ich „einfach" sage, dann meine ich die Theorie. Im tatsächlichen Leben erweist sich diese Aufgabe als eine der größten Herausforderungen, denen ein Mensch begegnen kann. Geht es dabei doch buchstäblich darum, über sich selbst hinaus-

zuwachsen. Über sein kleines, mentales Ich, das ihm ständig vorgaukelt, ein vom Ganzen getrenntes Etwas zu sein und daher eine ständige Gefahrenquelle für selbstsüchtiges, egogesteuertes, sprich: trennendes Verhalten darstellt.

Die erste Schwierigkeit dabei ergibt sich schon aus der Tatsache, dass wir trennendes und verbindendes Verhalten überhaupt erst einmal unterscheiden lernen müssen. Alle Formen egoistischer Spaltung äußern sich in Negativität, Destruktivität oder Lieblosigkeit. Sie veranlassen uns zu Manipulation und Projektion und fühlen sich miserabel an.

Aus der Liebe kommendes Denken, Fühlen und Handeln vermittelt uns dagegen Gefühle der Stimmigkeit, des Wohlgefühls, der Ganzheit; seine Auswirkung ist immer positiv und konstruktiv.

Um diese subtilen Unterschiede jedoch erkennen zu können, müssen wir die Liebe l e b e n .

Gelingt uns dies, erfahren wir das Wunder: dass wir selbst Liebe sind! Ja, dass es auf der Ebene der Wahrheit gar nichts anderes gibt als Liebe. Liebe ist das Prinzip der Verbindung. Alles ist mit allem verbunden. Folglich muss Liebe die Grundstruktur des Universums sein.

So ist die Verwirklichung der Liebe derselbe ontologische Prozess wie die Verwirklichung des Selbst. Die Liebe wird zu dem, was sie ist, indem sie erkannt und gelebt wird. Das wahre Selbst ist Liebe.

Originalzitate aus: Christina Kessler, Amo ergo sum – Ich liebe, also bin ich. Selbstrealisation – der Weg in eine neue Wirklichkeit, © edition amo ergo sum, Berlin 2016

Ich habe einen Traum – Martin Luther King

Ich habe einen Traum, dass eines Tages auf den roten Hügeln von Georgia die Söhne früherer Sklaven und die Söhne früherer Sklavenhalter miteinander am Tisch der Brüderlichkeit sitzen können ...

Diese berühmte Rede hielt *Martin Luther King* 1963 auf dem Höhepunkt seiner Popularität. 250.000 Menschen, die friedlich in Washington D.C. gegen Rassismus und Armut demonstrierten, lauschten seinen Worten. Siege schienen greifbar nah: 1964 wurde per Gesetz die Rassentrennung aufgehoben, King erhielt am 10. Dezember 1964 in Oslo den Friedensnobelpreis, und ein Jahr später trat ein neues Wahlrecht in Kraft, durch das alle schwarzen Amerikaner zur Urne schreiten konnten.

Martin Luther King kam am 15. Januar 1929 in Atlanta, Georgia, zur Welt. Auch wenn er als eines der wenigen schwarzen Mittelstandskinder aufwuchs, kannte er Rassismus von Kindesbeinen an. Durch das Gesetz der Segregation waren Schwarz und Weiß strikt getrennt. King durfte weder die gleiche Toilette benutzen noch vom gleichen Wasserspender trinken wie die Weißen. Für seine Mutter, die Lehrerin Alberta Christine Williams King, war es unmöglich, in Schulen für Weiße zu unterrichten. Sein Vater, Martin Luther King Senior, als Baptistenprediger unter Schwarzen eine Respektsperson, wurde „Boy" gerufen.

Christliche Grundsätze und Bürgerrechte spielten nicht nur für den Pfarrer, sondern auch für seinen Sohn Martin eine wichtige Rolle. Der Junge war intelligent. Schule und Studium meisterte er mit Bravour. 1948 schloss er sein Soziologiestudium ab, 1951 das der Theologie. Neben siegreichen Teilnahmen an Redner-Wettbewerben stellte er bereits seit dem 17. Lebensjahr als Hilfsprediger des Vaters sein außergewöhnliches Sprachtalent unter Beweis. Seine Art zu reden überzeugte nicht zuletzt auch Coretta Scott, ihn zu heiraten, denn ursprünglich wollte sie nicht die Frau eines Pfarrers werden. Gemeinsam zogen sie 1954 nach Montgomery. Dort übernahm Martin Luther King seine erste eigene Gemeinde, die *Dexter Avenue Baptist Church*.

Montgomery war eine typische Stadt in den Südstaaten. Obwohl ein Drittel der Bevölkerung schwarz war, besaßen die Schwarzen kaum Rechte. Zehn Monate nach Kings Amtsantritt verstieß am 1. Dezember 1955 die Afro-Amerikanerin Rosa Parks gegen die Rassentrennung in öffentlichen Verkehrsmitteln. Sie weigerte sich, im Bus von einem für Weiße reservierten Sitz aufzustehen, und wurde verhaftet. Die Folge war der *Montgomery Bus Boycott*. Die Schwarzen weigerten sich aus Protest gegen die Rassentrennung, mit dem Bus zu fahren. Martin Luther King wurde zum Anführer des Boykotts gewählt. Für den erst 26-Jährigen eine gewaltige und, wie sich schnell herausstellte, gefährliche Aufgabe. Weiße Rassisten bedrohten ihn und seine Familie massiv.

Ich wollte den Kampf aufgeben. Ohne den Kaffee anzurühren, saß ich am Küchentisch und grübelte darüber nach, wie ich von der Bildfläche verschwinden könnte, ohne als Feigling zu erscheinen. In diesem Zustand äußerster Mutlosigkeit legte ich Gott meine Not hin. [...] In diesem Augenblick erlebte ich die Gegenwart Gottes wie nie zuvor. Mir war, als hörte ich eine innere Stimme, die mir Mut zusprach: „Stehe auf für die Gerechtigkeit! Stehe auf für die Wahrheit! Und Gott wird immer an deiner Seite sein!“ Ich war bereit, allem ins Auge zu sehen.

So erinnerte sich King später an die Zeit. Auf Personenschutz sollte er aber Zeit seines Lebens verzichten, denn sein Entschluss, notfalls sein Leben für die Gerechtigkeit zu opfern, stand fest.

In Montgomery bestieg knapp ein Jahr lang kein Schwarzer mehr einen Bus. Schließlich bestätigte der Oberste Gerichtshof, dass Rassentrennung verfassungswidrig und in Bussen aufzuheben sei. Martin Luther King, inzwischen Vorsitzender der *Southern Christian Leadership Conference* (SCLC), entwickelte sich zum charismatischen Anführer der Bürgerrechtsbewegung. Beständig reiste er durchs Land, um Protestaktionen zu organisieren oder an ihnen teilzunehmen. King glaubte zutiefst an Gerechtigkeit und an die Macht der Moral. So wurden direkte gewaltfreie Aktionen wie Märsche, Sitzblockaden und Gebetskreise seine Waffen im Kampf gegen Rassismus.

Ich bin der Gewalt müde, die ich zu oft gesehen habe. Ich habe diesen Hass auf den Gesichtern zu vieler Sheriffs im Süden gesehen. [...] Ich werde mich nicht auf ihre Ebene hinabbegeben. Wir haben eine Kraft, die man nicht in Molotowcocktails finden kann.

Bereits während des Studiums war Martin Luther King von *Mahatma Gandhi* fasziniert, besaß aber keine fundierten Kenntnisse über das Prinzip des gewaltfreien Widerstands (Sanskrit: *ahimsa*). So wurde Bayard Rustin, der bereits sechs Monate auf den Spuren des Inders dessen Heimat bereist hatte, ein wichtiger und enger Mitarbeiter des Bürgerrechtlers. King musste einsehen, dass auch die neuen Gesetze die Situation der Schwarzen nicht wirklich ändern konnten. Die meisten Schwarzen waren deutlich ärmer als die Weißen. Gelder für Förderprogramme wurden durch den Vietnamkrieg verschlungen. King erkannte, dass Rassismus, Armut und Krieg untrennbar miteinander verbunden waren und dass Ungerechtigkeit kein nationales, sondern ein internationales Problem war. Er entschloss sich, für alle Unterdrückten, egal welcher Hautfarbe, zu kämpfen.

Sein Protest gegen den Vietnamkrieg und die Kampagne gegen die Armut sorgten auch in den eigenen Reihen für Kritik. Ehemalige Mitstreiter befürchteten, dass Spendengelder ausbleiben würden. In Amerika formierte sich eine gewaltbereite schwarze

Bewegung, die den Bürgerrechtler und seine Methoden verhöhnte. Am 4. April 1968 hielt sich King in Memphis auf, um an der Seite schwarzer Müllarbeiter für besseren Lohn zu kämpfen. Als er den Balkon seines Hotels betrat, hallten zwei Schüsse über den Parkplatz. Der Bürgerrechtler, in Hals und Nacken getroffen, brach zusammen und starb im Alter von gerade einmal 39 Jahren.

Martin Luther King war mit dem legendären Trappistenmönch *Thomas Merton* befreundet. Nach seinem Besuch in Memphis wollte King zu Einkehrtagen bei Merton im Kloster Gethsemani in Kentucky fahren. Dazu sollte es nicht mehr kommen. Nur acht Monate später starb Thomas Merton am 10. Dezember 1968 bei einer asiatischen Mönchskonferenz in Bangkok an einem tragischen Unfall.

Das innere Geheimnis Gottes – Henri Le Saux

Der französische Benediktinermönch *Henri Le Saux* gehört zu den Pionieren des christlich-hinduistischen Dialogs. Seine persönlichen Begegnungen mit dem Weisen *Sri Ramana Maharshi* haben ihn entscheidend geprägt. Als ältestes von sieben Kindern wurde er am 30. August 1910 in Saint Briac, Bretagne, als Sohn eines kleinen Geschäftsmannes geboren. Mit 19 Jahren trat er in das Benediktinerkloster Sainte-Anne de Kergonan an der bretonischen Atlantikküste ein. Bereits ein Jahr vor seiner Priesterweihe im Jahr 1935 spürte er eine Sehnsucht, nach Indien zu gehen. Der Zweite Weltkrieg durchkreuzte vorübergehend sämtliche Wünsche und Pläne. Nach langem Warten erhielt er im Jahr 1948 die Exklaustration. Im selben Jahr schiffte er sich in Marseille ein und landete am 15. August in Colombo, von wo er per Schiff und Bus nach Tiruchirapalli, Südindien, weiterreiste. Gemeinsam mit dem französischen Priester Jules Monchanin bereitete er die Gründung des Ashrams von *Shantivanam* (Wald des Friedens) am Ufer des heiligen Flusses Cauvery vor. Dieser später weltberühmte Ashram wurde ab 1968 von Dom Bede Griffiths bis zu dessen Tod zur spirituellen Vollendung geführt. Ramana Maharshi, der *Weise vom Berg Arunachala*, entzündete in Henri Le Saux die innere Suche nach *Advaita* (Sanskrit: Nicht-Dualität). Drei Wochen vor dem Tod von Ramana Maharshi am 14. April 1950 in Tiruvannamalai wurde von Jules Monchanin und Henri Le Saux, der sich fortan *Swami Abhishiktananda* (Glückseligkeit des gesalbten Herrn) nannte, der *Shantivanam-Ashram* offiziell gegründet.

Henri Le Saux, der ein ruhelos Suchender war, wurde der engste Freund von *Raimon Panikkar.* Gemeinsam hatten sie tage- und nächtelang in Shantivanam über das Mysterium von *Advaita* und *Trinität* diskutiert, am Fuße des Bergs Arunachala feierten sie gemeinsam Eucharistie. Henri Le Saux war quer durch Indien auf Reisen (nach Europa ist er nie wieder zurückgekehrt), er kannte die Fahrpläne aller wichtigen Züge und Busse auswendig.

Für Le Saux stand fest: Sollte das Christentum sich als unfähig erweisen, die spirituelle Erfahrung des Hinduismus von innen her zu assimilieren, würden die Christen damit sogleich das Recht verlieren, ihre Religion zum universalen Erlösungsweg zu erklären. Die Begegnung zwischen christlichem Glauben und der Erfahrung des Advaita sei einerseits ein schmerzlicher Prozess wechselseitiger Integration, in dem jede Seite sich die Wahrheit der anderen aneignet, führe aber andererseits schließlich zur Auferstehung beider in den innersten Tiefen des Geistes.

Henri Le Saux verließ im Frühjahr 1968 geradezu fluchtartig den Shantivanam-Ashram, weil er sich im Norden des Landes noch wesentlich tiefere Erfahrungen erhoffte. Einige Monate war der Ashram völlig unbewohnt. Erst im September 1968 kam Bede Griffiths aus Kerala nach Shantivanam und hatte mit Henri Le Saux keine Übernahmegespräche geführt. Mit Dom Bede und Raimon Panikkar habe ich sehr intensiv über Leben und Wirken von Henri Le Saux gesprochen, der ein genial-intuitiver, aber auch sehr zerrissener Mensch war. Nach einem schweren Herzinfarkt starb er am 7. Dezember 1973 in Indore, Madhya Pradesh, im Alter von nur 63 Jahren.

Genau zwei Jahre nach dem Tod von Abhishiktananda hatte Raimon Panikkar am 7. Dezember 1975 in Benares einen tief bewegenden, sehr langen Brief an seinen Freund zum zweiten Jahrestag seiner „Großen Abreise" geschrieben. Ein außergewöhnliches, nicht veröffentlichtes Dokument, das ich immer wieder in die Hand nehme.

Reise nach innen – Wladimir Lindenberg

Wladimir Tschelistscheff Lindenberg wurde am 16. Mai 1902 in Moskau geboren und verbrachte im patriarchalischen Russland auf dem Landsitz seiner Familie eine behütete Kindheit und Jugend. Nach der Revolution 1918 und einer abenteuerlichen Flucht fand er in Deutschland eine zweite Heimat. In Bonn studierte er Medizin und Psychologie und bereiste als junger Arzt Afrika und Südamerika. 1930 wurde er Assistent und später Oberarzt bei dem *Vater der Hirnverletzten*, Professor Dr. Poppelreuter.

Eine der gewaltigsten Stellen in Lindenbergs Buch *Himmel in der Hölle* (er ist Autor von über 35 Büchern) ist die Darstellung dessen, wie er, den Folterknechten Adolf Hitlers ausgeliefert, wochenlange Dunkel-Einzelhaft übersteht. Er übersteht sie nicht nur, er verlässt sie sogar gestärkt. Er konnte die Zeit in Meditation und Gebet verbringen, konnte sich imaginär in alle Räume versetzen, die ihm in seiner Kindheit nahe gewesen waren, die ihn innerlich in den Jahren bis zum Konzentrationslager mit der Heimat verbunden hatten.

Von 1947 bis 1959 war Wladimir Lindenberg Chefarzt im evangelischen Waldkrankenhaus in Berlin-Spandau. Bis kurz vor seinem Tod praktizierte er noch in Berlin als Nervenarzt und Betreuer der Hirnverletzten; außerdem hielt er allmonatlich einen geisteswissenschaftlichen Vortrag im Urania-Palast, zu dem bis Januar 1997 im Durchschnitt achthundert Zuhörer kamen.

Einer der prägenden Vorfahren von Wladimir Lindenberg war der erste russische Rosenkreuzer. So hatte der junge Wladimir bereits im Alter von 13 Jahren ein Weisheitswissen übertragen bekommen, welches Grundlage seines gesamten Lebens wurde.

Lindenberg, der sprachbegabte Kosmopolit (bereits im Alter von elf Jahren hatte er mit seiner Mutter Asien bereist und ZEN-Meister und Rishis in großer Zahl erlebt), kannte die Zusammenhänge der Religionen und Weltanschauungen und hatte in vollkommener Stille eine einzigartige Persönlichkeitsbildung erfahren. Seinen vielen engen Freunden (u. a. Martin Buber, Sergei Prokofieff, Erzherzog Ferdinand von Habsburg, Gerschom Sholem, Otto von Simson) hat er Zugang zum Heiligen, Verborgenen, Mystischen verschafft und durch sein Leben und Wirken den Weg für das neue geistige Zeitalter mitbereitet.

Es ist das große Verdienst von Wladimir Lindenberg, dass er diese mit eigenen Sinnen erlebte Wirklichkeit in Sprache umgesetzt hat – als Russe in unsere deutsche Sprache – und sie uns vermittelt. Sie enthält Gültiges, dessen wir in der Gegenwart bedürfen.

In seinem Buch *Über die Schwelle. Gedanken über die letzten Dinge* schrieb der damals 70-jährige Lindenberg:

Es ist gut, wenn wir lernen, den Tod als eine Wirklichkeit unseres Seins in unser Leben hineinzunehmen. Nicht in ständigen Gedanken an das große Unbekannte, das dann folgt; nicht mit Angst, nicht mit Ressentiment über die Trennung von all denen und dem, was uns lieb und teuer ist.

Den wunderschönen Text-Bildband über die Stationen seines Lebens widmete mir Wladimir Lindenberg bei unserem Besuch am 10. Februar 1994 in Berlin mit den Worten: *Meinem lieben Freund und Gesinnungsgenossen Roland Romuald Ropers – einer der acht Weisen, auf dem diese Welt steht – gewidmet.*

Ich fühle mich einem großartigen Freund und Meister verpflichtet, sein Erbe weiterzugeben und mit anderen zu teilen. Wolodja war ein begabter Erzähler und auserwählter Sendbote Gottes.

Am 18. März 1997 starb Wladimir Lindenberg frühmorgens in seinem Berliner Häuschen – wenige Tage zuvor hatten wir ein letztes Mal miteinander telefoniert. Von ihm selbst stammen die Worte: *Die Anzahl der Atemzüge unseres Lebens ist festgelegt. Es liegt an uns, ob wir schnell oder langsam atmen möchten.*

Einheit auf höchster Ebene – Gertrud Link

Wenige Monate nach Adolf Hitlers Machtergreifung am 30. Januar 1933 traf am 2. Mai 1933 die 25-jährige *Christina Link* im Kloster der Missionsbenediktinerinnen in Tutzing am Starnberger See ein – der Beginn eines außergewöhnlichen Lebens im unermüdlichen Dienst für das Seelenheil zahlloser Menschen auf allen Kontinenten der Erde.

Am 20. Januar 1908 kommt Christina Link als drittes Kind eines Lehrerehepaares im unterfränkischen Hobbach/Spessart zur Welt.

In unser kindseliges Glück sollte bald das Dunkle einbrechen. Was wusste ich mit meinen knapp sieben Jahren von Vaters Überforderung und Übermüdung, von seinem gefährdeten Herzen? Er war immer zur Stelle und immer an der Arbeit. Und dann sein plötzlicher Tod im Juni 1915. Der Leidensweg unserer damals 36-jährigen Mutter war lang: fünfzig Jahre Witwenschaft, eine kleine Rente, die kaum zum Überleben reichte. Und alles mitten im Ersten Weltkrieg ...

Christina ist hoch begabt, studiert, um ebenfalls Lehrerin zu werden. Beeindruckt ist sie von *Romano Guardini*, dem sie in frühen Jahren auf Burg Rothenfels begegnet ist.

Im Jahr 1932 kam ihr plötzlich ein Prospekt der Missionsbenediktinerinnen von Tutzing in die Hände – sie war wie vom Blitz getroffen. Ihre beruflichen Pläne gab sie sofort auf und teilte ihrer schwer enttäuschten Mutter ihren Entschluss mit: *Ich will Gott und seiner Liebe ganz gehören.*

Wie ich die erste Nacht im Noviziatsschlafsaal von Tutzing verbrachte, weiß ich nicht mehr. Die Bettvorhänge umschlossen den einzigen Privatraum, den man besaß. Der Strohsack schreckte mich nicht, denn wir hatten ja oft auf Jugendfahrten darauf in Scheunen und Heustadeln gut geschlafen. Vom ersten Tag an gewann ich diese Stelle lieb, war sie doch eine Vorahnung jener Stille, in der ich Gott zu begegnen hoffte ...

Geradezu ungewöhnlich: Bereits nach viereinhalb Monaten wird Christina in das Priorat in Wonsan/Nord-Korea geschickt. Sie tritt eine lange Schiffsreise von Genua über Port Said, Colombo, Sumatra, Singapore, Hongkong, Shanghai, Port Arthur bis nach Dairen an. Dann geht es weiter mit dem Zug über Seoul in den Norden Koreas.

Am 26. Mai 1934 erhält Christina bei der feierlichen Einkleidung den Ordensnamen Gertrud.

In Windeseile erlernt sie Koreanisch, Japanisch, Chinesisch und Russisch (später noch: Italienisch und Portugiesisch). Ein harter, oft sehr entbehrungsreicher Arbeitsalltag im Schulbetrieb und in der Seelsorge lässt sich bewältigen, weil sie getragen ist von der Klostergemeinschaft:

Gemeinschaft ist ein glückhaft Wagen,
wenn Liebe sie zusammenhält.
Sie ist ein bitterschweres Tragen,
wenn sie in Selbstsucht schal zerfällt.
Gemeinschaft ist ein frohes Wachsen,
wenn Eigenliebe still sich beugt.
Sie ist ein Welken, wenn den Laxen
sie rückgratlos das Zepter neigt.

Wonsan war von 1910 bis 1945 Teil des Japanischen Kaiserreichs. Im Jahr 1935 legt Schwester Gertrud dort ihre ewigen Gelübde ab und wird im Jahr 1948 Priorin. Sie erlebt im Jahr 1949 den Korea-Krieg und kommt nach der kommunistischen Machtübernahme vier Jahre ins Gefängnis und in ein Arbeitslager.

Was uns an Schmerzen, ja fast Untragbarem begegnet ist, kann nicht heranreichen an den Schmerz jener Stunde, wo meine koreanischen Schwestern mich umklammerten, als könne ich sie retten vor dem Grauenhaften, das vor ihnen stand, vor der Verlassenheit, in die sie hineingestoßen wurden nach dem Rauswurf aus unserem Kloster ...

Nach zwölfstündiger Fahrt, während wir nichts zu essen oder zu trinken bekamen, hatte der Zug Pyongyang erreicht. Ein hoher Polizeibeamter ging stillschweigend mit hämischem Lächeln durch unser Abteil, so, als ob wir Raubtiere wären, die man für einen Zoo gefangen hat. Ein Lastwagen brachte uns ins Staatsgefängnis. ... Zu fünft in eine Zelle. Zerrissen, schmutzig, blutverschmiert, starrte uns eine dünne Strohmatte auf dem dunklen Bretterboden an. Sie war zu ekelhaft, sie anzurühren. Ein Kübel für die Notdurft in der Mitte des winzigen Raums. Waschwasser alle zwei Tage in einem alten Stahlhelm. Stundenlanges Strafsitzen in Hockstellung. Kreislaufkollaps und Ohnmacht waren die Folge. Da es weder Matratzen noch Kopfkissen oder Decken gab, lagen wir einfach flach auf dem Bretterboden ...

Diverse Mitbrüder und Mitschwestern starben während dieser qualvollen Zeit. Über das Lager Oksadok schreibt sie:

Die Müdigkeit war unbeschreiblich, wenn man im Sommer bei 30 Grad Celsius 12 bis 14 Stunden arbeitete, oft an Steilhängen, wo man kaum stehen konnte. Dabei hatten wir ständig Durst. ... Siebzehn Tote hatten wir in unserer Gruppe zu beklagen. Jeder wäre es wert, dass seine Leidens- und Sterbegeschichte aufgeschrie-

ben würde. Die gesundheitlichen Bedingungen waren so schlecht, dass wir zuletzt annehmen mussten, dass keiner von uns mehr lange leben könne, wenn nicht bald eine Wende käme ...

Und das erhoffte Wunder geschah am 15. November 1953. Hoher Besuch: Herren mit vielen Ordenssternen auf der Uniform waren gekommen. Der Führer der Gruppe, ein Abgesandter der Regierung, war der Überbringer einer guten Nachricht des Führers Kim II Son: „Ab heute sind Sie nicht mehr Gefangene, sondern hochverehrte Gäste der Nordkoreanischen Regierung."

Freudenfeste wurden gefeiert. Weihnachten wieder in Freiheit. Ein glücklicher Neujahrsanfang am 1. Januar 1954 und einige Tage später wochenlange Heimreise mit dem Zug durch Russland – am 24. Januar endlich wieder im Heimatkloster Tutzing am Starnberger See. Schwester Gertrud ist 46 Jahre alt – hinter ihr liegen zwanzig ereignisreiche Jahre.

1956 bricht sie wieder gen Osten auf und übernimmt die Leitung des Noviziats in Teagu/Süd-Korea.

Im Jahr 1967 wird sie in Rom zur Generaloberin gewählt. Sie bereist mehrfach alle fünf Kontinente der Erde, bringt zahlreiche Projekte erfolgreich auf den Weg – eine „Top-Managerin Gottes" mit einer hohen Verantwortung für Tausende von Menschen. Nach ihrer erfolgreichen Amtszeit ging sie 1983 für sechs Jahre nach Sorocaba/Süd-Brasilien und setzte sich 1989 im *Haus St. Benedikt* in Tutzing „zur Ruhe". Sie reiste im Jahr 1992 im Alter von 84 Jahren noch zweimal in ihr geliebtes Korea. Am 27. März 1999 starb sie im Alter von 91 Jahren in Tutzing, wo ich sie 1995 besucht hatte. Das von mir übersetzte Buch *Return to the Centre* (*Rückkehr zur Mitte*) des Benediktinermönchs und Mystikers Bede Griffiths war für sie eine wichtige spirituelle Bereicherung und Nahrungsquelle.

Ich sehe unsere Kongregation unter dem Bild des Rades. Dieses hat in der Mitte einen starken Kern, ein Zentrum, Nabe genannt. Aus dieser inneren Einheit streben die Speichen nach allen Rich-

tungen auseinander. Und doch hat das Rad nur Kraft und die Fähigkeit, seine Aufgabe zu erfüllen, wenn diese auseinanderstrebenden Speichen in einer sehr kräftigen Runde wieder zusammengefasst und in den Radmantel eingefügt werden. Jede von uns hat ihren eigenen Platz in der uns gemeinsam zugeteilten Aufgabe. Immer gilt es, auf dem Weg Christus zu folgen. Dies bedeutet: Einheit auf höchster Ebene.

Originalzitate aus: Gertrud Link, Mein Weg mit Gott. Erlebnisse einer Missionarin auf fünf Kontinenten, © 1998, EOS-Verlag, St. Ottilien

Befreiung des menschlichen Geistes – Elaine MacInnes

Die kanadische Ordensschwester und ZEN-Meisterin *Elaine MacInnes* wurde am 7. März 1924 geboren. Als Geigen-Wunderkind (ihre Mutter war Geigerin, der Vater war Pianist und Komponist) studierte sie an der berühmten *Juilliard School of Musics* in New York. Während ihrer Studienzeit wurde sie eines Tages so intensiv vom Anruf Gottes erfüllt, dass sie ihre bereits vorgezeichnete Karriere als Geigerin beendete und in den Missionsorden *Our Lady's Missionaries* in Kanada eintrat. Sehr bald schon wurde sie nach Japan geschickt, wo sie als katholische Christin die Möglichkeit hatte, längere Zeit in einem buddhistischen Nonnenkloster zu verbringen. Ihre spätere Begegnung mit dem legendären Jesuitenpater und ZEN-Meister *Hugo Makibi Enomiya-Lassalle* eröffnete ihr den Zugang zur ZEN-Meditation. Sie wurde Schülerin von Yamada Koun Roshi in Kamakura. Sie hatte anfangs allergrößte Schwierigkeiten mit den typisch japanischen Koans, sodass sich Meister Yamada entschloss, ihr die Lösung eines christlichen Koans anzutragen. Und dieses Koan lautete: „Zeige mir das Königreich Gottes!" In vielen schmerzhaften ZEN-Sesshins verbrachte Schwester Elaine Monate damit, ihrem Meister eine Antwort, die er letztlich akzeptieren konnte, zu liefern. Danach absolvierte sie mühelos das umfangreiche Koan-Studium und leitete lange Zeit ein sehr erfolgreiches ZEN-Zentrum auf den Philippinen. Ein Herzinfarkt wie auch eine Krebserkrankung veranlassten sie dazu, ihre Aufgabe auf dem spirituellen Weg zu überdenken. Und so ging sie im Alter von 68 Jahren (inzwischen völlig geheilt) nach Oxford, wo sie nie zuvor gewesen war, und gründete den *Prison Phoenix Trust*, eine Einrichtung, um mit einem von ihr ausgebildeten Team sämtliche 130 Gefängnisse in England mit Meditationskursen zu versorgen. Sr. Elaine sah plötzlich für sich die soziale Verantwortung als ZEN-Meisterin. Man kann diese Arbeit, die sie neben ihren gewöhnlichen ZEN-Sesshins leistete, nicht hoch genug einschätzen.

Im April 1996 bekam ich eine Einladung des höchsten englischen Lord-Richters zur Buchpräsentation von Sr. Elaine MacInnes' Buch *Light sitting in light* am 7. Mai in London. 250 geladene Gäste in einem der vornehmsten englischen Clubs im Londoner Stadtteil Westminster waren gekommen. Der oberste Richter des Landes hielt eine bemerkenswerte Rede, der Verlagsleiter von Harper Collins sprach, und dann geschah das vielleicht Beeindruckendste an diesem sonnigen Frühlingstag: Es wurden Briefe von Gefangenen (manche waren zu lebenslangen Haftstrafen verurteilt) an Schwester Elaine MacInnes vorgelesen. Und alle sagten im Kern das Gleiche aus: „Sr. Elaine hat unsere Zelle zum Königreich Gottes verwandelt. Wir fühlen uns zu Hause und sind unendlich dankbar."

Inzwischen lebt Sister Elaine wieder in ihrer Ordensgemeinschaft in Toronto und betreut in ihrer kanadischen Heimat zwei Gefängnisse. Ihr Programm heißt: „Freeing the Human Spirit" („Befreiung des menschlichen Geistes").

Erst, wenn ein Mensch am Nullpunkt angekommen ist, wird sich sein Leben verändern, hat Sister Elaine ihren Schülern immer wieder ermunternd gesagt. Für das großartige, tiefgründig-spirituelle Buch von Sister Elaine hat sich leider nie ein deutscher Verleger interessiert. Der Konsummarkt verlangt nach esoterischer Leichtkost.

Sister Elaine feierte am 27. März 2019 in Toronto ihren 95. Geburtstag.

Erkenntnis unserer Ebenbildlichkeit Gottes – Francis Mahieu

John Richard Mahieu wurde am 17. Januar 1912 in Ypres, Belgien, als fünftes von sieben Geschwistern geboren. Während seiner Studienzeit in England begegnete er 1931 Mahatma Gandhi in London, war begeistert von dessen Ausstrahlung und trat 1935 als Mönch in das belgische Trappistenkloster *Notre Dame de Scourmont* in Forges ein. Er nahm den Mönchsnamen *Francis* an, weil Franziskus von Assisi sein Vorbild war. Nach seinem Noviziat studierte er Theologie an der Jesuiten-Universität Gregoriana in Rom, anschließend in Louvain, Belgien. 1941 wurde er zum Priester geweiht und wenig später zum Novizenmeister ernannt. Sein Wunsch, nach Indien zu gehen, wuchs beständig, und nach der Überwindung von jahrelangen Schwierigkeiten, das Kloster zu verlassen, reiste er im Juni 1955 aus und landete am 12. Juli 1955 in Bombay. Der englische Benediktinermönch Bede Griffiths betrat nur wenige Monate zuvor indischen Boden, „die zweite Hälfte meiner Seele".

Francis Mahieu traf den französischen Benediktiner Henri Le Saux, bekannt geworden unter dem Namen *Swami Abhishiktananda*, und blieb für ein Jahr im *Sat-Chit-Ananda-Ashram Shantivanam*, dessen Leitung Bede Griffiths im Spätsommer 1968 übernahm. Im Dezember 1956 gründete Francis Mahieu zusammen mit Bede Griffiths den *Kurisumala-Ashram* in einer wildschönen Berglandschaft in Kerala, Südindien. Am 6. August 1968 wurde er indischer Staatsbürger und war seitdem nur noch unter dem Namen *Francis Acharya* (Sanskrit: ein spiritueller Lehrer, der die Schüler in die Veden einführt) bekannt. In seinem Buch *Yoga – ein Weg zu Gott* formuliert er selbst sein Verständnis von Kontemplation folgendermaßen: *Die Kontemplation ist ein Vorgeschmack unserer Erlösung. Für uns Christen bedeutet Kontemplation, unsere göttliche Ebenbildlichkeit zu erkennen. Die Frucht der Kontemplation ist ein neues Leben.*

Im April 1991 besuchte ich Father Francis in Kerala, wo er u. a. eine bemerkenswerte Milchviehzucht betrieb, von der seine zwanzig Mönche gut leben konnten. Ökumene, Inkulturation und interreligiöser Dialog waren die drei Pfeiler im Kurisumala Ashram, wo Bede Griffiths eine beachtliche Bibliothek aufgebaut hatte. Besucher aus der ganzen Welt kamen nach Kurisumala, um von einer orientalischen Kultur bereichert zu werden, in der Francis Acharya die Liturgie der syrisch-malankarischen Kirche zelebrierte. Dieser Ritus kennt z. B. kein Schuldbekenntnis zum Beginn der Messe.

Dom Francis war in seinen letzten Lebensjahren sehr krank und starb zwei Wochen nach seinem 90. Geburtstag am frühen Morgen des 31. Januar 2002. Mehr als zehntausend Menschen kamen zu seiner Beerdigung, um den mutigen Christen zu würdigen, der viele Elemente aus dem Hinduismus mit seiner eigenen religiösen Tradition verbunden hatte. Sein Vermächtnis hat er selbst einfach und einprägsam formuliert:

Gott offenbart sich denen, die ihn lieben. Er offenbart sich als Gott der Liebe. Um Gott zu erfahren, müssen wir uns ihm angleichen, müssen wir einen Geist aus Gott empfangen. Nur Gleiches kann Gleiches erkennen.

Unsere Freiheit wird wirksam im Wort – Carlo Maria Martini

Wenn wir uns umsehen und fragen, unter welchen Übeln die Gesellschaft Europas heute vor allem leidet, werden wir feststellen: Es sind Angst und Furcht. Wenn ich beginne, mich mit meiner Angst auseinanderzusetzen und sie auszuhalten, dann beginne ich, diese Angst zu überwinden. Ich erfahre, dass das Fundament meiner Freiheit Gott ist. Wenn ich in die Zukunft blicke, weiß ich, dass meine Freiheit in der Hand Gottes liegt, der mich ruft und mich führt. Blicke ich auf die Gegenwart, erfahre ich, dass Gott mir die Freiheit schenkt, dass er mich gewissermaßen anfeuert und wünscht, dass ich mich in meiner Freiheit bewähre …

Die urchristlich orientierten Gläubigen sind tief betroffen vom Tod des 1927 in Turin geborenen Jesuiten und Mailänder Kardinals Carlo Maria Martini, der ein erbitterter Gegner des fast gleichaltrigen deutschen vatikanischen Kurienkollegen Papst Benedikt XVI. war. Mit großer Dankbarkeit erinnere ich mich an unvergessliche Begegnungen und Gespräche mit dieser außergewöhnlichen Geistespersönlichkeit, der sich um den unheilvollen Kurs von Papst Benedikt XVI. größte Sorgen machte. Drei Wochen vor seinem Tod am 31. August 2012 gab Kardinal Martini dem österreichischen Jesuiten Georg Sporschill sein letztes Interview. Bereits mit 17 Jahren trat Martini in den Jesuitenorden ein. 1958 wurde er an der römischen Jesuiten-Universität Gregoriana über das Thema *Das historische Problem der Auferstehung* mit *summa cum laude* promoviert. Dreißig Jahre später war er kurze Zeit Rektor dieser weltberühmten „Kaderschmiede". 1979 wurde er Erzbischof von Mailand und 1983 Kardinal. Seine fundierten bibelwissenschaftlichen Studien sind international hoch geschätzt. Er hatte große Verdienste um den christlich-jüdischen Dialog. Zwischen 2002 und 2008 lebte er abwechselnd zwischen Mailand und Jerusalem. Innerhalb des Kardinalskollegiums war er einer der wenigen Mutigen, die öffentlich gegen das diskriminierende Dokument *Dominus Iesus* von Kardinal Joseph Ratzinger (September 2000) Stellung bezogen haben. Sein eigenes Glaubensfundament kommt im folgenden Text sehr schön zum Ausdruck:

Gott, dessen geheimnisvolles Sein und Wesen mit menschlichen Worten nicht aussagbar ist, ist jene Wirklichkeit, in der der innerste Grund, der Sinn und die Bedeutung aller Dinge beschlossen sind. ... Das Wort offenbart die Tiefe unseres Seins. Unsere Freiheit wird wirksam im Wort. Unsere Menschlichkeit geht auf die Suche nach der Menschlichkeit der anderen, sucht Verbindung mit ihnen, schafft Konsens, bildet menschliche Gemeinschaft, mischt sich ein in die Dinge der Welt im Wort. Leben, Hoffnung, Freude, Verpflichtung, Fleiß, Liebe, Licht der Wahrheit sind auf geheimnisvolle Weise niedergelegt in der zerbrechlichen Hülle des Wortes. Aber das menschliche Wort ist auch arm. Wie oft stammelt es nur unverständig vor Geheimnissen, die es nicht zu durchdringen vermag. ... Das Wort von der Gabe der Unterscheidung der Geister ist sowohl in der Bibel wie in der christlichen Tradition des geistlichen Lebens geläufig. Es ist darunter die Fähigkeit zu verstehen, unter den vielen möglichen menschlichen Haltungen eine Abschätzung und Unterscheidung zu treffen, welche davon aus einem inneren Antrieb des Heiligen Geistes hervorgehen und welche nicht. Alles Wahrhafte und Echte, das in der Kirche geschieht, kommt aus dem Hören auf den Geist. ... Jeder Mensch geht auf seinen eigenen Tod zu, und er weiß dies auch. Er muss zu dieser Gegebenheit Stellung beziehen. Allein der Mensch ist in seinem Leben immer und unausweichlich mit dem eigenen Ende konfrontiert, besser mit der Totalität der eigenen Existenz. Und im Tod gewinnt die menschliche Existenz Endgültigkeit. Der Mensch kann nie außer Acht lassen und muss immer der Tatsache Rechnung tragen, dass sein Leben auf eine bestimmte Zeitspanne beschränkt ist, die durch den Tod abgeschlossen wird. Im Tod ist der Mensch aufgerufen, in seiner Ganzheit über sich zu verfügen und zugleich zu akzeptieren, dass das, was kommt, nicht von ihm selbst kommt. Der Sinn des Todes besteht darin, in definitiver und endgültiger Weise mit der eigenen Existenz als Totalität konfrontiert zu werden, ohne dass man allein darüber verfügen könnte …

1993 wurde Kardinal Martini zum „Mailänder des Jahres" gewählt. In seiner Diözese kümmerte er sich um die großen kirchenpolitischen Fragen wie auch um die Jugendarbeit und die seelsorgliche Betreuung von Ausländern. Er besuchte Häftlinge in Gefängnissen und erregte Aufsehen, als er Drogensüchtige, Aidskranke und Obdachlose in den Mailänder Dom einlud, um ihnen nach altem Brauch am Gründonnerstag die Füße zu waschen. In einer Ansprache im Dezember 1990 ging er als führender Kardinal der katholischen Kirche auf die zunehmende Einwanderung von Muslimen in den europäischen Kulturraum ein.

Die Christen sollen den in Europa lebenden Muslimen zeigen, dass eine individuelle wie gemeinschaftliche Religiosität auch innerhalb einer demokratischen und weltlichen Gesellschaft möglich ist.

Originalzitate aus: Interview mit Kardinal Carlo Maria Martini vom 8. 8. 2012, © Elijah. P. Georg Sporschill SJ

Die Illusion der Belohnungen – Anthony de Mello

Die großen Mystiker und Meister des Ostens stellen die Frage: „Wer bist du?" Viele meinen, die wichtigste Frage der Welt sei: „Wer ist Jesus Christus?" Falsch!

Andere meinen, sie laute: „Gibt es einen Gott?" Auch falsch! Wieder andere denken, es sei die Frage: „Gibt es ein Leben nach dem Tod?" Wiederum falsch! Niemand scheint sich mit dem Problem zu befassen: Gibt es ein Leben vor dem Tod? Doch nach meinen Erfahrungen sind die, welche sich mit so etwas beschäftigen und ganz gespannt darauf sind, was sie mit dem nächsten Leben anfangen sollen, genau diejenigen, die nicht wissen, was sie mit diesem Leben anfangen sollen. Ein Zeichen dafür, dass sie wach geworden sind, ist, dass sie sich keinen Deut darum kümmern, was im nächsten Leben geschehen wird. Sie halten sich nicht damit auf und kümmern sich nicht darum. Sie sind nicht daran interessiert, punctum.

Wissen Sie, was ewiges Leben ist? Sie meinen, es sei ein Leben ohne Ende. Doch Ihre eigenen Theologen werden Ihnen sagen, dass das eine verrückte Vorstellung ist, denn „ohne Ende" ist immer noch ein Zeitbegriff – Zeit, die für immer fortdauert. Ewig heißt zeitlos – ohne Zeit. Für den menschlichen Verstand ist das etwas Unfassbares. Der menschliche Verstand kann Zeit verstehen und sie leugnen. Was zeitlos ist, übersteigt unsere Vorstellungskraft.

Die Mystiker jedoch lehren uns, dass die Ewigkeit jetzt geschieht. Ist das keine gute Botschaft?

Ewigkeit geschieht jetzt. Die meisten Menschen sind sehr beunruhigt, wenn ich ihnen sage, sie sollten ihre Vergangenheit vergessen: Sie sind doch so stolz auf ihre Vergangenheit – oder sie schämen sich dafür. Vergessen Sie das alles! Wenn man Ihnen sagt: „Bereuen Sie Ihre Vergangenheit", sollten Sie sich klarmachen, dass das eine groß aufgezogene Ablenkung vom Wachwerden ist. Werden Sie wach! Zu bereuen bedeutet, wach zu werden, und nicht: „wegen seiner Sünden zu weinen".

Werden Sie wach, und hören Sie mit dem Weinen auf!

Wachen Sie auf!

Aus: Anthony de Mello. Der springende Punkt. Wach werden und glücklich sein, © Verlag Herder GmbH, Freiburg im Breisgau 2015

Das Buch, aus dem dieser Text Anthony de Mellos stammt (*Der springende Punkt – Wach werden und glücklich sein*), trägt im englischen Original den Titel *Awareness*. Der katholische Priester, Jesuitenpater, Theologe, Psychotherapeut und Meditationslehrer Anthony de Mello wurde am 4. September 1931 in Santa Cruz, Bombay, geboren und starb am 1. Juni 1987 in New York. Er war ein hochbegabter Lebensbegleiter. Seine zahllosen Bücher sind in Millionenauflagen in mehr als zwei Dutzend Sprachen erschienen. Wir waren sehr gute Freunde. Er ist leider viel zu früh gegangen. Sein plötzlicher Tod in New York war erschütternd. Der Vatikan hat mit restriktiven Maßnahmen vor diversen Publikationen von de Mello gewarnt. Man wünsche nicht seine Wegweisungen zur Befreiung.

Der Herder-Verlag druckt in dem Buch *Der springende Punkt* folgenden Hinweis auf Seite 4 ab:

Die Bücher von Anthony de Mello entstanden in einem multireligiösen Kontext und sollten Anhängern anderer Religionen, Agnostikern und Atheisten eine Hilfe bei ihrer geistlichen Suche sein.

Dieser Intention des Autors entsprechend, sind sie nicht als Darstellung des christlichen Glaubens oder als Interpretation katholischer Dogmen zu verstehen.

Glücklicherweise hatte Anthony de Mello die hinderliche Dogmatik der römisch-katholischen Kirche überwunden und vermittelt in größter Wahrhaftigkeit und Treue das Wesen der christlichen Botschaft. Der Jesuit und ZEN-Meister H. M. Enomiya-Lassalle hat ihn spirituell unterwiesen, und Raimon Panikkar bezeichnete er als seinen Guru.

An den Altären wahrer Religionen – Yehudi Menuhin

Y*ehudi („der Jude") Menuhin*, am 22. April 1916 in New York geboren, am 12. März 1999 in Berlin gestorben, war nicht nur ein musikalisches Wunderkind, sondern ein außergewöhnlicher Mensch und Mystiker des 20. Jahrhunderts. Zehn Tage vor seinem Tod sind wir ihm in München ein letztes Mal begegnet. Im Dezember eines jeden Jahres erinnern wir uns an die Geburtstage von zwei Menschen, die das Mysterium der Gotteserfahrung durchdrungen hatten: Ludwig van Beethoven (16. Dezember) und Benediktinermönch Bede Griffiths (17. Dezember). Yehudi Menuhin sagte und schrieb mir persönlich:

Bede Griffiths ist ein authentischer Zeuge für die Weisheit der großen Religionen. Er offenbart meisterhaft und wunderbar die Gegenwart Gottes.

Das sagt uns ein Jude. Die machtvollen Amtsträger der Kirche sind zu diesem Eingeständnis nicht fähig.

Viel schöner und ausführlicher noch schreibt Yehudi Menuhin über einen der größten deutschen Komponisten in der Geschichte: *Ludwig van Beethoven*, 1770 in Bonn geboren, 1827 in Wien gestorben:

Für mich stellen die Orchesterwerke Beethovens einen der heiligsten Tempel der Menschheit dar. Nicht nur einen Tempel als Ort – wie die meisten Tempel einen Ort einer bestimmten Aufführung –, sondern einen Tempel in den grenzenlosen Dimensionen von Ort und Zeit der Musik an sich. Da ich einer Ahnenreihe von Rabbinern entstamme, ist es vielleicht nicht verwunderlich, dass ich mich schon immer danach gesehnt hatte, an den Altären wahrer Religionen zu beten und der gesalbte Diener in Beethovens Tempel zu sein.

Die Neunte Sinfonie Beethovens bezeugt und beschreibt den unerbittlichen Kampf zwischen dem Menschen und dem in ihm gefangenen Gott. Sachlich betrachtet besteht dieser Kampf aus den sich widersprechenden Forderungen der unterschiedlichen Zeitgattungen (ein Tag, ein Leben, ein Zeitalter, die Ewigkeit) und den verschiedenen Stadien der Erleuchtung. Es zeichnet die epischen Kämpfe und die Träume des Menschen bis zu ihrer letztlichen Auflösung in der musikalischen Einigkeit nach, im Triumph des allumfassenden Einen. Es ist die immerwährende Erklärung des Glaubens an die Liebe, die Anerkennung der einzigen Wahrheit, allgemeingültig und lebendig: Brüder, überm Sternenzelt muss ein lieber Vater wohnen.

Es ist wichtig, daran zu denken, dass diese Beteuerung des Heiligen Glaubens von einem herausragenden und einsamen Menschen stammt, der sich sowohl im Leben als auch in seiner Musik dem oft schmerzlichen und mühsamen Prozess der philosophischen Abstraktion verschrieben hat, einem Prozess der Läuterung, bei dem – gleich, wie unreduzierbar das Symbol, das dem Leben durch Leidenschaftliches abgerungen wurde, auch sein mag – es doch nie die Überzeugung oder die Kraft echter Güte und echten Mitgefühls verlor.

Könnte es sein, dass Beethovens zunehmende Taubheit diesen verinnerlichten Prozess der Abstraktion beschleunigte und das, was er mit seinem inneren Ohr hörte und entdeckte, Höhen erklomm und Tiefen erreichte, die unseren Sinnen, die an das Hier und Jetzt der normalen Existenz gefesselt sind, versagt bleiben?

Denn Beethovens Humor ist destillierter Humor, seine Liebe ist destillierte Liebe und seine Freude ist ekstatisch und braucht keinen sichtbaren Anlass. Man betrachte nur die überwältigende Freude im letzten Satz. Wir werden in ein Reich ständiger Freude versetzt, sind nicht betäubt, sondern außerordentlich bewusst. Beethovens nicht reduzierbare Gleichsetzungen von Klang und Geist sind das musikalische Gegenstück eines mächtigen, verständnisvollen Verstandes, der vielleicht durch das Wesen der deutschen Denkweise und Sprache geprägt ist und durch Liebe und Güte angetrieben wird.

Beethoven war wie Einstein über die Grenzen jeglicher formeller, konfessionsgebundener Regeln hinaus ein moderner Mensch. Und doch gestand er – ähnlich wie andere große Persönlichkeiten – ein tiefes und aufrichtig religiöses Bewusstsein in Herz und Sinn, im Geist und in der Liebe ein, obwohl er sich keiner bestimmten Bezeichnung unterwarf. Im Gegensatz zu Bach bewegte sich Beethovens Glaube nicht im Rahmen der protestantischen Religion, und er fand es nicht nötig, obwohl tief gottesfürchtig, ein Dissident, ein Freimaurer wie Mozart zu sein, aber auch kein Konformist. Und doch war er sich – wie Haydn – der Quelle seiner unerschöpflichen Inspiration nur allzu bewusst. Auch war Beethoven keiner der energischen Materialisten, Realisten oder atheistischen Erkunder unserer Zeit. Er war der allererste große, moderne Mensch, ein Komponist, der für das 21. Jahrhundert genauso relevant ist wie für das 20.

Originalzitat aus dem CD-Booklet „Menuhin und 9. Sinfonie L. v. Beethoven“

Gotteserfahrung im Anblick des Buddha – Thomas Merton

Thomas Feverel Merton wurde am 31. Januar 1915 in Prades in den Pyrenäen geboren. Er gehört zu den herausragenden christlichen Mystikern des 20. Jahrhunderts, der insbesondere das monastische Leben in den USA wesentlich verändert und neu geprägt hat. Seine Mutter Ruth, eine Innendekorateurin, starb, als er sechs Jahre alt war. Sein Vater Owen war ein angesehener Künstler, der ein sehr unstetes Leben führte. Thomas wächst bei seinen Großeltern auf Long Island, USA, auf und besucht später englische und französische Internate. 1933 beginnt er ein Studium in Cambridge, zeugt ein uneheliches Kind und flieht vor der Verantwortung als Vater nach New York, wo er ab Winter 1935 an der *Columbia University* Journalismus studiert. Er sympathisiert mit dem Kommunismus, feiert wilde Partys, ist ein leidenschaftlicher Kinobesucher und versteht sich eher als Atheist. 1937 stirbt sein Großvater – bei Thomas brechen innere Krisen auf. Er nähert sich im Philosophiestudium dem christlichen Gottesbegriff und konvertiert – protestantisch getauft – am 16. November 1938 zum Katholizismus. Er nimmt Kontakt zu diversen Ordenshäusern auf, wird kurzfristig Franziskanermönch und tritt 1941 in die Trappistenabtei *Gethsemani* in Kentucky ein. 1946 schreibt Thomas Merton im Auftrag seines Abtes seine Autobiografie *Der Berg der Sieben Stufen*, die sich schlagartig zum Bestseller entwickelt. Von da an wird Tom ständig zwischen seiner Berufung zum

Mönch und der zum Schriftsteller hin- und hergerissen. 1949 wird er zum Priester geweiht, 1955 wird er Novizenmeister. Er wird zum international gefragten Autor, der entgegen sämtlichen Gepflogenheiten des strengen Trappistenordens eine umfangreiche Korrespondenz unterhält, von der heute noch einige zehntausend Briefe in Archiven erhalten sind. Thomas Merton entdeckt seine Vorliebe für Einsamkeit und Kontemplation. Er beschäftigt sich intensiv mit Buddhismus und ZEN. In seinem *Asiatischen Tagebuch* beschreibt er selbst in beeindruckender Weise, welche innere Erfahrung der Anblick von Buddha-Statuen in Indien in ihm auslöste.

Der bedeutendste Dichter Nicaraguas, *Ernesto Cardenal*, war kurzfristig Mitglied des Trappistenklosters Gethsemani und zwei Jahre lang Novize unter Thomas Mertons Leitung. Beide verband eine sehr enge Freundschaft. Die katholische Kirche suspendierte den Freiheitskämpfer Ernesto Cardenal, der im Jahr 1980 mit dem *Friedenspreis des Deutschen Buchhandels* ausgezeichnet wurde, von seinem Priesteramt.

Im September 1968 darf Thomas Merton erstmals sein Kloster für längere Zeit verlassen, um in Bangkok an einer asiatischen Mönchskonferenz teilzunehmen (auch der Jesuit und ZEN-Meister H. M. Enomiya-Lassalle sowie der Benediktinermönch Bede Griffiths waren anwesend). Merton brach zu einer groß angelegten Asienreise auf: Indien, Malaysia, Sri Lanka, Thailand. Den XIV. Dalai Lama trifft er zweimal – sie werden spontan Freunde. Beim Anblick der drei berühmten Buddha-Figuren von Gal Vihara in Polonnaruwa, Sri Lanka, wird Thomas Merton am 4. Dezember 1968 mit seiner ersehnten Erleuchtungserfahrung beschenkt. Wenige Tage später, am 10. Dezember, stirbt er 53 Jahre jung in Bangkok nach seinem Vortrag an einem Stromschlag – ein Ventilator fiel auf seinen frisch geduschten, noch feuchten Körper.

Thomas Merton hat für den Weg von Kontemplation und Mystik neue Brücken geschlagen und bezeugt, dass unsere innewohnende Christus-Wirklichkeit mit der Buddha-Natur identisch ist.

Kosmische Erziehung – Maria Montessori

> Das Kind möchte alles berühren. Aber man lässt es vieles nicht anfassen. Alle unsere Irrtümer übertragen wir auf unsere Kinder, in denen sie untilgbare Spuren hinterlassen. Ohne das Kind, das ihm hilft, sich ständig zu erneuern, würde der Mensch degenerieren.
>
> (Maria Montessori)

Maria Montessori wurde am 31. August 1870 in Chiaravalle/Provinz Ancona/Italien als einziges Kind der gutbürgerlichen Familie Montessori geboren. Ihr Vater arbeitete im Finanzministerium und leitete die staatliche Tabakmanufaktur. Maria hatte schon früh ihre Liebe zum Lernen entdeckt. Nach der normalen Schulzeit absolvierte sie ein technisch-naturwissenschaftliches Gymnasium und bemühte sich nach dessen Abschluss um einen Studienplatz in Medizin. Vor allem ihrer Hartnäckigkeit ist es wohl zuzuschreiben, dass sie nach der Überwindung vieler Hindernisse Ärztin werden konnte.

In Elendsviertel *San Lorenzo* von Rom fing alles an. Sie kam zum ersten Mal mit behinderten Kindern in Berührung und begann sich daraufhin mit Pädagogik zu beschäftigen. Die junge Ärztin Maria Montessori gründete in einem Projekt des sozialen Wohnbaus ihr erstes Kinderhaus, *Casa dei Bambini*. Die Erfolge, die sie in der Versuchsschule mit ihren Kindern verbuchen konnte, ließen ihr Interesse an pädagogischen Fragen weiter wachsen. Doch erst einige Jahre später sollte sie Gelegenheit zur Arbeit mit normal begabten Kindern erhalten. Zuerst musste sie sich noch mit der Tatsache auseinandersetzen, dass sie ein uneheliches Kind erwartete, dessen Vater von einer Heirat nichts wissen wollte. Die junge, berühmte Frau entschied sich dafür, ihren Sohn nach der Geburt zu Pflegeeltern zu geben und in ihren angestammten Beruf zurückzukehren. Dieser schmerzlichen Erfahrung verdankte sie wahrscheinlich ihre tiefe Sensibilität für Kinder und deren Bedürfnisse.

Ihr Erfolg einer neuen Art, mit Kindern zu leben und zu arbeiten, war so durchschlagend, dass bereits sehr bald in ganz Italien ähnliche Kinderhäuser gegründet wurden und nur wenige Jahre später in Europa und Amerika eine eigene pädagogische Bewegung entstand. Maria Montessori selbst zog sich aus der vollen Kinderarbeit bald zurück, sie gab ihren Beruf als Ärztin auf und widmete sich ganz der Erforschung kindlicher Bedürfnisse und der Verbreitung ihrer Lehre.

Durch die politischen Wirrnisse in Europa führte sie ein reisendes Leben, das sie in viele Länder und Kontinente führte, wo sie überall Keimzellen ihrer Pädagogik hinterließ. Ab 1916 lebte sie in Barcelona, 1936 musste Maria Montessori nach England flüchten; Ausbildungskurse und Vorträge führten sie zwischen 1936 und 1947 nach Sri Lanka und Indien. In Indien wurde sie 1940 wegen ihrer italienischen Nationalität interniert, konnte ihre Kurse aber weiter fortsetzen. 1947 kehrte sie nach Italien zurück.

In ihren letzten Lebensjahren widmete sie sich vor allem der Friedenserziehung, weil sie überzeugt war, dass weitere schreckliche Kriege nur durch ein vollkommen verändertes Bewusstsein verhindert werden konnten. Dies wollte sie durch ihre Pädagogik erreichen. Dreimal wurde sie für den Friedensnobelpreis nominiert (1949, 1950 und 1951). Im Jahr 1951 hielt sie in Innsbruck ihren letzten internationalen Ausbildungskurs. Ein Jahr danach starb sie fast 82-jährig am 6. Mai 1952 in Noordwijk an Zee/Holland.

Montessori-Pädagogik bedeutet, Kinder in ihrer Persönlichkeit zu respektieren, ihnen achtsam zu begegnen und sie auf ihrem Entwicklungsweg liebevoll und hilfsbereit zu begleiten. Unter diesen Gesichtspunkten ist es möglich, Kindern eine vorbereitete Umgebung zu schaffen, in der sie nach ihren ganz persönlichen Bedürfnissen, Fähigkeiten und Interessen tätig werden können, eine Tätigkeit, die Voraussetzung ist für Entwicklung und Lernen.

Wir müssen das Kind führen, indem wir es frei lassen, postulierte Maria Montessori und meinte damit jenen Freiraum, der es Kindern ermöglicht, zu selbstbewussten und eigenverantwortlichen Persönlichkeiten heranzureifen. Diese Freiheit ist keine unbegrenzte, sondern ein Freiraum innerhalb klarer Rahmenbedingungen, die soziales Zusammenleben erst möglich machen. Freiheit im Sinne von selbstständigem, verantwortungsbewusstem Handeln setzte Maria Montessori gleich mit *Meister seiner selbst* zu sein. Selbstdisziplin zu entwickeln und Verantwortung für die eigenen Handlungen genauso zu übernehmen wie die eigenen Bedürfnisse und die Bedürfnisse anderer zu erkennen und zu achten ist eines der Ziele der Montessori-Pädagogik.

Durch diese individuelle Entwicklungsmöglichkeit, in der alle Bereiche – kognitive ebenso wie sozial-emotionale, senso-motorische und kreative – in gleichem Maß ihren Stellenwert haben, eignet sich die Montessori-Pädagogik für alle Kinder und ist daher auch für alle Arten der Integration besonders geeignet. Nach Maria Montessori ist *der Weg, den die Schwachen gehen, um sich zu stärken, der gleiche, den die Starken gehen, um sich zu vervollkommnen.*

Das gemeinsame Leben, Lernen und Arbeiten von unterschiedlich alten, behinderten und nicht behinderten Kindern, von in einzelnen Bereichen unterschiedlich begabten Kindern, von Kindern unterschiedlicher Herkunft auf unterschiedlichstem Entwicklungsstand mit verschiedensten Erfahrungen, Interessen, Vorlieben und Abneigungen ist für Montessori nicht nur möglich, sondern eine absolut natürliche Situation.

Die Arbeiten und Materialien zum Bereich Kosmische Erziehung bieten dem Kind vielfältige Möglichkeiten, durch Staunen über beobachtbare Phänomene und experimentelles, entdeckendes Lernen zu Erkenntnissen im naturwissenschaftlichen Bereich zu gelangen. *Den Keim für die Naturwissenschaften zu legen* nannte Maria Montessori als vordringlichste Aufgabe der Kosmischen

Erziehung, die ihren aktuellen Bezug auch in der Ökologie- und Friedenserziehung findet. Im Rahmen der Montessori-Pädagogik gilt die Kosmische Erziehung als Basis des schulischen Unterrichts für die Altersgruppe 6 bis 12 Jahre. In einer liebevollen, entspannten Atmosphäre können Kinder Vertrauen zu anderen Kindern und zu Erwachsenen ebenso entwickeln wie Vertrauen in ihre eigenen Fähigkeiten. So ist die Bitte eines kleinen Mädchens an Maria Montessori, *„Hilf mir, es selbst zu tun"*, zu einem Leitsatz der Montessori-Pädagogik geworden.

Kontemplation, das Eintreten in die ewige Gegenwart – Seyyed Hossein Nasr

Die Gegenwart ist das kostbarste Geschenk des Menschen; sie ist der Punkt, an dem sich Zeit und Ewigkeit begegnen; sie symbolisiert Hoffnung und Freude: Sie ist der Moment des Glaubens und die Pforte zum Nicht-Zeitlichen. Kontemplation ist das Eintreten in die ewige Gegenwart, die sich jetzt ereignet. Die Gegenwart ist aber auch der Moment der spontanen Freude, der augenblicklichen Befriedigung, der mehr das Flüchtige der Zeit bewusst werden lässt als die befriedigende Vergegenwärtigung der Ewigkeit.

Seyyed Hossein Nasr wurde am 7. April 1933 in Teheran/Iran geboren. Er gehört zu den herausragendsten Islamwissenschaftlern und spirituellen Philosophen unserer Zeit. Er entstammt einer traditionsreichen persischen Familie von Gelehrten und Ärzten. Sein Name *Nasr* bedeutet *Sieg* und wurde seinem Großvater vom persischen König verliehen. *Nasr* hießen auch diverse Sufis, und einer seiner Vorfahren war Mulla Seyyed Muhammad Taqi Poshtmashhad, ein berühmter Heiliger von Kashan.

Seine Mutter war die Enkelin von Scheich Fazlollah Nuri, der im Juli 1909 als Gegner der konstitutionellen Revolution zum Tode verurteilt worden war und erhängt wurde. Seyyed Hossein Nasr kam im Alter von zwölf Jahren auf die Peddie School in Highstown, New Jersey/USA, die er nach fünf Jahren mit der höchsten jemals vergebenen Auszeichnung verließ, und begann das Studium der Physik am Massachusetts Institute of Technology. Anschließend studierte er Geschichte, Philosophie und Literatur an der Harvard University. Dort promovierte er im Alter von 25 Jahren über das Thema: *Das Verständnis von Natur im islamischen Denken*.

1958 kehrte er nach Persien zurück, wurde der jüngste Professor in der Geschichte der Universität von Teheran und wurde zehn Jahre später Dekan. 1972 wurde Nasr Rektor der Ariamehr Universität (heute: Sharif Universität) und 1973 Präsident der Königlichen Akademie für Philosophie. Einige Jahre nach der Gründung der Islamischen Republik verließ er den Iran und wurde 1984 Professor für islamische Studien an der George Washington University in den USA. Er hat mehr als fünfzig Bücher und über 500 Artikel auf Persisch, Englisch, Arabisch und Französisch über den Islam und den Sufismus geschrieben. Er gehört zu den Mitherausgebern der inzwischen fast hundert Bände umfassenden Enzyklopädie *The Classics of Western Spirituality*. Zu deren Herausgebern gehörten auch Raimon Panikkar, Mircea Eliade, Annemarie Schimmel, Huston Smith, David Steindl-Rast, Kallistos Ware u. a.

Als ich Seyyed Hossein Nasr bei der 100-Jahrfeier des *Parlaments der Weltreligionen* im August 1993 in Chicago zum ersten Mal persönlich begegnete, hatten wir spontan einen sehr warmherzigen Dialog. Er lud mich ein zu einem Vortrag in Washington im September 2002.

Seine immensen Kenntnisse und seine tiefe Weisheit bleiben mir in ewiger Erinnerung.

Die Erkenntnis ist fast völlig entheiligt, und zwar vor allem bei jenen Teilen der menschlichen Rasse, die durch den Prozess der Modernisierung transformiert wurden. Die Wurzel und Essenz der Erkenntnis bleibt untrennbar mit dem Heiligen verbunden, denn die Substanz der Erkenntnis ist die Erkenntnis jener Wirklichkeit, die die höchste Substanz ist, das Heilige an sich, im Verhältnis zu dem alle Ebenen des Seins und alle Formen der Mannigfaltigkeit nur Anhängsel sind. Der moderne Mensch hat heute die Empfindung für das Wunderbare verloren. Der Mensch bedenkt nicht mehr das Geheimnis, dass er sich nach innen zur unendlichen Welt in ihm selbst wenden, aber auch die äußere Welt objektivieren kann. Die Reduzierung des Intellekts auf den Verstand und die Verkürzung der Intelligenz auf Gewitztheit und Gerissenheit hat in der modernen Welt nicht nur dazu geführt, dass heilige Erkenntnis unerreichbar und für manche sogar sinnleer wurde, sondern hat auch jene natürliche Theologie zerstört, die im christlichen Kontext immerhin eine Abspiegelung einer Erkenntnisfähigkeit heiligen Ranges, der Weisheit oder sapientia darstellte ...

Auf der Seite der Wahrheit – John Henry Newman

John Henry Newman wurde am 21. Dezember 1801 als Sohn eines Bankers in London geboren. Bereits im Alter von 16 Jahren beginnt er seine Studien (Mathematik, Physik, antike Literatur und Philosophie) am Trinity College in Oxford. Der gebildete Anglikaner Newman brachte einen von der Heiligen Schrift und der patristischen Theologie geprägten Geist mit und vermochte in die katholische Welt Gedanken einzubringen, die damals ihrer Zeit voraus waren. 1828 wurde er Vikar an der Universitätskirche St. Mary's in Oxford. 1842 begann er mit einigen Anhängern im Dorf Littlemore ein fast monastisches Leben. Die Gruppe wurde 1845 römisch-katholisch und schloss sich dem Oratorium des heiligen Philipp Neri von Rom an. Ihr Traum war ein Netzwerk missionarischer Oratorien in den Industriestädten Englands; aber es kam nur zur Gründung in Birmingham unter Newman und London unter F. W. Faber.

John Henry Newman, der im Alter von 44 Jahren zur römisch-katholischen Kirche konvertiert war, studierte von 1846 bis 1847 Theologie in an der Jesuitenuniversität Gregoriana in Rom mit anschließender Priesterweihe.

Von 1854 bis 1858 war er Rektor einer neu gegründeten katholischen Universität in Dublin und verbrachte dann den Rest des Lebens in Birmingham.

Mit Leidenschaft kämpfte er gegen konfessionelle Enge und ängstliche Denkverbote: *Wahrheit wird durch vieler Geister freies Zusammenwirken erarbeitet.*

John Henry Newman bemühte sich, die Strahlkraft des Glaubens im Gespräch mit moderner Wissenschaft und rationaler Kritik zu erweisen. Der Glaube muss intellektuell verantwortbar sein – so die Grundthese seines Hauptwerks *Essay in Aid of a Grammar Ascent* (1870), in dem Erfahrung und Gewissen eine entscheidende Rolle spielten, aber auch der besondere Anspruch der Glaubensentscheidung betont wurde.

Newman hat schließlich das am 18. Juli 1870 in Rom verabschiedete Unfehlbarkeitsdogma akzeptiert, weil es ihm mit der Einschränkung auf Lehrentscheidungen des Papstes ex cathedra moderat genug ausgefallen erschien und weil er prinzipiell die Lehre von der Unfehlbarkeit der Kirche befürwortete und in der Anwendung dieser Lehre auf den Papst als den eindeutigen Nachfolger Petri den bestmöglichen Schutz der Kirche vor Irrtum sah. Zwar sei die christliche Überlieferung nach Gottes Willen der Kirche und mit ihr dem Amt des Papstes in der Kirche anvertraut, weshalb jeder, der an die Kirche glaube, auch an den Papst glauben müsse, doch sei andererseits klar, dass in der Geschichte manche Päpste im Dienst an der christlichen Überlieferung gefehlt hätten, weshalb man keinesfalls behaupten könne, die Päpste seien niemals im Unrecht oder Irrtum gewesen. Mit dieser moderaten Interpretation des Unfehlbarkeitsdogmas gelingt es Newman, die nach 1870 sich in England auftürmenden antikatholischen Wogen etwas zu glätten, zumal er das ganz auf seiner eigenen Interpretationslinie liegende, 1871 in Wien entstandene Buch des Bischofs Josef Fessler über *Die wahre und falsche Unfehlbarkeit der Päpste* durch Ambrose St. John übersetzen und in England herausgeben ließ. Die zweite Hälfte der 70er-Jahre des 19. Jahrhunderts bringt John Henry Newman späte öffentliche Anerkennung sowohl im akademischen als auch im kirchlichen Raum. Im Jahr 1877 wird ihm die außerordentliche Ehre zuteil, die Mitgliedschaft als Honorary Fellow des Trinity College in Oxford angeboten zu bekommen. Die Ehrenpromotion wird für ihn zum Wiedersehen und zur endgültigen Aussöhnung mit seiner alten Universitätsstadt. Am 15. Mai 1879 wird ihm vom öffentlichen Konsistorium durch Papst Leo XIII. in Rom der Kardinalshut überreicht, San Georgio in Velabro wird ihm als Titelkirche zugewiesen. Er wählte sich folgenden Wappenspruch aus: *Cor ad cor loquitur* (*Herz spricht zu Herz*).

Die Erhebung Newmans zum Kardinal ist nicht nur eine außerordentliche Anerkennung seiner gesamten Lebensleistung durch den Papst, sondern führt darüber hinaus zu einer beträchtlichen Festigung des Ansehens des römischen Katholizismus innerhalb der englischen Gesellschaft. In den 80er-Jahren beschäftigt sich Newman bei langsam nachlassender gesundheitlicher Konstitution mit den Aufgaben im Oratorium und mit der Überarbeitung einiger seiner Werke, so u. a. der *Athanasius-Übersetzungen*. Eine seiner letzten neuen Arbeiten beschäftigt sich 1884 mit der *Inspiration der Heiligen Schrift*; die Schrift ist in Fragen des Glaubens und der Moral vom Heiligen Geist inspiriert, und die Kirche ist unfehlbare Auslegerin dieser Inhalte, insofern die Bibel das Buch der Kirche ist. Die Jahre von 1886 bis 1890 hat John Henry Newman in schlechter werdendem Gesundheitszustand in Edgbaston, Birmingham, verbracht. Dort ist er am 11. August 1890 gestorben. Eine Würdigung seiner Person und seines Lebenswerkes wird zunächst stets die Integrität, Authentizität und Unbestechlichkeit seines Denkens und Handelns in den Vordergrund stellen. Für die Entwicklung der christlichen Kirchen im 20. Jahrhundert hat Newman mit seinen Überlegungen zur *via media* und zur Geschichtlichkeit des Dogmas manch ökumenisch relevante Einsicht zutage gefördert. Sein Plädoyer für die Anerkennung der theologischen Urteilsfähigkeit der Laien hat im Zweiten Vatikanischen Konzil späte Früchte getragen. Sein Bildungskonzept, gerade auch im Hinblick auf universitäre Lehre und auf Theologenausbildung, ist bis auf den heutigen Tag von bleibender Relevanz. Sein wohl wichtigstes und grundsätzlichstes Vermächtnis aber, auch im Blick auf die Zukunft von Theologie und Kirche, liegt in der theoretischen Begründung wie im praktischen Vorleben eines konsequenten In-, Mit- und Untereinander von christlich-geistlicher und theologisch-wissenschaftlicher Kompetenz.

Der englische Benediktinermönch Dom Bede Griffiths konvertierte im Alter von 25 Jahren zur römisch-katholischen Kirche. John Henry Newman diente ihm als Vorbild.

Wo ist die Herrlichkeit Gottes? – Henri Nouwen

Henri Nouwen (geb. am 24. Januar 1932 in Nijkerk – gest. am 21. September 1996 in Hilversum) gehörte zu den einflussreichsten geistlichen Autoren der Gegenwart. Zahllose Menschen haben sich in seinen Büchern erkannt. Er schrieb über vierzig Bücher, die in viele Sprachen übersetzt wurden.

Der holländische Theologe und Priester war zehn Jahre Professor für Psychologie an der *Yale University* und später auch Professor an der *Divinity School* der berühmten *Harvard University*. Dazwischen widmete er sich zahllosen Sozialengagements in Amerika, Kanada und Lateinamerika, stets an der Grenze der Überforderung.

Sein sicherlich faszinierendstes Buch, *Ich hörte auf die Stille – Sieben Monate im Trappistenkloster*, ist in zwei Dutzend Auflagen erschienen. Dieses Buch kann ich nur allen ans Herz legen, die sich auf einen spirituellen Weg machen. Henri Nouwen, den ich persönlich gekannt habe und dessen Ruhelosigkeit mir große Sorgen bereitet hat, wurde in dem amerikanischen Trappistenkloster Genesee von dem damaligen Abt, Arzt und Psychotherapeuten Dr. John Eudes Bamberger täglich unterwiesen. Ich habe John, den ich viel später traf, für seine enorme Geduld und Liebe bewundert. Und in diesem Buch stehen die wichtigsten Passagen, die für den spirituellen Weg so entscheidend sind:

Wie können wir die Leidenschaften bannen, die uns dazu verführen, mit Gott zu manipulieren, statt ihn zu verehren? Was wir zunächst einmal begreifen müssen, ist, dass wir die Herrlichkeit Gottes sind. In der Genesis heißt es: „Jahwe Gott machte den Menschen aus dem Staub der Erde. Dann hauchte er in seine Nase den Odem des Lebens, und so wurde der Mensch ein lebendiges Wesen." (Genesis 2,7). Wir leben, weil wir Anteil an Gottes Odem, an Gottes Leben, an Gottes Herrlichkeit haben. Die Frage heißt im Grunde nicht: „Wie können wir so leben, dass wir Gott verherrlichen?", sondern: „Wie können wir leben als die, die wir sind; wie können wir unser tiefstes Wesen verwirklichen?" Mit einem Lächeln sagte John Eudes: „Nehmen Sie dies als Ihr Koan mit: „Ich bin die Herrlichkeit Gottes." Machen Sie diesen Gedanken zum Mittelpunkt Ihres Meditierens, sodass er nach und nach nicht nur ein Gedanke, sondern lebendige Wirklichkeit wird. Sie sind der Ort, den Gott sich zur Wohnung erwählt hat. Sie sind der „topos tou theou" (Ort Gottes), und das geistliche Leben besteht in nicht mehr und nicht weniger als dem Versuch, diesem Ort, an dem Gott wohnen kann, zur Existenz zu verhelfen und den Raum zu schaffen, in dem sich seine Herrlichkeit offenbaren kann. In Ihrer Meditation können Sie sich fragen: „Wo ist die Herrlichkeit Gottes? Wo könnte die Herrlichkeit Gottes sonst sein, wenn sie nicht dort ist, wo ich bin?"

Mitte der 90er-Jahre hatte Henri Nouwen das Recollectio-Haus der Benediktinerabtei Münsterschwarzach eingeweiht. Dort werden Priester und Ordensleute psychotherapeutisch betreut und mit einem speziellen Programm zur Lebensbewältigung liebevoll geschult.

Henri Nouwen selbst brauchte eine *recollectio*, und ich hatte ihm zusammen mit Freunden dringend geraten, eine größere Pause einzulegen, weil ich spürte, wie er sich verzehrte. Und so machte er von September 1995 bis September 1996 ein Sabbatjahr und führte ein rastlos wirkendes Tagebuch (*Das letzte Tagebuch*, 2000). Nur drei Wochen nach dem Ende seiner „Ruhepause" stirbt Henri am 21. September 1996 im jungen Alter von 64 Jahren an den Folgen eines schweren Herzanfalls.

Originalzitate aus: Henri Nouwen, Ich hörte auf die Stille. Sieben Monate im Kloster. Übersetzt von Bernardin Schellenberger, © Verlag Herder GmbH, Freiburg im Breisgau 2015

Zurück zur reinen Quelle – Karl Obermayer

Der katholische Pfarrer und ZEN-Meister Karl Obermayer (geb. am 26. Februar 1939 in Wien) ist ein herausragender und authentischer spiritueller Lehrer, der mit sehr leisen Tönen Großes bewirkt. Sein einziges, kleines Buch, *Zurück zur reinen Quelle*, enthält alles, was man auf dem Weg ins „wahre Leben" wissen muss.

Die letzte Wirklichkeit ist immer etwas, was im Menschen selbst gegenwärtig ist, nicht irgendwo außerhalb seiner selbst.

Karl Obermayer ist ein begnadeter Seelenführer und beherrscht zudem die Kunst der japanischen Kalligrafie. Mit der Kirche, die er kritisch betrachtet, ist er nicht in Konflikt geraten. Seine großen Lehrer waren die ZEN-Meister H. M. Enomiya-Lassalle SJ und der berühmte Japaner Professor Tetsuo Nagaya Kiichi.

Der Wiener Weihbischof Helmut Krätzl hat anlässlich des 70. Geburtstags das Leben und Wirken seines Freundes Karl Obermayer gewürdigt.

Du bist ein erfahrener Priester und ZEN-Meister, der mit großer Behutsamkeit die ihm anvertrauten Schüler in das Einheits-Bewusstsein zu begleiten versteht– auf den Gipfelpunkt der Erkenntnis im tiefsten Inneren jedes einzelnen Menschen. Du blickst auf eine 35-jährige Tätigkeit als spiritueller Lehrer zurück. Von Herzen wünsche ich dir die Erfahrung der ewigen Fortsetzung des Lebens, das wir nicht als Privatbesitz betrachten dürfen. Solange es um „mein" oder „unser" Leben geht, das wir zu retten versuchen, sind wir von der göttlichen Ur-Heimat, wo wir mit allen gleichermaßen verbunden sind, noch getrennt.

Karl Obermayer identifiziert sich gern mit dem alten chinesischen Meister Chih-chiao, japan. Enju (904–975):

Wenn du das Wesentliche meiner Lehre wissen willst, dann beobachte den See draußen vor dem Tempeltor. Wenn die Sonne scheint, strahlend spiegelt sie sich, wenn der Wind aufkommt, wie schäumen da die Wellen.

So einfach ist das, sagt Karl Obermayer:

So wie es ist, so ist es. Wenn die Sonne scheint, dann ist es strahlend, wenn der Wind geht, dann gibt es Wellen. Der Frühling kommt, der Sommer geht, so ist unser Leben. Es geht um das wirkliche Leben mit allen Hoch und Tiefs, mit allem, was dazugehört. Ich habe das auch durch meinen Beruf von Anfang an erlebt. Die erste Zeit war mir das oft eine Schwierigkeit, wenn ich an dem einen Tag eine Taufe gehabt habe und gleich nachher zu einem Sterbenden gerufen wurde. Einmal eine Hochzeit, einmal ein Begräbnis. Aber so ist das Leben. Der Situation entsprechend, wie Nagaya Roshi immer gern gesagt hat, muss man fähig sein, das alles so anzunehmen und zu bejahen. So sagt auch Paulus im Römerbrief (12,15): Freut euch mit den Fröhlichen und weint mit den Weinenden! Also immer das, was gerade da ist, und das in echter Anteilnahme, nicht gespielt, sondern wirklich aus dem Herzen kommend. Ich meine, das ist eine Lebenshaltung, die auch durch ZEN gefördert und geprägt wird.

Bei meinen Seminaren und ZEN-Sesshins sind auch immer alle eingeladen, wenn sie bei der Messe dabei sind und die Kommuni-

on empfangen wollen. Ich sage immer, es solle ohne Druck jeder für sich entscheiden. Manche Katholiken haben Bedenken, wenn sie länger nicht beichten waren; es gibt auch Evangelische oder solche, die keiner Kirche angehören. Nagaya Roshi nahm auch am Abendmahl teil. Er sagte sehr klar: Jesus hat doch gesagt: „Tut dies zu meinem Andenken", und ich denke gerne und mit großer Verehrung an Jesus.

Karl Obermayer feierte am 26. Februar 2019 seinen 80. Geburtstag.

Der Geist reißt Mauern nieder! – Sebastian Painadath

Der 1942 geborene indische Jesuit Sebastian Painadath leitet seit 1987 den Ashram *Sameeksha* (Sanskrit: *ganzheitliche Schau, alles im göttlichen Zusammenhang sehen*) in Kalady, Kerala, dem Geburtsort des Hindu-Mystikers Shankara. Der von Sebastian Painadath spirituell geleitete Ashram ist ein Begegnungszentrum für Christen, Hindus und Muslime. Der begnadete Lehrer studierte in Innsbruck Theologie, wurde 1973 in Puchheim bei München zum Priester geweiht und wurde 1978 in Tübingen zum Dr. theol. promoviert.

In allen Schritten der meditativen Versenkung geht es letztlich nur darum, dem Geist innerlich Raum zu geben. Der Geist, der die Tiefen erforscht, wird uns dazu führen, dass wir erfüllt werden bis hin zur ganzen Fülle Gottes (1 Korinther 2,10; Epheser 3,19). Die upanishadischen Meister bezeichnen die Grunderfahrung so: das SELBST im Selbst durch das SELBST schauen, d. h. das Göttliche im eigenen Wesen im Lichte des Göttlichen wahrnehmen. Gottes Geist wird als Quelle der Liebe, als Seinsgrund oder als All-Einheit erfahren. Es ist ein Durchbruch in das vom Geist Gottes verwandelte Bewusstsein. Man muss grundsätzlich für alle diese drei Erfahrungsformen offen sein, und oft geht die eine Erfahrung in die andere über. In diesem Verwandlungsvorgang im Geiste wird das Göttliche als das eigentliche Subjekt erfahren:

das, Woraus wir leben, das, Wodurch wir wachsen und das, Worin wir eingehen. Der Geist betet in und durch uns. Der Geist ist das eigentliche Subjekt des Betens. Beten heißt, den betenden Geist in uns zuzulassen, diesem verwandelnden Geist Raum zu geben. Der Gott, zu dem wir beten, ist eigentlich der Geist, der in uns und durch uns betet und alles neu gestaltet. Das Beten ist dann das Sicheinlassen auf diesen vom Geist getragenen Verwandlungsvorgang, der tief in uns und überall um uns ständig stattfindet (Römer 8,18–30).

Pater Sebastian setzt eine Tradition fort, für die der Benediktinermönch und Mystiker Bede Griffiths in Indien wesentliche Grundlagen geschaffen hat. Den Mittelpunkt des Ashrams *Sameeksha* bildet der interreligiöse Meditationsraum, der im Stil einheimischer Tempel gebaut ist. Dieser quadratische Raum hat vier Türen, die sich in die vier Himmelsrichtungen öffnen. Suchende Menschen aus allen Religionen und Kulturen haben Zugang. In der Mitte des Raums brennt eine Öllampe, welche die alles verwandelnde Gegenwart des göttlichen Geistes versinnbildlicht, der alle Menschen erleuchtet. Um diese Lampen herum sind vier heilige Schriften aufgestellt: die Bibel, der Koran, die Bhagavad Gita, das Dhammapada. Sie sind wie Wegweiser für die Menschen auf dem Weg zur göttlichen Lichtmitte. Sammeksha liegt unmittelbar an einem großen Fluss, dessen Ufer die geistig Suchenden zur meditativen Stille und Kontemplation einlädt. Der Garten mit vielen Bambusstauden, Kokospalmen, Mango- und Muskatnussbäumen ermöglicht eine weitgehende Selbstversorgung für die Ashram-Gäste. Pater Sebastian träumt von einer neuen Kultur des Dialogs, in der sich Menschen über die trennenden Grenzen der Religionen und Konfessionen, Kasten und Kulturen hinweg angstfrei begegnen können und dabei begreifen, dass sie alle von dem einen Geist Gottes geführt werden. In diesem geistgetragenen Prozess der Begegnung kommen das befreiende Potenzial jeder Religion und die schöpferische Dynamik jeder Kultur zum Ausdruck.

Ich träume von einer neuen Gesellschaftsordnung: über die Vorurteile und Reinheitsvorschriften hinaus sollen Menschen miteinander das Brot brechen und das Leben teilen dürfen und dabei erfahren, dass sie alle von der einen Erde getragen und ernährt werden. In dieser geerdeten Grundhaltung wird Gerechtigkeit das Leben prägen, wird Friede herrschen und die Erde erblühen. Ich träume vom einer neuen Religiosität: über die voneinander abgrenzenden Barrieren hinweg dürfen Gläubige aller Religionen (und auch Menschen, die keiner Religion angehören) als Mitpilgernde geistig unterwegs sein und dabei begreifen, dass sie alle letztlich zu dem einen Gott unterwegs sind. Auf diesem Pilgerweg entfaltet sich eine Menschen befreiende und verbindende Spiritualität, deren Merkmale die All-Einheits-Erfahrung sowie die Barmherzigkeit sein werden. Im Ashram geht es nicht um Leistung, sondern um Präsenz, nicht primär um Tun, sondern um Sein. Die tiefste Einheitserfahrung Jesu und sein radikaler Einsatz für die Menschen begeistern mich ständig. Das Wort des Apostels Paulus klingt immer in mir nach: Zur Freiheit hat der Geist Christi uns befreit!

Originalzitate aus: Sebastian Painadath, Der Geist reißt Mauern nieder. Die Erneuerung unseres Glaubens durch interreligiösen Dialog, © Deutsche Provinz der Jesuiten

Alles ist Licht und Auferstehung! – Raimon Panikkar

Raimon Panikkar verabschiedete sich am 14. September 1994 von uns in der festen Überzeugung, auf der anstrengenden Pilgertour um den Heiligen Berg Mount Kailâsh (er war 76 Jahre alt) zu sterben. Unmittelbar nach seiner Rückkehr vom Berg schrieb er mir: „Alles ist Licht und Auferstehung ...“

Meine 25-tägige Pilgerfahrt zum Mount Kailash im September 1994 erschloss mir die dreifache symbolische Kraft jenes Heiligen Berges und jenes Heiligen Sees, die beide seit Jahrtausenden durch ihr Dasein die Menschen faszinieren und die Religionen dazu auffordern, ihre dogmatischen Aufgeblasenheiten zu überwinden.

Pilgerschaft ist nicht Theorie (Orthodoxie), sondern Praxis (Orthopraxis). Ich werde auf den Kailâsh die symbolische Kraft einer menschlichen Konstante projizieren. Sie könnte auch in jeder anderen Form der Pilgerfahrt auftreten, sei sie körperlich oder rein innerlich, und in jeder anderen Form eine Erfahrung des Äußersten sein. [...]

Anders als jede Moschee, Kathedrale oder jedes Heiligtum ist er nicht von Menschenhand gemacht. Der Kailâsh i s t , ist einfach da.

Er wurde von den meisten südasiatischen Religionen als Symbol entdeckt, von den Bonpo, Hindus, Jainas, Buddhisten, Sikhs etc. Er war aber schon vorher da. Niemand kann einen ausschließ-

lichen Anspruch auf den Kailâsh erheben. Er ist kein Privatbesitz; er ist bloß ein Haufen schneebedeckter Materie, keine geografische Verwerfung und weniger noch ein abgrenzbares geschichtliches Phänomen. Er ist für all jene, die ihn erkennen, ein geheiligtes Symbol – sie füllen den Berg mit einem neuen Wirklichkeitsgehalt. [...]

Man muss bereit sein, die Geschichte zu verlassen, der Zeit zu entsagen. Dies bedeutet für das persönliche Bewusstsein, dass man dazu bereit sein muss, sein Leben zu wagen – besonders, wenn man nicht mehr jung ist und das Wandern in großer Höhe nicht gewohnt ist. Mehrmals erreicht man Höhen von bis zu 6000 Metern. Man mag theoretisch bereit und darauf eingestellt sein, aber wenn der Fall tatsächlich eintritt, schwindet alle Bereitschaft, vergeht der vorgefasste Mut. Der Tod ist keine intellektuelle Angelegenheit. Er ist schlicht das Aufhören des Lebens – zumindest in diesem Abschnitt und in diesem Körper. Worte und Gedanken sind keine Hilfe. Man schwebt zwischen Sein und Nicht-Sein: zwischen „asti" und „nâsti" (Katha-Upanishad). Der Tod ist nicht in einem. Es geht einem nicht schlecht. Man will sich gar nicht aufrichten, um leichter atmen zu können. Der Tod umgibt einen. Aus dem Schlafsack zu steigen hilft nichts. Es ist die sich anschmiegende Atmosphäre, die einen von allen Seiten zu umarmen scheint, mit den Armen des Todes. Es ist keine Drohung. Es ist eine Umarmung, die friedlich tötet – für diesmal blieb ich verschont.

In unserer modernen Zeit fließt fast die gesamte menschliche Existenz im Flussbett der Geschichte. Fast alle unsere menschlichen Handlungen sind zielorientiert, unser Leben ist eschatologisch ausgerichtet. Wir scheinen für das Morgen zu leben, für die Zukunft zu arbeiten und für ein in der Zeit erreichbares Ziel zu handeln. Der Tod ängstigt, denn er entmachtet alle unsere Projekte und durchkreuzt unsere Träume. Wir leben projektiv, glauben, dass wir etwas in der Geschichte erreichen. All dies verschwindet in den tibetischen Höhen. Nicht, dass die Geschichte stillsteht. Dort gibt es einfach keine Geschichte. Das Leben ist Gegenwart. Wenn man das Leben ganz lebt, muss man es heute leben, ohne auf das Morgen zu warten, ohne Energie für die Zukunft aufzusparen. Eine solche überwältigende Gegenwärtigkeit besitzt die Erde. Sie ist da mit dem Mond, der Sonne – da sind auch die Sterne, die sich kreisend bewegen –, glatt und ohne Hast.

Der Pilger nun geht d a, um eben da zu gehen, ohne Ziel – und falls jemand das geheime Verlangen nach „Verdiensten" (punya) hätte, so würde er bald enttäuscht. Der Pilger unterbricht all seine Obliegenheiten und „wichtigen" Aufgaben seines eigenen Lebens und ist sich noch nicht einmal sicher, ob er sie nach der Reise wieder wird aufnehmen können.

Das Bewusstsein, dass es ein Weg ohne Wiederkehr ist, befällt ihn zu der Einsicht, dass all seine geschichtlichen Leistungen unwichtig sind. Das geschichtliche Bewusstsein ist einer der Hauptfaktoren für die gegenwärtige menschliche Verzweiflung. Nur eine winzige Minderheit in unserer Wettbewerbsgesellschaft hat es „geschafft" ...

Wie steht es dann mit unserem Leben? Frustration, weil wir nicht angekommen sind? Traurigkeit, weil wir die Vergangenheit verschleudert haben? Oder die Erfahrung, dass in jedem Augenblick unser ganzes Leben gegenwärtig ist?

So paradox es ist, unsere Pilgerfahrt hilft uns verstehen, dass der Weg ins Nirgendwo (no-where) der Weg des Ganz-da-Seins (now-here) ist, dass jeder Schritt die Erfüllung des „yâtrâ" ist. Wir machen keinen Tourismus. Es ist der erste Schritt, der zählt. Und jeder Schritt ist der erste – und der letzte.

Die Heiligkeit des Kailâsh hilft uns zu erkennen, dass jeder heilige Ort einmalig ist.

Der Charakter der Heiligkeit liegt dabei nicht an einem begrenzten Ort. Es ist der leere Raum, der seine Heiligkeit manifestiert, d. h. seine definitive Wirklichkeit. Das Staunen der Pilgerfahrt besteht darin, dass der leere Raum sichtbar, besser noch transparent wird: Die Leere ist erfüllt von reinem Licht, der Raum ist gefüllt mit Leere. Der Kailâsh ist nicht Grenze, sondern Mittelpunkt.

Dieser leere Raum ist von einer anderen Wirklichkeit erfüllt. Er ist erfüllt von Menschen. „Purusha erfüllt das All." Der Pilger füllt diesen Raum. Es ist ein menschlicher Raum, der Raum, der dem Menschen erlaubt, frei zu sein: sich von der Zwangsjacke der Geschichte zu befreien.

Mensch und Natur gehören zusammen, der Raum verbindet sie. Es stimmt nicht, dass sich der Mensch im Raum befindet wie in einer Schachtel. Eine solche Schachtel gibt es nicht. Es gibt Ebenen, Berge, Täler, Pässe, Flüsse, Gras, Felsen, Bäume, Tiere und Menschen. [...] Alle gehören zusammen, und der Raum vereint sie.

Ein heiliger Raum ist eine kosmische Größe. Auch die christliche Schrift redet vom „neuen Himmel und von der neuen Erde" und nicht nur vom „neuen Menschen". „Himmel und Erde werden von Skambha gehalten", sagt die Atharva-Veda. Die Erde, „dêvi", wird von der Bhûmi Sûkta derselben Veda als die „Urmutter" besungen.

Der Pilger zum Kailâsh spürt dieses kosmische Einssein ohne pantheistische Verwirrung. Wir sind Epiphänomene des kosmischen Prozesses unserer Bestimmung – und tief in unserem Sein gibt es das Bewusstsein einer Unsterblichkeit, die nicht der Privatbesitz unseres Körpers oder unserer Seele ist, sondern das Geschenk des Geistes, der wahre Atman, nicht nur in uns, sondern am Grund eines jeden Wesens.

Am 26. August 2010 starb Raimon Panikkar, einer der großen Universalgelehrten des 20. Jahrhunderts, in seinem Haus im katalanischen Gebirgsdorf Tavertet. Der Lebensweg des Naturwissenschaftlers, Philosophen, Theologen und katholischen Priesters, am 3. November 1918 in Barcelona als ältester von drei Brüdern und einer Schwester eines hinduistischen Vaters und einer römisch-katholischen Mutter geboren, bestätigt auf geradezu zeugnishafte Weise die berühmte Stelle im Johannesevangelium: *Ich bin gekommen, damit sie das Leben haben und es in Fülle haben.* (Johannes 10,10)

In seiner Person vereinigte Raimon Panikkar abendländisches Christentum und indische Spiritualität. Er gehörte zu den profundesten Kennern und Interpreten der religiösen Verhältnisse in Indien. Sein großes Anliegen lag in der Versöhnung der Weltreligionen, in einem Transformationsprozess, in dem die Menschen dieser Erde in Frieden und Toleranz miteinander weiterleben können. Hierbei sah er für das dritte Jahrtausend die Notwendigkeit, dass das Christentum das Gedankenmodell des Monotheismus zugunsten der Trinität aufgeben müsse. Panikkar hat hierfür den Begriff *Kosmotheandrik* geprägt.

Die ganze Wirklichkeit ist die Trinität des Kosmischen, des Göttlichen und des Menschlichen. Alle und alles sind ständig in Beziehung. Diese kosmotheandrische Spiritualität ist es, die ich zu leben versuche – und für mich ist Christus das Symbol dafür.

Raimon Panikkar lehrte u. a. an den Universitäten von Madrid, Rom, Harvard, Mysore und Varanasi (Benares). Von 1972 bis 1987 war er Professor für vergleichende Religionsphilosophie an der *University of California*, Santa Barbara, USA. Er war Gastprofessor an über hundert Universitäten auf allen fünf Kontinenten; aufgrund seiner überragenden Sprachenbegabung und seiner breitgefächerten geistes- und naturwissenschaftlichen Kenntnisse verfügte er über eine genial-integrative Dialogfähigkeit, die in heutiger Zeit als ungewöhnlich zu bezeichnen ist. Er hat mehr als fünfzig Bücher sowie über fünfhundert umfangreiche Artikel in sechs Sprachen publiziert und war einer der gefragtesten Teilnehmer bei internationalen Konferenzen, die sich um eine friedliche Neuordnung des Planeten Erde bemühten.

Sein Gesamtwerk wird zurzeit in Italien in 15 Bänden herausgebracht, die spanischen und englischen Übersetzungen sind in Vorbereitung. In seinem wunderschönen Haus war er umgeben von 50.000 Büchern, die er der Universität von Girona vermacht hat.

Lepra-Ärztin, Nonne, Powerfrau – Ruth Pfau

Wenn ich aus dem Flugzeug steige und mich das feuchtheiße Tropenklima von Karachi überfällt und benommen macht, 40° C und 80 % Luftfeuchtigkeit, das unbeschreibliche Durcheinander auf dem Flughafen, dieser Kirmesbetrieb – die Lautstärke, in der sich die Unterhaltung abspielt –, die Aufdringlichkeit der kleinen Gepäckträger und der Taxifahrer, die sich an einen hängen und etwas verdienen wollen – wenn ich wieder eintauche in dieses lärmende, quirlende Leben, dann weiß ich, ich bin dort, wo ich sein möchte. Aber da fängt es auch schon an: das Leben des ständigen ohnmächtigen Mit-Leidens, des ewig schlechten Gewissens. Wenn ich nicht im Triumph von meiner Gruppe abgeholt würde – ein Minibus voll Panjabi-Mädchen, die sich ums Gepäcktragen reißen –, dann könnte der Bub, der als Lastenträger eine Verdienstmöglichkeit zu erhaschen versucht, dann könnte der heute Abend stolz seine zehn verdienten Rupien vorzeigen – dann hätte der Taxifahrer wenigstens seine Unkosten verdient – dann – dann – dann. Das pulsierende, bunte Leben – flimmernde Sonne, Hitze und Staub – das pausenlose Gehupe im chaotischen Straßenverkehr, flitzende Rikschas und bedächtige Kamele vor hochbeladenen Lastkarren, buntbemalte Busse, vollgepackt bis zum Dach, auf jedem Trittbrett Menschentrauben …

Ruth Katherina Martha Pfau wurde am 9. September 1929 in Leipzig geboren. Sie selbst schreibt über ihre Jugend:

Es war kurz nach dem Krieg, ich muss etwa 17 gewesen sein. Mein kleiner Bruder war schwer krank. Wir hatten kaum etwas zu essen, und es gab keinen Arzt. Draußen hatten die Russen eine Ausgangssperre verhängt. Bis mein Vater mit den Medikamenten zurückkam, war mein Bruder gestorben. Damals bin ich die Kellertreppe hoch und habe mir gesagt: So etwas darf nicht passieren. Jetzt Medizin, tot oder lebendig.

1948 folgte sie ihrem Vater in die Bundesrepublik und begann in Mainz mit dem Medizinstudium. Beeinflusst durch einen Freund, ließ sie sich 1951 taufen und wurde zunächst Mitglied der evangelischen Kirche, konvertierte dann 1953 im Alter von 24 Jahren zur römisch-katholischen Kirche. Nach Abschluss ihres Studiums mit internistischer, gynäkologischer und geburtshilflicher Weiterbildung in Köln und Bonn trat sie 1957 in die Kongregation der *Gesellschaft der Töchter vom Herzen Mariae* ein. 1960 wurde sie von ihrem Orden nach Indien geschickt, wo sie als Frauenärztin arbeiten sollte. Aufgrund von Visaschwierigkeiten war ein Zwischenaufenthalt in Karachi, Pakistan, erforderlich. In einem Elendsviertel begegneten ihr leprakranke Menschen. Die Lepra-Hilfe und das Land Pakistan prägen seit über fünfzig Jahren das Leben der ungewöhnlichen Frau, die sich in den Dienst der ärmsten Menschen gestellt hat.

In welchem Anflug geistiger Umnachtung hatte ich mich freiwillig in die verlassene Einöde gemeldet. Es war der Monat März 1960. In Karachi war es sehr heiß, als ich im Wintermantel aus dem Flugzeug ausstieg. Ich war ziemlich flugkrank und hatte, bis die heilige Messe in unserer Kommunität um 6 Uhr war, seit 24 Stunden nichts mehr im Magen. Nicht einmal einen Tee erhielt ich. Man durfte damals ja nichts essen, wenn man zur Kommunion ging. Das Zimmer, das mir zugewiesen wurde, besaß nur eine halbe Wand. Auf der anderen Seite wohnten die Mädchen. Das Radio dröhnte in einer solchen Lautstärke, dass ich mit meinem Koffer auszog. Sicher war ich nicht nur total übermüdet, ich hatte bestimmt auch niedrigen Blutzucker. Ich dachte: So sollte man einen jungen Menschen in einem fremden Land nicht empfangen. Und: Hier bleibe ich nicht!

Es gibt keinen Ort der Welt, wo das Elend so zusammengeballt ist wie in einem Lepra-Viertel. Ruth Pfau beschloss, ein Krankenhaus zur Lepra-Bekämpfung zu errichten. Das *Marie Adelaide Leprosy Centre* (MALC) wurde zu einer in ganz Pakistan anerkannten Institution – ich bin selbst zweimal dort gewesen. Das Wort *Pakistan* ist sehr bedeutungsvoll, und dies ist nur wenigen bewusst – *stan* steht für Land, die Buchstaben *PAKI* für Punjab, Afghanistan, Kaschmir und Indus. Das Arbeitspensum der heute weit über achtzigjährigen Lepra-Ärztin ist ohne Beispiel. Seit 1988 ist sie Ehrenbürgerin von Pakistan, wurde mit dem Großen Bundesverdienstkreuz mit Stern der Bundesrepublik Deutschland wie auch mit dem asiatischen Friedensnobelpreis *Ramon Magsaysay Award* (2002) und der Goldmedaille des Albert-Schweitzer-Preises (2004) ausgezeichnet. Ihre Bücher sind in hohen Auflagen erschienen: *Verrückter kann man gar nicht leben; Liebe und tu, was du willst; Wege meines Lebens; Das letzte Wort wird Liebe sein; Ein Leben gegen die Gleichgültigkeit; Und hätte die Liebe nicht. 50 Jahre in Pakistan.*

Als Ruth Pfau in Karachi im Alter von dreißig Jahren ihre Arbeit begann – im Bretterverschlag auf der McLeod Road, wo täglich zahllose kranke, „aussätzige" Menschen Hilfe suchten –, war ihre Verzweiflung zunächst sehr groß.

Der Behandlungsraum war aus alten Holzkisten zusammengenagelt, ohne Elektrizität und Wasser. Nur zwei winzige Fenster. Die unerträgliche Hitze, Gestank, Lärm. Asien ist ja ein ohrenbetäubend lauter Kontinent. Und Fliegen, überall Fliegen. Was mich damals noch mehr erschüttert hat, das war dieser eine Patient.

Nicht älter als ich, noch keine 30: Mohammed Hassan. Er kam aus dem Norden Pakistans, aus den Bergen. Und er kroch, auf Händen und Füßen, in den Bretterverschlag. Auf allen vieren, wie ein Hund. Seine Mitpatienten traten gleichmütig zur Seite, keiner regte sich auf. So, als sei es eine Selbstverständlichkeit. Etwas, wogegen sich aufzulehnen keinen Sinn hat: dass ein Mensch so auf Händen und Füßen durch Staub und Schmutz kriechen müsse. In Mohammed Hassans Stimme lag nur dumpfe Resignation. So als könnte es gar nicht anders sein. Er hatte auch nur ein, ein einziges Leben zu leben! Ein Leben so wie ich! Wir haben heute ca. 600 Mitarbeiter. Zehn davon sind Ärzte. Das heißt, im Krankenhaus muss sich ein Arzt manchmal 400 Patienten am Tag anschauen. Darunter leidet natürlich oft die Versorgung. Ich habe mal einen befreundeten Neurologen gefragt, wie er überhaupt noch mit dem Wissen schlafen könne, dass er 80 % seiner Patienten nicht einmal richtig angucken kann. Seine Antwort: Er habe sich irgendwann entschlossen, zumindest die ersten zwanzig gründlich anzusehen und eine richtige Diagnose zu erheben. Zu den anderen sei er nur noch nett, drücke ihnen eine Aspirin- oder Vitamintablette in die Hand und rate ihnen, Allah für ihre Gesundheit zu danken.

Wer Ruth Pfau jemals persönlich begegnen durfte, wurde beschenkt von der Kraft und Liebe einer urchristlich verankerten Frau, die sich nicht mit dogmatischen Spitzfindigkeiten von intellektuellen Theologen beschäftigt. Ihr Lepra- und Tuberkulose-Kontrollprogramm ist einzigartig. Allein auf riskanten Himalaya-Pfaden hat sie illegal im afghanischen Untergrund einen Gesundheitsdienst aufgebaut. Ihr Lebensabenteuer heißt Freiheit.

Die Menschen sollten nicht alles ungefragt glauben, was die Medien berichten. Wer weiß zum Beispiel schon, dass 69 % der Massenvernichtungswaffen im Besitz der Amerikaner sind? Ich habe in einem Flüchtlingslager in Pakistan den Abschiedsbrief eines afghanischen Vaters gelesen, nachdem er sich und seine Familie ver-

giftet hat. Er könne es nicht mehr ertragen – so schrieb er –, dass ihn seine Kinder um trockenes Brot anbetteln. Unter ähnlichen Lebensumständen leben 500.000 Flüchtlinge. Auch das sind Folgen dieser Politik.

Als wir uns am 6. Mai 2014 in München begegnet sind, überreichte ich Ruth Pfau mit einer Widmung das Buch von Bede Griffiths *Eine Welt – Eine Menschheit – Eine Religion*. Wenige Tage später kam eine überglückliche Dankesbotschaft – „das bereicherndste Buch, das ich seit Langem gelesen habe".

Ruth Pfau starb am 10. August 2017 im Alter von fast 88 Jahren im Aga Khan University Hospital in Karachi.

In meinem Reifen reift dein Reich! – Rainer Maria Rilke

Wie ein weiser Meister nimmt der Dichter Rainer Maria Rilke seine Leser an die Hand und führt sie ahnend in eine Richtung, wo sich der Kosmos als Erfahrungsraum der göttlichen Wirklichkeit zunehmend öffnet.

Falle nicht, Gott, aus deinem Gleichgewicht.
Auch, der dich liebt und der dein Angesicht
kennt im Dunkel, wenn er wie ein Licht
in deinem Atem schwankt,
besitzt dich nicht.
Und wenn dich einer in der Nacht erfasst,
sodass du kommen musst in sein Gebet:
Du bist der Gast, der wieder weitergeht.
Wer kann dich halten, Gott?
Denn du bist dein,
von keines Eigentümers Hand gestört,
so wie der noch nicht ausgereifte Wein,
der immer süßer wird, sich selbst gehört.

René Karl Wilhelm Johann Josef Maria Rilke wurde am 4. Dezember 1875 in Prag geboren. Seine Kindheit und Jugend in Prag waren wenig glücklich. Sein Vater, Josef Rilke, ein charakterschwacher und unzufriedener Mensch, war nach misslungener militärischer Karriere Bahnbeamter. Seine Mutter, Sophie Entz, eine herrschsüchtige Frau, entstammte einer wohlhabenden Prager Fabrikantenfamilie. Ihre Träume von einem vornehmen Leben fand sie in ihrer Ehe nicht erfüllt. 1884 brach die Ehe der Eltern auseinander. Auch das Verhältnis zwischen der Mutter und dem einzigen Sohn war belastet, weil sie den frühen Tod der älteren Tochter nicht verkraftete. Aus emotionaler Hilflosigkeit heraus band sie René – französisch für *der Wiedergeborene* – an sich und drängte ihn in die Rolle seiner verstorbenen Schwester. Bis zu seinem sechsten Lebensjahr fand sich Rilke so als Mädchen erzogen, frühe Fotografien zeigen ihn mit langem Haar, im Kleidchen. Auf Druck der Eltern besuchte der dichterisch und zeichnerisch begabte Junge ab 1885 eine Militärrealschule zur Vorbereitung auf eine Offizierslaufbahn. Die Zumutungen militärischen Drills und die Erfahrungen einer reinen Männergesellschaft traumatisierten den zarten Knaben nachhaltig. 1891 brach er wegen Krankheit seine militärische Ausbildung ab. Er konnte sich von 1892 bis 1895 in privatem Unterricht auf das Abitur vorbereiten, das er 1895 bestand. 1895/96 studierte er Literatur, Kunstgeschichte und Philosophie in Prag und München.

Ich lebe mein Leben in wachsenden Ringen,
die sich über die Dinge ziehn.
Ich werde den letzten vielleicht nicht vollbringen,
aber versuchen will ich ihn.
Ich kreise um Gott, um den uralten Turm,
und ich kreise jahrtausendelang;
und ich weiß noch nicht: bin ich ein Falke, ein Sturm
oder ein großer Gesang.

Nach seinem Weggang aus Prag änderte Rilke 1896 seinen Vornamen von *René* in *Rainer* und dokumentierte damit nach außen die Bemühung, die unglückliche Bindung an die Herkunftsfamilie zu verarbeiten. 1897 traf Rainer Maria Rilke in München die weit gereiste Intellektuelle und Literatin Lou Andreas-Salomé und verliebte sich in sie. Rilke folgte ihr im Herbst 1897 nach Berlin und bezog eine Wohnung in ihrer unmittelbaren Nachbarschaft. 1898 unternahm er eine erste mehrwöchige Auslandsreise nach Italien. In den beiden Jahren darauf besuchte er zweimal Russland. Im Herbst 1900, unmittelbar nachdem Lou Andreas-Salomé den Entschluss gefasst hatte, sich von ihm zu trennen, hielt sich Rilke zu einem längeren Besuch bei Heinrich Vogeler in Worpswede auf. Vogeler veranstaltete im Weißen Saal seines Barkenhofs sonntägliche Treffen, wo neben Otto Modersohn, Paula Modersohn-Becker und Carl Hauptmann auch die Bildhauerin Clara Westhoff verkehrte. Clara Westhoff und Rainer Maria Rilke heirateten im folgenden Frühjahr. Im Dezember 1901 wurde ihre Tochter Ruth geboren. Bereits im Sommer 1902 gab Rilke jedoch die gemeinsame Wohnung auf und reiste nach Paris, um dort eine Monografie über den Bildhauer Auguste Rodin zu verfassen. Die Beziehung zwischen Rilke und Clara Westhoff blieb Zeit seines Lebens bestehen, doch war er nicht der Mensch für ein bürgerliches und ortsgebundenes Familienleben. Gleichzeitig drückten ihn finanzielle Sorgen, die durch Auftragsarbeiten nur mühsam gemildert werden konnten.

Rainer Maria Rilke ist ein poetischer Botschafter Gottes, nicht nur ein Liebender der Natur, sondern auch Großstadtbewohner, Gesellschafter adliger Damen und Geistesgrößen. Seine gesamte Dichtung ist von tiefer Religiosität geprägt. Die erste Pariser Zeit war für Rilke schwierig, zugleich aber brachte die Begegnung mit der Moderne zahlreiche Anregungen: Rilke setzte sich intensiv zunächst mit den Plastiken Auguste Rodins, dann mit dem Werk des Malers Paul Cezanne auseinander. Mehr und mehr wurde in diesen Jahren Paris zum Hauptwohnsitz des Dichters. Von 1905 bis 1906 wird Rilke als Sekretär bei Auguste Rodin angestellt, der ihm gleichzeitig eine idealisierte Vaterfigur ist. Das Dienstverhältnis beendete Rodin im Mai 1906 abrupt, kurz nachdem Rilkes leiblicher Vater gestorben war.

Es begann für Rilke eine tiefe Schaffenskrise, die erst im Februar 1922 mit dem Abschluss der bereits 1912 begonnenen *Duineser Elegien* endete. Dieser Gedichtzyklus verdankt seinen Namen dem Aufenthalt Rilkes auf dem Schloss Duino der Gräfin Marie von Thurn und Taxis bei Triest in der Zeit von Oktober 1911 bis Mai 1912. Der Ausbruch des Ersten Weltkriegs überraschte Rilke während eines Deutschlandaufenthaltes. Nach Paris konnte er nicht mehr zurückkehren; sein dort zurückgelassener Besitz wurde beschlagnahmt und versteigert. Den größten Teil der Kriegszeit verbrachte Rilke in München. Von 1914 bis 1916 hatte er eine stürmische Affäre mit der Malerin Lou Albert-Lasard. Anfang 1916 wurde Rilke eingezogen und musste in Wien eine militärische Grundausbildung absolvieren. Durch Fürsprache einflussreicher Freunde wurde er zur Arbeit ins Kriegsarchiv überstellt und am 9. Juni 1916 aus dem Militärdienst entlassen. Die Zeit danach verbrachte er wieder in München. Das traumatische Erlebnis des Kriegsdienstes – als Erneuerung der in der Militärschulzeit erfahrenen Schrecken – ließ ihn als Dichter nahezu völlig verstummen. Erst im Sommer 1921 fand er im Schlossturm von Muzot in der Nähe von Sierre im Kanton Wallis eine endgültige Wohnstätte. In einer intensiven Schaffenszeit vollendete Rilke hier innerhalb weniger Wochen im Februar 1922 die *Duineser Elegien*. Seit 1923 musste Rilke mit großen gesundheitlichen Beeinträchtigungen kämpfen, die mehrere lange Sanatoriumsaufenthalte nötig machten. Erst kurz vor Rilkes Tod wurde seine Krankheit als Leukämie diagnostiziert. Der Dichter starb am 29. Dezember 1926 im Alter von nur 51 Jahren im Sanatorium Valmont sur Territet bei Montreux und wurde am 2. Januar 1927 auf dem Bergfriedhof von Raron im Wallis westlich von Visp beigesetzt.

Die Stunde des Sterbens, die diese Einsicht einem jeden abringt, ist nur eine von unseren Stunden und keine ausnahmsweise. Unser Wesen geht immerfort in Veränderungen über und ein, die an Intensität vielleicht nicht geringer sind als das Neue, Nächste, Übernächste, das der Tod mit sich bringt. Und so wie wir einander an einer bestimmten Stelle jenes auffallenden Wechsels ganz und gar lassen müssen, so müssen wir, strenggenommen, einander jeden Augenblick aufgeben und weiterlassen und nicht zurückhalten.

Das Universum wurde aus Liebe erschaffen – Michael Joseph Roads

Der am 14. April 1937 in Cambridgeshire/England geborene Bauernsohn *Michael Joseph Roads* entdeckte schon im frühen Alter, dass er die besondere Begabung hatte, sich jenseits von Raum und Zeit zu bewegen; zudem besitzt er eine sehr enge Verbindung mit der Natur. Er lebt seit vielen Jahren in Australien und reist mit seiner Frau Carolyn ständig rund um die Welt, um Vorträge und Seminare zu halten. Hier einige Kostproben seines Denkens:

Es war fünf Uhr morgens an einem kühlen Tag in Tasmanien vor ungefähr vierzig Jahren. Auf meinem Weg, die Kühe in den Melkstall zu bringen, sprang ich auf ein Karussell, das ich für meine Kinder aus einem alten Wagenrad gebaut hatte. Und ich drehte mich und drehte mich. Da dachte ich, dass das genau mein Leben ist. Immer im Kreis, immer wieder dasselbe – nur dass es nicht so viel Spaß macht wie auf einem Karussell. Warum molk ich überhaupt Kühe? Angst trieb mich an, in diesem endlosen, monotonen Kreislauf zu bleiben – Tag für Tag etwas machen, was mir keine Freude bereitete. Dann explodierte wie aus dem Nichts die Frage in meinem Kopf: „Wer bin ich?" Dieser Moment und diese Frage im Alter von 35 Jahren sollten mein Leben komplett ändern, und es war der Beginn der unerschütterlichen Suche nach meinem Selbst.

In den darauffolgenden zehn Jahren verband ich mich in meinem Bewusstsein mehr und mehr mit dem Geist des Landes und lauschte dem leisen Flüstern der Natur. Am Anfang war diese neue Fähigkeit, mit der Natur zu kommunizieren, ziemlich beängstigend für mich. Ich dachte, ich drehe völlig durch. Aber mit der Zeit und dem Erkennen, wie sehr es meinem spirituellen Wachstum diente, begann ich dem zu vertrauen, was mir gelehrt wurde. Zur gleichen Zeit entwickelte und verfeinerte ich eine Fähigkeit, die ich schon als Kind hatte: Die natürliche Fähigkeit, im Lichtkörper jenseits von Zeit und Raum zu reisen. Ich lernte, die Trennwand zwischen Physischem, Greifbarem, und Metaphysischem, Ungreifbarem zu durchschreiten. Neue Welten öffneten sich mir, und über diese Erfahrungen zu schreiben wurde mein kreativer Ausdruck.

Trotz diesen ungewöhnlichen und ziemlich außergewöhnlichen Fähigkeiten waren diese Jahre die schwierigsten Jahre meines Lebens, ein endloser Kampf – sowohl finanziell als auch physisch, mental und emotional. Ich hatte unermüdlich danach gestrebt, die Spitze des spirituellen Berges zu erreichen, aber das Einzige, was ich geschafft hatte, war, ein riesiges, klaffendes Loch der Verzweiflung zu graben. Ich litt unter schwächenden chronischen Schmerzen und Erschöpfung – und es war kein Ende in Sicht. Ich hatte auf meinem Pfad versagt und weigerte mich, mit der Illusion weiterzumachen. Der Tod war der einzige Ausweg.

In meiner dunkelsten Stunde – 1986 – gab ich völlig auf. Ich fühlte mich so völlig geschlagen, dass ich intuitiv begann, all das, was mir am Herzen lag, loszulassen. Meine Familie, Gott, meine Glaubenssätze, meinen Wunsch nach Erleuchtung, und schließlich auch mich selbst, als Identität. Ich begab mich in diesen tiefen Prozess des Loslassens, sodass ich in das Tor des Todes treten konnte, das sich mir metaphysisch geöffnet hatte. Aber anstatt in den Tod trat ich in eine höhere Ebene des Lebens ein. Ich war überwältigt von gleißendem Licht, von Liebe verschlungen und von einem weit höheren Bewusstsein umhüllt. Ich wusste plötzlich, dass ich Licht und Liebe bin. Das bin ich. Das ist das Selbst. Während der nächsten zwanzig linearen Minuten hatte ich kein physisches Gewahrsein. Ich erlebte den ganzheitlichen Film, „Die Kontinuität des Selbst", und wusste gleichzeitig um das „Was" und „Warum" der Menschheit, das Leben und seinen Sinn. Als ich zurück in die physische Realität kam, war die beschädigte Bandscheibe in meiner Wirbelsäule komplett geheilt, und auch all meine anderen Schmerzen waren verschwunden und kamen nie wieder. Alle Angst war von mir gewichen, alle Sorgen vorbei. Und ich habe sie seither nicht mehr erfahren. Michael, die Identität, starb. Mit dem Tod der Identität offenbart sich das Selbst. Meine Erfahrung der Selbstverwirklichung entwickelt sich exponentiell weiter. Ich erfahre nun bedingungslose Liebe und emotionale Vollständigkeit gepaart mit tiefen Erkenntnissen. In jüngerer Zeit erfuhr ich Wirklichkeit und Sinn von Struktur, und Struktur und Sinn der Wirklichkeit auf verschiedensten Dimensions- und Zeitebenen. Mit den Jahren wurden diese vielen Erfahrungen zur Plattform für meine Bücher und Seminare, die ich seit über zwanzig Jahren weltweit anbiete. Meine Tage der Landwirtschaft und des Bio-Gärtnerns sind schon lange vorbei. Ich bin im Herzen noch immer ein Gärtner und werde es auch immer sein, aber nun schüre ich stattdessen das Wachstum von Menschen ... und helfe ihnen, ihr volles spirituelles Potenzial zu wecken. Das ist meine Leidenschaft, meine Bestimmung und meine Freude ...

Wer sind wir? Was sind wir? Wir sind Raum. Wenn man den Raum aus den Atomen unserer Körper entfernte, würde die ganze Menschheit in ein Gefäß von der Größe eines Zuckerwürfels passen. Die Quantenphysik lehrt uns, dass jeder von uns zu 99,999 % Raum (Leere) ist. Das gilt nicht nur für die Menschheit, sondern auch für die gesamte Natur und die Erde selbst – den gesamten Raum ...

Seit sehr langer Zeit haben wir die Vorstellung und den Glauben erschaffen, die Liebe sei ein Gefühl. Liebe ist das Transportmittel der Emotionen. Liebe ist die Schöpferkraft des Lebens; Liebe ist die Kraft, die alles Leben erschafft. Gott ist Liebe. Doch wie wir alle wissen, ist Gott kein Gefühl. Das Universum wurde aus

Liebe erschaffen, nicht aus einem Gefühl heraus. Wir sind Liebe. Die ganze Menschheit ist Liebe. Die gesamte Natur ist Liebe ...

Michael Roads hat zahlreiche Bücher geschrieben. Sein aktuellstes: *Von der Illusion zur Erleuchtung.* Er hat es dem mystischen Poeten *Khalil Gibran* gewidmet, auf dessen Grabstein zu lesen ist: „Ich bin lebendig wie du, und ich stehe neben dir. Schließe deine Augen und sieh dich um, und du wirst mich vor dir sehen."

Im Kapitel 12 des Buches, *Leben und Sterben*, schreibt Michael Roads:

Wenn du weißt, was das Leben eigentlich ist und es auf diese Weise lebst, dann wirst du feststellen, dass du genauso viel um den Tod weißt, selbst wenn du noch lebendig im Körper bist. Der Tod ist nicht das Ende. Tod ist ein Aspekt des Lebens. Wenn du deinen physischen, sterblichen Körper ablegst, wirst du wesentlich lebendiger sein, als du es lange Zeit erfahren hast ... Ein Mensch, der sich selbst zu lieben gelernt hat, wird einen ganz anderen Sterbeprozess erfahren als jene Menschen, die sich selbst nicht mögen. Wir sind die Schöpfer der Gesamtheit unseres Lebens, nicht nur des physischen Teils ...

Michael Roads ist ein Wanderer zwischen der raum-zeitlichen und der raum-zeitfreien Wirklichkeit, und das verbindende Element ist die Weisheit. Wir bleiben stets in diesen zwei Wirklichkeitsbereichen beheimatet, beide gilt es bei entsprechender Übung gleichzeitig zu erfahren.

Wenn ein Mensch auf seinem spirituellen Weg das Stadium erreicht, in dem seine Gehirnhälften gleichmäßig zum Einsatz kommen und sein Herz sich ihm geöffnet hat, dann entsteht eine energetische Verbindung zwischen dem Herzen, dem Gehirn und der Zirbeldrüse. Dann ist die Weisheit aller Zeiten verfügbar. Würden wir lernen, unsere rechte Gehirnhälfte in gleichem Maße wie unsere linke im Alltag einzusetzen, würden wir uns zu Menschen mit ganzheitlichen Gehirnen entwickeln. Auf diese Weise sind wir in der Lage, Intelligenz mit dem Intellekt zu kombinieren. Ich lehre in meinen Intensivseminaren, wie man die Gehirnhälften ins Gleichgewicht bringen und die Zirbeldrüse anregen und entwickeln kann. Damit befinden wir uns auf dem Weg der Weisheit …

Originalzitate aus: Michael J. Roads, Von der Illusion zur Erleuchtung, © 2017 Hierophant-Verlag, Heppenheim

Das Leben ist pure Präsenz – Richard Rohr

Die Weitergabe von lebendiger religiöser Erfahrung ist heute im christlichen Raum, zumindest in Europa, durch Unkenntnisse, Missverständnisse, Spaltungen und existenzielle Widersprüche zu einer Ausnahmeerscheinung geworden. Dabei fehlt es in der Welt durchaus nicht an Religion. Aber es fehlt an authentischer Spiritualität und an einer geerdeten Weisheit, die sich aus der Quelle eines bewussten Lebens speist, das sich an den großen Religionen orientiert.

1982 ging ein Foto eines Franziskaners in Kutte und Handschellen durch die Presse. Es war Richard Rohr, der gemeinsam mit 242 anderen im Capitol von Washington verhaftet wurde. Ihr Vergehen war die Abhaltung einer Mahn- und Gebetswoche gegen die atomare Rüstung und die Unterstützung totalitärer Regimes in Lateinamerika durch die USA. Für viele orthodoxe Katholiken war der am 20. März 1943 in Topeka, Kansas, geborene Rohr zu einer fragwürdigen Person geworden. Für ihn selbst war es lediglich die letzte Konsequenz aktiver Kontemplation und franziskanischer Gewaltlosigkeit in einer Welt, die von einer übermächtigen Männlichkeit dominiert wird und in den Abgrund zu geraten droht. Richard Rohr gehört zu den erfahrenen Wegbereitern einer globalen spirituellen Erneuerung. Er ist Gründer der Lebensgemeinschaft *New Jerusalem* in Cincinatti und des *Zentrums für*

Aktion und Kontemplation in Albuquerque, New Mexico. Seine zahlreichen Bücher sind millionenfach erschienen und in einige Dutzend Sprachen übersetzt. 1961 trat er in den Franziskanerorden ein und fühlte sich sehr durch den legendären Trappistenmönch Thomas Merton inspiriert. 1994 erhielt Richard Rohr den *Thomas Merton Award for Peace and Social Justice.*

Man muss zu den verborgenen Dingen vordringen, um zu verstehen, worum es eigentlich geht. Mit Formen meine ich Sakramente, die Dogmen, die Bibel. Das alles sind externe Wegweiser. Die meisten Menschen scheinen aber mit dem Wegweiser zufrieden zu sein. Ich wundere mich, dass viele Menschen, nicht nur die Christen, sondern auch in anderen Religionen, die Inhalte durch den Behälter ersetzen. In unserer Gesellschaft gibt es aber auch Menschen, die statt mit den Behältern, also mit den Formen und Konfessionen, mit einer selbstgebastelten Lebensphilosophie ihr Leben besser leben können als in einer Glaubensgemeinschaft. Das trifft unglücklicherweise für einen großen Teil im säkularisierten Europa zu. Sie sind unzufrieden mit den Formen, gehen aber auch nicht wirklich auf eine spirituelle Suche nach der tieferen Bedeutung dieser Formen. Da ist eine Leere, die man bei vielen westlichen Menschen sieht. Sie haben die traditionellen Formen aufgegeben, haben aber noch nichts anderes gefunden. Dann kommt etwas anderes, das an diese Leerstelle tritt. Meistens ist das Konsumismus, Materialismus oder auch Irrationalismus. Irgendein Ismus wird dann ihre De-Facto-Religion. Manchmal werden die Leute auch esoterisch, wobei Esoterik nicht immer schlecht sein muss, insofern sie ein Anfang sein kann, um spirituelle Erfahrungen zu machen, und sie führt dann auf eine Reise in die Kontemplation. [...] Ein kontemplatives Leben ist ein Leben der Achtsamkeit für das, was ist. Es beginnt mit einer natürlichen Dankbarkeit für die außergewöhnliche Tatsache meines Daseins. Diese natürliche ursprüngliche Religiosität ist das Fundament, auf das eine bestimmte konfessionelle Überzeugung authentisch aufbauen kann. Es geht, vereinfacht, darum, eine positive Haltung zum

Leben zu haben, die aus der Erfahrung folgt, dass ich mich nicht gemacht habe und mein Leben mir jeden Tag neu geschenkt ist. [...] Wenn man auf das katholische und evangelische Christentum schaut, sieht man, dass große Teile darauf versessen sind, die intellektuell richtigen Glaubenssätze zu haben, die moralisch korrekten Vorstellungen. Man glaubt zu wissen, welche Menschen in den Himmel kommen und welche nicht. Das ist rein konzeptionell und verlangt nichts von der eigenen Seele. Ich bin davon überzeugt, dass man Gott erfahren kann, sogar ohne an ihn zu glauben. Ich kenne viele säkulare Menschen, die in Gemeinschaft, Verbindung und Mitgefühl mit der Realität leben. Sie sind mit einem Frieden in Verbindung, den sie nicht Gott nennen, der aber viel stärker ausstrahlt als von vielen Katholiken, die jeden Sonntag zur Messe gehen und die trotz ihres vermeintlich richtigen Glaubens, von sich selbst, von der Welt und den Menschen abgespalten sind. [...]

Wir müssen heute lernen, nicht-dual zu denken. Beim dualistischen Denken teile ich das Feld, das vor mir liegt. Du akzeptierst den Teil, den du magst und verstehst. Aber du eliminierst den Teil, den du nicht magst oder nicht verstehst. Ich mag dies, jenes aber nicht. Was wir alle machen, wenn wir die Kontrolle behalten wollen, ist, dualistisch zu denken. Und wir positionieren unser Ego auf die positive Seite. „Mein Land ist das beste, meine Religion steht über anderen." Das ist der Lauf unserer Geschichte. Diese Trennung schafft Gewalt. Wenn du dualistisch bist, dann wirst du notwendigerweise gewalttätig, wenn nicht physisch, dann zumindest psychisch. Denn du wirst das hassen und dich von dem trennen, was du nicht magst. Wenn du aber die ganze Wirklichkeit akzeptierst, wie sie ist, wirst du nichts ausgrenzen müssen. Du musst weder dich selbst noch andere hassen. Du musst keinen anderen Menschen, keine Religion oder Kultur herabsetzen. Das ist zentral, wenn das Christentum Gewaltlosigkeit verstehen will. [...]

Religion mit hohem Niveau zerstört das dualistische Denken absolut. Religion auf einem niedrigen Niveau ist mehr ein Problem als eine Lösung.

Als junger Kaplan hatte Rohr bei Pueblo-Indianern gearbeitet. Dort war ihm aufgefallen, wie wichtig die *Initiationsriten* für pubertierende junge Männer sind. Sie verschwinden zusammen mit den älteren Männern eine Zeit lang im Wald, wo sie unter anderem in der Einsamkeit fasten und beten. Von den älteren Männern werden sie in die spirituellen Traditionen des Stammes eingeführt. Sie erhalten einen neuen Namen. Nach dieser Phase kehren sie als erwachsene Männer ins Dorf zurück und dürfen künftig an allen Entscheidungen des Männerrats teilhaben. Richard Rohr kam zu dem Schluss, dass eine ähnliche Erfahrung jungen Männern der westlichen Zivilisation fehlt. So entwickelte er eine fünftägige Seminarform für Männer, die er *Passage-Riten* nannte. Bis zu 150 Männer aller Altersgruppen kommen bei diesen Seminaren zusammen – meist in einer ländlichen Umgebung, in der Wüste oder im Wald. Durch Vorträge, Gruppenarbeit, Rituale, gemeinsames Trommeln und Zeiten der Einsamkeit und Meditation gehen sie einen Weg, den viele Teilnehmer im Nachhinein als überaus heilsam beschreiben. Sie finden dabei häufig einen tieferen Zugang zu sich selbst und auch einen neuen Zugang zu Gott. Biblische Texte wie 1 Korinther 13 oder die Geschichte vom Verlorenen Sohn gehören zu den Leitplanken dieses Prozesses.

Das Wesen aller wahrhaften Religion und Spiritualität besteht weder in Bekenntnissen zu irgendwelchen Lehraussagen noch im Befolgen bestimmter Moralvorschriften. Nicht das Anhäufen von Informationen führt zu echter Erkenntnis, sondern eine neue Sichtweise: Im Zustand des Einsseins, im Hier und Jetzt, im reinen Dasein sind das Wahre und das Falsche, das Gute und das Böse, Gott und Mensch nicht länger absolute Gegensätze. Indem wir das dualistische Denken überwinden und lernen, auch mit Paradoxien zu leben, können wir die starren Grenzen auflösen, die immer wieder zu Fundamentalismus und Gewalt führen. Um dauerhaft Glück und Frieden für uns und unsere Mitmenschen zu erreichen, müssen wir sehen lernen wie die Mystiker aller großen Religionen, die zu allen Zeiten wussten: Alles ist eins, das Leben ist pure Präsenz.

Jesus ist der Mystiker aller Zeiten – Walter Russell

Gott der Schöpfer ist alles, was ist; alles, was existiert. Gottes schöpferisches Universum aus Materie in Bewegung scheint zu existieren. Für unsere Sinne verschwindet es immer wieder, um stets wieder neu zu erscheinen. Gott der Schöpfer ist das Eine Wesen, die Eine Person, der Eine Geist, der Eine Denker, das Eine Selbst, das Eine Leben, die Eine Seele, die Eine Kraft, die Eine Wirklichkeit ...

Der US-amerikanische Maler, Bildhauer, Architekt, Philosoph und Mystiker *Walter Russell* starb an seinem *92. Geburtstag* am 19. Mai 1963 in seiner Geburtsstadt Boston, Massachusetts. Genial, wie Walter Russell, „der amerikanische Leonardo da Vinci", die ewig gültigen kosmischen Gesetze in Worte kleiden konnte. Er wuchs in einfachen Verhältnissen auf und musste bereits mit neun Jahren die Schule verlassen, um Geld zu verdienen. Autodidaktisch erarbeitete er sich eine künstlerische Ausbildung und machte in den USA zunächst als Maler, ab 1928 auch als Bildhauer Furore, der zahlreiche Prominente bis hin zu US-Präsident Franklin Delano Roosevelt porträtierte. Das Ungewöhnliche an Walter Russell ist die Vielseitigkeit seines umfangreichen Schaffens. Er entwarf zahlreiche Gebäude, besonders in New York, führte den Eiskunstlauf in den USA ein, entwickelte als Erster eine Eigentümerkooperative für Wohnungen, hielt viele Jahre lang Vorträge über Business-

Ethik für die Mitarbeiter von IBM und schrieb zahlreiche philosophische Bücher.

Entscheidend prägte ihn ein Erweckungserlebnis, das er 1921 im Alter von 49 Jahren als erfolgreicher Künstler hatte. Im Anschluss daran legte er eine vollständige Kosmogonie (Lehre von Aufbau des Universums) vor, beschrieb mehrere chemische Elemente als Erster und wandte sich mit seinen Erkenntnissen an die wissenschaftliche Welt, die den Außenseiter jedoch fast ausnahmslos ignorierte.

Alles in der Natur ist sinnvoll, und nichts in der Natur erfüllt seinen Sinn in einem einzigen Lebenszyklus. Die größten Schwierigkeiten des Menschen zu verstehen, was nach dem Verschwinden im Tod passiert, gehen auf den Mangel an Verständnis für seine unwiderrufliche Unsterblichkeit zurück. Sein sichtbarer Körper wäre sinnlos, wenn er nicht erfüllt wäre von seinem unsichtbaren, unsterblichen Selbst, seiner Seele oder Person. Sein Selbst wandelt sich niemals, es erscheint und verschwindet nicht, aber seine Individualität ändert sich ständig. In dem Maße, wie jeder Mensch allmählich das Licht seines Selbst in sich kennenlernt, ändert sich seine Individualität durch die ständige Erhebung hin zu größerer Bewusstheit seines innewohnenden Allwissens. Wenn die Menschheit sich ihrer Göttlichkeit ganz bewusst geworden ist, findet das Spiel des Menschen auf diesem Planeten ein Ende, sein Zweck ist erfüllt, und der individuelle Mensch wird aufhören zu sein. Der Mensch verliert seinen Lebensausdruck in der Materie, um ewiges Leben im Licht zu finden. Den Tod gibt es nicht.

1950 stellte Walter Russell zusammen mit seiner zweiten Frau Lao den *Fernstudienkurs Kosmisches Bewusstsein* zusammen, der die Möglichkeit bieten sollte, die universalen Gesetzmäßigkeiten so zu begreifen, dass sie im eigenen Leben und Handeln anwendbar werden.

Der Mystiker hat durch eine vollständige Trennung von Bewusstsein und Wahrnehmung kosmisches Bewusstsein erlangt. Er ist sich dann seines Körpers fast gar nicht mehr bewusst, seine Aufmerksamkeit ist vollständig auf das Licht Gottes in seinem Innersten gerichtet. Allwissenheit erfüllt ihn in jenem zeitlosen blendenden Lichtblitz, der für eine vollständige Loslösung charakteristisch ist. Dieses Erlebnis wird in der Erleuchtung des heiligen Paulus beschrieben. Jeder zeitlose Blitz intensiver Inspiration in einem Menschen ist eine teilweise Erleuchtung, denn Inspiration ist die Art und Weise, wie neues Wissen vom Kosmos zum Menschen gelangt. Jesus war das überragende Beispiel für alle Mystiker aller Zeiten. Er war der Einzige in der gesamten Geschichte, der die vollständige Einheit mit Gott im kosmischen Bewusstsein gekannt hat.

Nach seinem Tod führte seine Frau Lao Russell (1904–1988) die von beiden begründete Fernuniversität *University of Science and Philosophy* weiter. Diese existiert heute noch, hat jedoch an Bedeutung verloren. Das Werk und Wissen Walter Russells, der zu Lebzeiten zu den prominentesten Künstlern und Philosophen gehörte und mit den bedeutenden Geistesgrößen im Austausch stand, geriet nach seinem Tod weitgehend in Vergessenheit und wird erst in jüngerer Zeit vor allem im deutschsprachigen Raum wiederentdeckt. Russells Lehre enthält auffällig viele Übereinstimmungen mit dem Wissen Viktor Schaubergers. Nikola Tesla (1856–1943) hielt ihn für eines der größten Genies und soll ihm geraten haben, sein Wissen für tausend Jahre in einen Safe zu legen, da die Menschheit noch nicht reif dafür sei.

Kernpunkt seiner Lehren ist das *Prinzip des Universalen Einen als Quelle alles Seienden*, aus dem unsere Welt der Dualität hervorgeht. Beide Pole dieser Dualität von hell–dunkel, komprimiert–expandiert, heiß–kalt, negativ–positiv, aufgeladen–entladen usw. haben nach Russell ihren gemeinsamen Ursprung im Universalen Einen, das beide umfasst. Daher bedingen sie sich gegenseitig und halten sich gegenseitig im Gleichgewicht, das demnach im

Universum insgesamt absolut ist. Da auch unser Körper aus Bewegung besteht und unsere Sinnesorgane daher naturgemäß nur Bewegung wahrnehmen können, ist es uns nicht möglich, anhand unserer Sinneswahrnehmung diese Struktur unseres Universums wahrzunehmen.

Für ihn gilt das einfache Prinzip der Goldenen Regel, deren Auswirkungen und Anwendungen er für viele Sachgebiete konkret formulierte, universal in Physik, Chemie, Kunst, Astronomie, Wirtschaft, Politik, Technik, zwischenmenschliche Beziehungen.

Kosmisches Bewusstsein ist das letztendliche Ziel der gesamten Menschheit. Alle werden es kennenlernen, bevor die lange Reise des Menschen endet, aber in dem neuen Zeitalter gibt es viele, die teilweise oder sogar ganz dafür bereit sind. Die ständige, unmittelbare Nähe zu Gott geht einher mit einer so starken Wahrnehmung unserer Einheit mit Ihm, dass die Transformation zum vollen Gewahrsein der Einheit jederzeit leicht stattfinden kann.

Originalzitate aus: Walter Russell, Geheimnis des Lichtes, © Genius Verlag, Bremen

Man sieht nur mit dem Herzen gut! – Antoine de Saint-Exupéry

Das, worauf es ankommt, können wir nicht vorausberechnen.

(Antoine de Saint-Exupéry)

Der am 29. Juni 1900 in Lyon geborene Antoine war das dritte von fünf Kindern. Er wurde ein mutiger Pilot und war ein begabter Schriftsteller. 1935 versuchte er den Rekord auf der Strecke Paris-Saigon einzustellen und stürzte in der ägyptischen Wüste ab, wo er erst nach einem fünftägigen Marsch auf eine Karawane stieß. 1938 machte er den Versuch eines Rekordflugs von New York nach Feuerland (Süd-Argentinien) und stürzte über Guatemala ab. Ein langer Genesungsaufenthalt in New York folgte – in dieser Zeit hatte er viel geschrieben. 1931 hatte er in Nizza die Bildhauerin Consuelo Suncin Sandoval (Tochter einer sehr reichen Familie aus El Salvador) geheiratet; es war ihre dritte Ehe. In seinem Buch *Der kleine Prinz* (1943) machte er seine Frau, symbolisiert durch eine Rose, zur Zentralfigur seines poetischen Meisterwerks. Als Antoine de Saint-Exupéry im Alter von nur 44 Jahren am 31. Juli 1944 über der Île de Riou bei Marseille abstürzte, wurde sein Tod bis zum heutigen Tag zu einem Rätsel.

Ich bin von euch gegangen, nur für einen Augenblick, und gar nicht weit. Wenn ihr dahin kommt, wohin ich gegangen bin, werdet ihr euch fragen, warum ihr geweint habt [...]

Wenn wir nur für das Geld und den Gewinn arbeiten, bauen wir uns ein Gefängnis und schließen uns wie Klausner ein. Geld ist nur Schlacke und kann nichts schaffen, was das Leben lebenswert macht. [...] Man sieht nur mit dem Herzen gut. Das Wesentliche ist für die Augen unsichtbar. [...] Immer nur geht es darum, die Gegenwart zu ordnen. Die Zukunft soll man nicht voraussehen wollen, sondern möglich machen. Lass also die Zukunft wie einen Baum gedeihen, der nach und nach seine Zweige entfaltet. Von Gegenwart zu Gegenwart wird der Baum wachsen, bis er vollständig in seinen Tod eintritt.

Gebet von Antoine de Saint-Exupéry

Ich bitte nicht um Wunder und Visionen, Herr, sondern um Kraft für den Alltag.

Lehre mich die Kunst der kleinen Schritte.

Mach mich findig und erfinderisch, um im täglichen Vielerlei und Allerlei rechtzeitig meine Erkenntnisse und Erfahrungen zu notieren, von denen ich betroffen bin.

Mach mich griffsicher in der richtigen Zeiteinteilung. Schenk mir das Fingerspitzengefühl, um herauszufinden, was erstrangig und was zweitrangig ist.

Ich bitte um Kraft für Zucht und Maß, dass ich nicht durch das Leben rutsche, sondern den Tagesablauf vernünftig einteile, auf Lichtblicke und Höhepunkte achte, und wenigstens hin und wieder Zeit finde für einen kulturellen Genuss.

Lass mich erkennen, dass Träume nicht weiterhelfen, weder über die Vergangenheit, noch über die Zukunft. Hilf mir, das Nächste so gut wie möglich zu tun und die jetzigen Stunden als das Wichtigste zu erkennen.

Bewahre mich vor dem naiven Glauben, es müsste im Leben alles glatt gehen. Schenk mir die nüchterne Erkenntnis, dass Schwierigkeiten, Niederlagen, Misserfolge und Rückschläge eine selbst-

verständliche Zugabe zum Leben sind, durch die wir wachsen und reifen.

Erinnere mich daran, dass das Herz oft gegen den Verstand streikt. Schick mir im rechten Augenblick jemanden, der den Mut hat, mir die Wahrheit in Liebe zu sagen.

Ich möchte Dich und die anderen immer aussprechen lassen. Die Wahrheit sagt man nicht sich selbst, sie wird einem gesagt.

Ich weiß, dass viele Probleme sich dadurch lösen, dass man nichts tut. Gib, dass ich warten kann.

Du weißt, wie sehr wir der Freundschaft bedürfen. Gib, dass ich diesem schönsten, schwierigsten, riskantesten und zartesten Geschäft des Lebens gewachsen bin.

Mach aus mir einen Menschen, der einem Schiff im Tiefgang gleicht, um auch die zu erreichen, die „unten" sind.

Bewahre mich vor der Angst, ich könnte das Leben versäumen. Gib mir nicht, was ich mir wünsche, sondern was ich brauche.

In der islamischen Mystik ist Jesus der höchste Heilige – Annemarie Schimmel

Jesus ist, wie der Koran sagt, der große Arzt, der mit seinem „Zauber" die Kranken heilen kann. Aber, wie Hafiz im Einklang mit vielen anderen singt, er erscheint nur, wenn Schmerz vorhanden ist. Unter Jesu Heilungswundern spielt die Heilung des Blindgeborenen eine besondere Rolle. Deshalb wird sein Name manchmal in Verbindung mit Heilmitteln erwähnt, die das Auge stärken sollen, wie Kollyrium und Antimon. Obgleich Jesus alle erdenklichen Krankheiten heilen kann, gegen eine Krankheit ist selbst er ohnmächtig, und das ist die menschliche Dummheit …

Die *Grande Dame der Orientalistik* wurde am 7. April 1922 in Erfurt, der Heimat des deutschen Mystikers Meister Eckhart, geboren. Schon als 15-Jährige begann sie mit dem Studium der arabischen Sprache. Mit 16 Jahren machte sie Abitur, studierte in Berlin Arabistik und Islamwissenschaft. Mit 19 Jahren schloss sie ihre Studien mit einer Promotion ab. Zunächst arbeitete sie als Übersetzerin und Lehrbeauftragte für Islamkunde an der Universität Marburg. Im Januar 1946 habilitierte sie sich an der Universität Marburg. 1954 wurde sie an die Islamisch-Theologische Fakultät der Universität Ankara berufen. Sie lehrte klassische türkische Literatur. 1961 übernahm sie einen Lehrauftrag am Seminar für Orientalische Sprachen an der Universität Bonn. Seit 1967 war sie 25 Jahre lang an der Harvard Universität als Dozentin tätig und dort u. a. Kollegin von Raimon Panikkar. Gastprofessuren führten sie in viele wichtige Universitäten der Welt. 1995 erhielt sie den *Friedenspreis des Deutschen Buchhandels*. Annemarie Schimmels Verdienst ist es, der westlichen, christlich orientierten Welt den Islam als eine von großer Tiefe und Weisheit geprägte Religion zu entschlüsseln. Für ihr Werk erhielt Annemarie Schimmel zahlreiche Auszeichnungen, auch in der islamischen Welt, unter anderem die Ehrendoktorwürde der Universitäten Sind, Islamabad, Peshawar, Konya und Teheran. Sie beherrschte viele Sprachen: Englisch, Türkisch (auch Azeri und Turkmenisch), Französisch, Arabisch (in verschiedenen Dialekten), Persisch, Urdu, Paschtu, Sindhi, Kurdisch, Schwedisch. Vorträge in Arabisch und Persisch konnte sie frei halten. Sie veröffentlichte auch Übersetzungen aus den indischen Sprachen Sindhi und Paschtu. Für ihre Arbeit verwendete sie alle europäischen Sprachen und schrieb leidenschaftlich gerne arabische Briefe.

Eine bekannte Überlieferung berichtet, dass der Prophet Muhammad im Traume Jesus gesehen habe, den er als überaus schöne, lichtvolle Gestalt beschrieb, während ihm der Dadschdschal, der eschatologische Gegenspieler Jesu, als hässliche Figur erschien. Wenn der Prophet selbst so positiv von Jesus träumte, ist es natürlich, dass Erscheinungen Jesu auch in der Traumdeutung eine Rolle spielen. Für den frommen Muslimen steht die Heilkunst Jesu im Zentrum …

In Saudi-Arabien genießt Annemarie Schimmel als einzige Frau aus dem Ausland höchstes Ansehen, in Pakistan sind Straßen nach ihr benannt, in Südostasien wurden Studentinnen mit ihrem Konterfei als Anstecker auf Demonstrationen gesichtet.

Am 17. Februar 2002 erlebte ich einen unvergesslichen Sonntag mit Annemarie Schimmel in ihrer Bonner Wohnung. Am

7. April 2002 feierte sie ihren 80. Geburtstag, und am 13. Juli 2002 haben wir uns zum letzten Mal in der Eifel gesehen. „Irgendwie gehöre ich nicht so ganz in diese Welt", sagte sie. Irgendwie hat Annemarie Schimmel wohl recht mit diesem etwas selbstironischen Satz, der ein wenig später fällt – beim Gespräch zwischen Orientteppichen, Büchern, einem etwas antiquierten Sofa und allerlei orientalischen Mitbringseln, von der Kalligrafie an der Wand bis zum Halva auf dem Tisch. „Mehr im Orient als im Westen zu Hause", so könnte man das Leben der zierlichen älteren, aber keineswegs ältlichen Frau beschreiben. Seit dem ersten Besuch in der Türkei Anfang der 1950er-Jahre hat sie wohl alle Länder zwischen Marokko und Indonesien bereist, mehrfach promoviert, unzählige Texte im Original gelesen, übersetzt und sogar selbst vieles in gleicher Diktion gedichtet – eingetaucht in jenes Morgenland wie wohl keine zweite Wissenschaftlerin des Abendlandes. Sie wohnte mitten in einem ruhigen Viertel der alten deutschen Universitätsstadt, im vierten Stock eines bürgerlichen Altbaus. Pittoreske Miniaturen aus der islamischen Welt stimmten den Besucher im letzten Abschnitt des Treppenaufgangs auf das ein, was folgen sollte: eine Oase des Orients. In dieser immer auch irgendwie ein wenig ungeordneten Oase mochte man gerne mit jener zierlichen und vom Alter bereits gebeugten, auffallend kleinen Frau mit den wachen Augen und der stets präsenten orientalischen Gastfreundschaft plaudern: über die Größe islamischer Geschichte, über die sie so treffend referieren konnte, über die Tiefe islamischer Mystik, die sie so plastisch darstellen konnte, über die Arabesken arabischer Literatur, die sie so einfühlsam vortragen konnte. Irgendwie war sie in ihrem Fach, was man sonst kaum mehr fand: eine Universalgelehrte der Islam- und der Glaubensgeschichte überhaupt. Doch nicht nur in der westlichen Welt war Annemarie Schimmel hoch geachtet. Sie war vielleicht sogar die erste Frau aus dem Westen, die auch in Kreisen orthodoxer Islamisten anerkannt war und der man mit Hochachtung begegnete. Eine Auszeichnung für sie. Aber eben auch einer der Züge an ihr, welche sie manchen westlichen Betrachtern suspekt machten. Und wer

Vita, Werk und Wohnung betrachtete, mochte durchaus fragen, ob diese Nähe nicht hinderlich sei. Ein Zug von Romantik lag ganz sicher in diesem Leben und Schaffen. Doch bei solchen Fragen belehrte sie einen stets eines Besseren. „Nein!" hielt sie entgegen, es sei nicht hinderlich. Im Gegenteil: Man müsse auch immer ein Stück weit in die Dinge eintauchen, um sie über die reinen Fakten und Daten hinaus zu verstehen. Nur dann könne man auch mehr als nur diese weitergeben. Ob die Nähe aber nicht doch auch Einseitigkeit zur Folge habe? Wenn dem so sei, passe es ja gut zu dem vorherrschenden Bild vom Islam, pflegte sie da stets zu erwidern. Nein, Annemarie Schimmel war keine einfache Frau. Mehr noch: Sie war auch keine einfach zu verstehende Frau. Sie versuchte den Islam zu erklären. Und sie war nicht selten auch versucht, ihn zu verteidigen – gerade im Westen. Dass sie übrigens in der islamischen Welt oft genau das Gegenteil tat, war wenig bekannt. Ihren Kritikern schon gar nicht. Und sie redete selten davon.

Ohne Zweifel: Aus Annemarie Schimmel sprach oftmals der Islam selbst. Sie war vielleicht so etwas wie seine beste Botschafterin in der westlichen Welt. Mit ihrem Tod hat er hierzulande eine wichtige Fürsprecherin verloren. Aber der Westen auch zugleich eine wichtige, sprudelnde Quelle über jene Welt, die ihm oftmals so fern ist.

Zwei Jahre vor ihrem Tod bat sie der Cheflektor eines großen deutschen Verlags um ein neues Buch über den persischen Mystiker *Rumi*. Sie fragte lediglich nach der gewünschten Seitenzahl und dem Abliefertermin für das Manuskript. Man wünschte es so schnell wie möglich.

Innerhalb von nur 14 Tagen schrieb sie auf ihrer vierzig Jahre alten Schreibmaschine einen druckreifen Text von 140 Seiten, ohne vorherige Entwürfe und Gliederungsstrukturen. Das Buch erschien acht Wochen nach Auftragserteilung. Eine echte „Schimmel-Leistung".

Anfang Januar 2003 stürzte Annemarie Schimmel unglücklich und zog sich einige Wirbelverletzungen zu. Sie starb an den Folgen sehr komplizierter Operationen am 26. Januar 2003 und wurde am 4. Februar in Bonn beerdigt.

Ich bin Leben, das leben will! – Albert Schweitzer

„Ich bin Leben, das leben will, inmitten von Leben, das Leben will." So lautet der kategorische Imperativ Albert Schweitzers. Die Ehrfurcht vor dem Leben ist für ihn das denkerisch zwingend notwendige Grundprinzip einer jeden Ethik. Die Ethik der Ehrfurcht vor dem Leben begreift alles in sich, was als Liebe, Hingabe, Mitleiden, Mitfreude und Mitstreben bezeichnet werden kann.

Am 16. September 1951 wurde der *Friedenspreis des Deutschen Buchhandels* an den Arzt, Philosophen, Theologen, Organisten und Musikforscher Albert Schweitzer verliehen. Der Festakt – die Laudatio hielt der damalige Bundespräsident Theodor Heuss – fand erstmalig in der Frankfurter Paulskirche statt. Albert Schweitzer wurde am 14. Januar 1875 in Kaysersberg bei Colmar im Elsass geboren; er starb am 4. September 1965 in Lambarene in Gabun.

Nach seinem Theologiestudium ging Albert Schweitzer im Jahr 1900 als junger Pfarrer in die Gemeinde Sankt Nicolas in Straßburg und wurde dort ein Jahr später Leiter des theologischen Seminars. Von 1905 bis 1913 absolvierte er ein Medizinstudium an der Universität in Straßburg und machte sich danach auf den Weg nach Lambarene, wo er als Missionsarzt arbeitete und ein Tropenhospital gründete. In den Kriegsjahren 1917 und 1918 war Albert Schweitzer als deutscher Staatsangehöriger in Frankreich interniert. Er war ein hervorragender Klavier- und Orgelspieler. Seine Ehrfurcht vor dem musikalischen Genius Johann Sebastian Bach war besonders groß. Erst 1924 kehrte er nach Afrika zurück. Mühsam baute er das Hospital in Lambarene wieder auf und richtete unter anderem eine spezielle Abteilung für die Behandlung von Leprakranken ein.

Ein Jahr nach der Verleihung des Friedenspreises des Deutschen Buchhandels erhielt Schweitzer den *Friedensnobelpreis*. Der Friedensnobelpreis wurde ihm im Oktober 1953 rückwirkend für das Jahr 1952 verliehen. Er nahm den Preis am 4. November 1954 in Oslo persönlich entgegen. In seiner Rede äußerte sich Schweitzer erneut zur Gefahr der Atombomben.

Am 23. April 1957 ließ Albert Schweitzer über Radio Oslo seinen *Appell an die Menschheit* verbreiten. Der Aufruf wurde von 140 weiteren Radiostationen übernommen. Vielen Sendern – im Osten wie im Westen – wurde dies allerdings verboten. Schweitzer suchte immer mehr Material über die Atomwaffen zusammen und korrespondierte mit bekannten Wissenschaftlern und Freunden, wie Bertrand Russell, Pablo Casals, Norman Cousins. Am 14. Januar 1958, dem 83. Geburtstag von Schweitzer, übergab der Chemiker und Nobelpreisträger Linus Pauling der UNO in New York eine von 9236 Wissenschaftlern, darunter auch von Schweitzer, unterschriebene Resolution mit der Forderung, einen Atomteststopp-Vertrag zu veranlassen. Schweitzer wurde von vielen Zeitungen, Regierungen, aber auch Freunden aufs Schärfste angegriffen.

Ende 1964 besprach Albert Schweitzer in Lambarene eine Schallplatte unter dem Titel *Mein Wort an die Menschen*. Er fasste den Inhalt seines Lebens und seiner „Ehrfurcht vor dem Leben" zusammen. Gleichzeitig erneuerte er seine Appelle von Oslo gegen das Wettrüsten und die Atomwaffen. Bis zum Tode von Albert Schweitzer Ende 1965 wurden insgesamt 646 Kernwaffenversuche durch fünf Staaten durchgeführt, 403 durch die USA, 200 durch die UdSSR, 25 durch Großbritannien, 16 durch Frankreich und zwei durch China.

Wo stehen wir heute? Nach einer langen Unterbrechung nahm Frankreich seine unterirdischen Atomversuche auf dem Mururoa-Atoll im Jahr 1995 wieder auf. Viele Organisationen, darunter auch die AISL, protestierten und forderten den französischen Staatspräsidenten Chirac in offenen Briefen auf, die Versuche sofort abzubrechen. Weitere Proteste galten China, das in dieser Zeit auch Atomwaffentests durchführte.

Die *Ärzte für die Verhütung des Atomkrieges* (*International Physicians for the Prevention of Nuclear War, IPPNW*) setzen sich seit ihrer Gründung 1980, ganz im Sinne von Albert Schweitzers *Ehrfurcht vor dem Leben*, für die Verhinderung eines Atomkrieges ein. Für ihre Arbeit erhielten sie 1984 den *UNESCO-Friedenspreis* und 1985 den *Friedensnobelpreis*.

Vollende, was du bist! – Helga Simon-Wagenbach

Helga Simon-Wagenbach, am 1. April 1936 in Frankfurt am Main geboren, zählt zu den erfahrensten spirituellen Lehrerinnen im deutschsprachigen Raum. Sie hat nach einem Jahrzehnte langen Übungs- und Erfahrungsweg eine faszinierende Synthese west-östlicher Spiritualität geschaffen und in ihrem Buch *Vollende, was du bist* publiziert. Bereichert durch eine Fülle schönster Zitate bedeutender Menschen, zeigt die Autorin das *Zusammenfallen der Gegensätze* (Nikolaus von Kues) auf, welches im indischen Mythos als Hochzeit von Shiva und Shakti in der Verschmelzung mit Brahman, dem höchsten Bewusstsein, erfahren wird. Wer dieses großartige Buch intensiv studiert hat, wird auf dem integralen Weg zu Heilung und Befreiung, zur *unio mystica*, authentisch und behutsam begleitet. Das Ewige Jetzt als Durchbruch zum Heil-Sein.

Die unbeschreibliche Vielfalt der Lebewesen, Formen und energetischen Prozesse des Universums ist durch das Zusammenwirken jeweils verschiedener Bedingungen aus unzähligen Kombinationsmöglichkeiten entstanden. Sie verändern sich ununterbrochen und wirken in Beziehung und in gegenseitiger Abhängigkeit aufeinander ein. Alles ist mit allem verbunden. Das, was wir als Vergänglichkeit oder Sterben erfahren, ist der fortlaufende, sich ständig neu formierende Fluss der Bewusstseinsenergie. In jeder Sekunde ereignen sich Werden und Vergehen. Dabei sind die subtilen Berührungspunkte, in denen Vergangenes und Zukünftiges als Ge-

genwart ineinanderfließen, von besonderer Bedeutung. In ihnen wird Vergangenes integriert und kann zu Neuem transformiert werden. In dieser einzigartigen Erfahrung liegt die Entwicklungschance für das menschliche Bewusstsein. Wenn sich die energetischen Bedingungen durch gegebene Umstände verändern, dann hat das auch eine verändernde Wirkung auf die jeweilige Erscheinungsform. Das kann ein langsames, kaum merkliches Geschehen sein. Es kann aber auch plötzlich und überraschend eintreten, wenn es durch das unmittelbare Zusammentreffen verschiedener Kräfte ausgelöst wird und nicht vorhersehbar war. Es ist die kosmische Energie der Sonne, die Werden, Sein, Vergehen und Neuwerden auf der Erde bewirkt. Das Besondere der menschlichen Existenz besteht zum einen darin, dass uns als einziges Lebewesen der Lebensprozess und die körperliche Endlichkeit bewusst sind. Zum anderen kann der Mensch auch seine Einheit mit dem immerwährenden Bewusstsein und damit seine geistige Unendlichkeit erfahren. Sinn und Aufgabe unseres Lebens ist es also, Menschsein auf allen Ebenen zu vollenden und dadurch die Einheit in der Vielfalt und in der polar strukturierten Lebenswirklichkeit zu erkennen.

Helga Simon-Wagenbach ist im Sinne von Meister Eckhart eine *Lebemeisterin* und hat als authentische Mystikerin unserer Zeit Hunderte von suchenden Menschen auf dem Weg in eine transpersonale Erfahrung begleitet, an den Heimatort der innersten Urquelle, der in allen religiösen Traditionen absolut wesensgleich ist. Helga Simon-Wagenbach ist eine zutiefst verlässliche Weg-Weiserin, von deren Kompetenz und Qualität es leider nicht genügend gibt. Wer dieser Frau jemals persönlich begegnet ist, weiß, was *mitfühlende Achtsamkeit* bedeutet.

Originalzitate aus: Simon-Wagenbach, Helga: Vollende, was du bist. Der integrale Weg, © Theseus in Kamphausen Media GmbH, 2007

Alles ist Leben! – Christiane Singer

Im Juni 2011 erschien die deutsche Ausgabe des bewegenden Buchs einer Frau, die sich mutig und angstfrei ihrem Tod stellt. Die französische Autorin *Christiane Singer* erfährt, dass sie unheilbar krank ist und ihr vermutlich nur noch sechs Monate zum Leben bleiben. Sie beginnt ein Tagebuch, in dem sie ihren Abschied dokumentiert: schonungslos offen, poetisch, vor allem jedoch geprägt durch eine beeindruckende innere Kraft und Stärke, mit der sie den Tod als Teil ihres Lebens angstfrei annehmen kann. Die Zeitung *Le Figaro* schrieb über die nur 140-seitige Originalausgabe von *Alles ist Leben*: „Eine glänzende, französische Schriftstellerin, nüchtern und dennoch voller Leidenschaft."

Christiane Singer kommt als jüngere Tochter österreichisch-ungarischer, jüdisch-christlicher Eltern am 23. März 1943 in Marseille zur Welt. Sie studiert Literaturwissenschaften in Aix-en-Provence und wird dann Dozentin an den Universitäten von Basel und Fribourg. In der Schweiz lernt sie ihren Mann Giorgio Thurn-Valsassina, einen begabten Architekten, kennen. Nach der Heirat 1967 zieht sie mit ihm auf das Stammschloss der Familie in Rastenberg im Waldviertel. Zwei wunderbare Söhne werden dort geboren. Christiane Singer hat mehrere bedeutende französische Literaturpreise erhalten, u. a. den von der *Académie Française* vergebenen *Prix de la langue française* für ihren Roman *Seul ce qui brûle* (*Nur was brennt*) im Jahre 2006. 1989 wird ein spirituelles Seminarhaus eröffnet. Ehemann Giorgio konstruierte im Wald hinter der Burg Rastenberg *Die Lichtung*: Auf einer Lichtung, die radiästhetisch ausgependelt wurde und in ihrer durch einen überdimensionalen Diamanten gekennzeichneten Mitte über 16.000 Bovis anzeigt (zum Vergleich: In einer gotischen Kathedrale misst man an die 25.000 Bovis), errichtete er nach uralten, feinenergetischen Erkenntnissen ein Meditationshaus mit einem angrenzenden, halbmondförmigen Teich. Der Ort sollte zum Prototyp eines Kraftortes für die Aufnahme von kosmischen und terrestrischen Schwingungen werden, an dem Menschen an ihrem Bewusstsein arbeiten. In ihrem Buch *Rastenberg – Geschichte einer Liebe* schildert die gelernte Therapeutin in *Initiatischer Leibtherapie* und langjährige Schülerin von Karlfried Graf Dürckheim den Facettenreichtum ihres österreichischen Domizils, wo sie kostenlose Stunden gab für alle, die kommen mochten. Daneben widmete sich Christiane Singer fast drei Jahrzehnte selber einer unermüdlichen Vortragstätigkeit, die sie durch ganz Europa und darüber hinaus führte. Sie war Gründungsmitglied, später eine der Präsidentinnen der überreligiösen Vereinigung *Terre du Ciel* in der Nähe von Lyon, die ein Festpunkt in ihrem Jahresablauf wurde. Zwischen 1990 und 1998 übernahm sie auch das Generalsekretariat des österreichischen PEN-Clubs.

Jede Seite ihres letzten Buches kündet von einer mystischen Sichtweise: *Bitte glaubt nicht, dass ich gestorben bin. Ich bin vollkommen lebendig von einem Leben in das andere gewandert.* Diese *Letzten Fragmente einer langen Reise* sind ein gnadenloses Werk, das dem Leser bei der Lektüre viel abverlangt. Vor allem Hingabe. Ist er bereit, alle inneren Fenster und Türen zu öffnen, wird er mit Juwelen der Erkenntnis überhäuft. Sie erfährt in sich zugleich das Mysterium von Leere und Fülle. Nicht jedem gelingt es, ihre Worte gleich zu verstehen. *Das Christentum ist in mir wie eine brennende Leere, die ich nicht füllen wollte. Eine, die ewig offen bleibt und die sich jeden Tag neu erfindet.* Kryptische Worte, festgehalten von einer Globetrotterin zwischen den Religionen und den Welten, deren Achtung und Dankbarkeit nichts entging. Nicht *die kosmische Fülle und Strenge des Hinduismus, und nicht die unglaubliche Güte, mit welcher der Buddhismus das menschliche*

Bewusstsein klärt und schärft. Nicht die *harte Schale und die zärtliche Feinheit des Judaismus und nicht die rauschende Pracht und Würde des (humanistischen) Islam.* Nicht einmal die *diversen Formen des Schamanismus, die seit unvordenklichen Zeiten den Dialog zwischen dem Sichtbaren und dem Unsichtbaren, zwischen der offenbarten Welt und ihrem Schöpfer* gewährleisten.

„Meine Kollegen und ich stellen uns Fragen über das Rätsel, das Sie uns aufgeben. Durch die Art, wie Sie mit Ihrer Krankheit umgehen, lernen wir eine andere Beziehung zur Krankheit und zum Leben. Das ist zutiefst verwirrend für uns." Das stellt ein Arzt in jenem Krankenhaus fest, in dem Christiane Singer am 4. April 2007 in Wien gestorben war. Am Tag zuvor war der Quantenphysiker, Friedensnobelpreisträger und langjährige Freund Hans-Peter Dürr an ihrem Sterbebett. Angesichts von Sätzen wie *Von nun an stehe ich unter Palliativbehandlung. Angeschlossen an eine wundervolle Pumpe, die mich von den Schmerzen befreit. Ich habe die Waffen gestreckt. Dankbarkeit, Dankbarkeit!* oder *Unbeschreiblich, diese Seelentiefe, in die ich getaucht bin! Heute Nacht wurde ich gekrönt – mit der Dornenkrone* kann man die Tiefe der Gefühle nachempfinden.

Warum muss eine mit einer derart positiven Ausstrahlung gesegnete, von einem so großzügigen Bewusstsein erfüllte Person, die wie ein Tornado durch die Welt wehte und alle entflammte, zu einem vergleichsweise so frühen Zeitpunkt abberufen werden? Und wenn das schon unabänderlich gewesen sein soll, wozu war es ihr dann auferlegt worden, den Kelch der physischen Leiden derart bis zur Neige auszuschöpfen? Mit Christiane Singers Buch bewegen wir uns weit über „Literatur" hinaus. Auch jenseits von Lebens- oder Sterbehilfe oder von religiöser oder spiritueller Bekenntnisarbeit. Die Autorin, die Berichterstatterin hütet sich, uns die sechs Monate ihres Sterbens als den unbeirrbaren Weg der Mystikerin darzustellen, an dessen Ende diese von Posaunen begleitet durch das weiße Tor des unerschütterlichen Glaubens in die Ewigkeit einzieht. Sie feierte ihr Sterben, sie jubelte ihm fast zu: *Ins Leben einsteigen, das ist das Gebot der Stunde ... es kann jetzt geerntet werden!* Sie erwiderte auf die Frage, wie sie sich das Jenseits vorstellen würde, einige Wochen vor ihrem Tod erstaunt: *Darüber mache ich mir doch keine Gedanken … Jetzt ist Jetzt – das ist schon unendlich reichhaltig genug! Es gibt keinen Tod, es gibt nur das Leben.*

In einem unserer letzten Telefongespräche sagte sie mir: *Du brauchst keine Angst zu haben, was immer auch geschehen mag!* Beim Kongress *Geist und Natur* in Hannover im Mai 1988 sind Hans-Peter Dürr und ich Dr. Christiane Singer zum ersten Mal begegnet – sie war die unvergesslich charmante Moderatorin dieser einzigartigen Veranstaltung. Zuletzt haben wir uns zusammen mit unserer Familie, Hans-Peter Dürr und Raimon Panikkar am Pfingstsonntag 2001 in Salzburg gesehen. Danach waren wir nur noch telefonisch in Verbindung. Sie war eine große Verehrerin von Bede Griffiths und Raimon Panikkar.

Eine Wahrheit – viele Wege! – Huston Smith

Huston Smith gehört zu den außergewöhnlichen Kennern der diversen Weltreligionen, einschließlich der oftmals zu wenig beachteten Traditionen der Naturvölker. Seit dem Jahr 1958 ist sein Weltbestseller *The World's Religions* in vielen Sprachen mehr als drei Millionen mal verkauft worden. Bis heute ein einzigartiges Standardwerk von Wissen und Weisheit.

Huston Cummings Smith wurde am 31. Mai 1919 als Sohn US-amerikanischer christlicher Missionare in der chinesischen Stadt Suzhou, 100 km nordwestlich von Shanghai, geboren. Nach Abschluss der *American School* verlässt er 1936 im Alter von 17 Jahren China, studiert an der *Central Methodist University* in Fayette, Missouri, und an der *School of Divinity* der Universität von Chicago. Nur wenige sind durch Studium und Praxis so tief an das Geheimnis der vielfältigen religiösen Kulturen eingedrungen. Der tiefgläubige Christ Huston Smith hat weite Teile der Welt wiederholt bereist, wurde Schüler von bedeutenden spirituellen Meistern und gleichzeitig profunder Verkünder von deren Weisheiten.

Huston Smith ist seit seinem ersten Besuch im Jahr 1964 in Dharamsala, Indien, mit dem XIV. Dalai Lama befreundet. Zu seinen engeren Weggefährten gehörten Aldous Huxeley, Martin Luther King jr., Alan Watts, Joseph Campbell, Ram Dass. Mit dem japanischen Zen-Philosophen D. T. Suzuki hat er viele Gespräche in Japan geführt, mit dem legendären Trappistenmönch Thomas

Merton war er wenige Wochen vor dessen Unfalltod in Bangkok im Herbst 1968 in Kalkutta zusammen und überlegte damals, sich vielleicht für den monastischen Weg zu entscheiden.

Im Jahr 1943 heiratete Huston Smith Eleanor Kendra Wieman, die Tochter seines Universitätsprofessors in Chicago; er wurde Vater von drei Töchtern, von denen eine vor Jahren an Krebs gestorben war. Seit einigen Jahren lebt er von der Familie getrennt in einem Pflegeheim in Berkeley bei San Francisco – inzwischen in einem Dämmerzustand. An berühmten US-Universitäten war er Professor für Philosophie und religiöse Studien.

Am Neujahrstag 1961 machte Huston Smith Erfahrung mit der bewusstseinserweiternden Droge Meskalin, mit der Aldous Huxley sehr viel experimentiert hatte. Bei den Indianern und anderen Naturvölkern ist diese Droge unter dem Namen Peyote bekannt und wird als Sakrament betrachtet. In den USA war der Gebrauch verboten. Huston Smith hatte sich erfolgreich dafür eingesetzt, dass im Jahr 1994 der Kongress in Washington den *American Indian Religious Freedom Act* verabschiedete und damit für die Indianer den Konsum von Peyote legalisierte.

Im Januar 2010 wurde Huston Smith mit dem *Interfaith-Interspiritual Sage Award* geehrt für sein Lebenswerk als einer der großen Pioniere für das tiefere Verständnis der Weltreligionen.

Seine langjährigen Erfahrungen in buddhistischen Klöstern fasste er zusammen: *Das Wesen der ZEN-Meditation ist sehr einfach: Grenzenlose Dankbarkeit gegenüber allem Vergangenen, grenzenloses Dienen allem Gegenwärtigen und grenzenlose Verantwortung gegenüber allem Zukünftigen.*

Mit dem Weisen und Menschen Huston Smith bin ich wiederholt in Gesprächen zusammengekommen. Wir hatten uns über das Inferno von Hiroshima am 6. August 1945, das der legendäre Jesuit und erste christlichen ZEN-Meister H. M. Enomiya-Lassalle er- und überlebt hatte, unterhalten.

Anfang der 1950er-Jahre lud der junge Professor Huston Smith den deutschen Atomphysiker und Nobelpreisträger Werner Heisenberg zu einem Vortrag über *Wissenschaft und menschliche*

Verantwortung an die *Washington University* in St. Louis ein. Ein großes Erlebnis für den jungen Religionsphilosophen, der in dem berühmten Naturwissenschaftler einen großartigen Dialogpartner fand.

Die Sinnfrage des menschlichen Lebens hatte Huston Smith bis vor wenigen Jahren immer wieder neu ergründet, indem er die großen Weisheitstraditionen im Kontext unserer Zeit stets aufs Neue beleuchtete. Im Alter von 87 Jahren hat er einen bemerkenswerten Vortrag über *Tod und Transformation* gehalten, der als Filmdokument käuflich erworben werden kann (*Death and Transformation*). Im April 2009 erschien die beeindruckende Autobiografie *Tales of Wonder – Adventures Chasing the Divine* (leider noch nicht in deutscher Sprache erschienen – aber kostenlos als PDF im Internet nachzulesen – es lohnt sich!)

Huston Smith starb am 30. Dezember 2016 im Alter von 97 Jahren in Berkeley, Kalifornien.

Möge eine der Lieblingspassagen aus der *Bhagavad-Gita* den spirituellen Meister und Mystiker Huston Smith in die Ewigkeit begleiten:

Wer Freude nur im Innern sucht, wer Frieden innen findet, wer nach innen schaut, nur dieser Yogi kommt zu Brahman, und er nur wird Nirwana einst erkennen.

Meister der Dankbarkeit – David Steindl-Rast

Tag und Nacht wird uns in jedem Augenblick Unzähliges geschenkt. Wir brauchen nur darauf zu achten, und Dankbarkeit wird uns beinahe überwältigen. Aber achten wir darauf? Seit Jahren schreibe ich täglich in meinen Taschenkalender zumindest eine Sache, für die dankbar zu sein mir vorher noch nie in den Sinn kam. Oft kommen mir vier oder fünf Gründe in den Sinn. Ich kann mir gar nicht vorstellen, wie alt ich werden müsste, um den Vorrat merklich zu vermindern …

Der weltbekannte Benediktinermönch David Steindl-Rast wurde am 12. Juli 1926 in Wien als ältester von drei Söhnen geboren und auf den Namen Franz Kuno getauft. In seiner Kindheit erlebte er in der Umgebung des Preinertals in den österreichischen Alpen sehr intensiv den Reichtum der wunderschönen Natur. Seine „Löwenmutter", wie man sie nannte, zog nach der Ehescheidung im Jahr 1933 ihn und seine Brüder Hans und Max allein groß.

Wenn ich von Frauen spreche, die ihre Stärke zurückgewinnen, möchte ich betonen, dass es ihre Stärke ist, denn ich bin überzeugt, dass der eigentliche Begriff der weiblichen Stärke sich unterscheidet von der Stärke der Männer. Weibliche Stärke ist die Stärke, neues Leben und Wachstum zu fördern. Wenn mehr Leute verstehen würden, wie diese Leben spendende Stärke sich von der Macht über andere unterscheidet, würde die Welt ein friedlicherer, gesünderer, auch ein geistig gesünderer Ort sein.

Die ganze Jugendzeit verbrachte Franz unter den Nazis. Er war zwölf, als Adolf Hitler in Österreich einmarschierte, und 19, als die Besetzung zu Ende war. Als Br. David von Michael Toms in einem Radiointerview gefragt wurde, ob diese Erfahrung seiner Jugend in einem besetzten Land etwas zu tun hätte mit seiner Neigung zu einem kontemplativen oder spirituellen Leben, bejahte er dies und erklärte:

Weil Hitler wirklich die Kirche verfolgte [...] einige unserer Priester und Pfarrer waren im Gefängnis und einige wurden sogar hingerichtet. Wir wussten dies [...] und auch, dass wir in einer gewissen Gefahr waren, wenn wir zur Kirche gingen [...]. Doch diese Gefahr fanden wir als Teenager auch spannend [...] es führte uns auch immer tiefer in eine Hingabe an den Glauben und an die Kirche. Mit all den Problemen, die ich heute in der Kirche antreffe, damals in den Vierzigerjahren, da war das wirkliche Leben. Es war das Einzige, worauf man sich verlassen konnte. Ich erinnere mich zum Beispiel, während der Bombardierungen von Wien, als alles in Trümmern lag, das Haus, die Räume, in denen wir wohnten, hatten mit Bretter vernagelte Fenster, weil es kein Gas mehr gab, und die Wände hatten fingerdicke Risse, und es gab keine Züge mehr und keine Straßenbahnen, und am Ende gab es kein Wasser, keine Elektrizität mehr[...]. Das Einzige, worauf man sich verlassen konnte, war der Priester, der jeden Tag zur genau gleichen Zeit kommen würde, um die Kommunion zu bringen, und der durch diese zerstörten Häuser ging. Das bedeutete etwas. Und es bedeutet mir immer noch etwas [...] bei all den Problemen, die ich mit der Institution habe [...]. Da zeigte sich die Institution von ihrer besten Seite.

1944 wurde Bruder David von den Deutschen zum Wehrdienst gezwungen, konnte aber nach einem Jahr entfliehen und lebte bis

Kriegsende im Untergrund. Er begann sein Studium an der *Akademie der Schönen Künste* in Wien und restaurierte im Krieg beschädigte Kunstgegenstände.

Nachdem der Krieg offiziell beendet war, aber noch bevor wieder Normalität in das Leben in Wien eingekehrt war, begann Franz an der tschechischen Grenze, etwa 50 km nördlich von Wien, Flüchtlingen zu helfen. Während eines Besuches bei seinem Onkel Hans erfuhr er, dass Kardinal Theodor Innitzer, Erzbischof von Wien, junge Menschen aufrief, als Freiwillige den Tausenden von Flüchtlingen zu helfen, die in der Gegend von Laa nach Österreich strömten. Das Elend muss grauenvoll gewesen sein. In seinen Erinnerungen an diese Zeit notierte Bruder David:

Wir waren aufs Betteln angewiesen. Auf einer solchen Betteltour konnte ich von Glück reden, wenn ich einige Stücke Brot und ein wenig Milch für meine Mutter bekam [...]. Langsam ging die Zahl der Menschen im Lager zurück. Es wurde leichter, sich um die Zurückgebliebenen zu kümmern. Ich war natürlich äußerst glücklich, jemanden zu treffen, der mit mir über Musik sprach, der verstand, über die spirituellsten Themen zu sprechen, und der mir vorsichtig und sanft half, mich führte, aufs Neue an das Leben, an das wahre Leben zu glauben.

Inspiriert durch die schöpferischen Arbeiten von Kindern und Naturvölkern, studierte er Psychologie und Anthropologie mit abschließender Promotion zum Dr. phil. im Jahr 1952.

Unmittelbar nach dem Krieg gingen seine zwei Brüder nach Amerika, und seine Mutter folgte ihnen wenig später.

Auch ich reiste in dieser Zeit zweimal in die Vereinigten Staaten: das erste Mal 1948 zu einem internationalen Kongress in River Forest (Illinois) als Delegierter der „Jungen christlichen Studenten". Das zweite Mal, 1950 oder 1951, begleitete ich die Wiener Sängerknaben als Präfekt auf ihrer USA-Tournee. Danach blieb ich noch eine Weile in Palm Beach als Präfekt des „Apollo Boys

Choir", wo ich an Studien für meine Doktorarbeit über den Ausdruck der Stimme arbeiten konnte. Ich lebte jedoch bis zu meiner Promotion 1952 in Wien. Erst dann folgte ich meiner Familie nach New York, zum Teil, weil ich vor meiner monastischen Berufung davonrannte, aber eigentlich geradewegs in ihre Arme hineinrannte, als ich im Mai 1953 das Kloster Mount Saviour in Elmira besuchte und dort am 20. August desselben Jahres eintrat.

Im Rahmen seiner weiteren Studien bekam Franz Kuno, der fortan den Mönchsnamen David trug, von 1958 bis 1959 ein Post-Doktoranden-Stipendium an der renommierten *Cornell Universität* (City of Ithaca, N.Y.) und wurde hier zum ersten katholischen Dozenten, der in der Nachfolge von Paul Tillich und Bischof J. D. R. Robinson die *Thorpe-Dozentur* innehatte. Nach zwölf Jahren monastischer Ausbildung sowie philosophischer und theologischer Studien begann Br. David auf Bitten seines Abtes in den 1960er-Jahren an Universitäten und anderen Orten Vorträge über das monastische Leben zu halten. Weiter forderte der Abt ihn auf, den neu entstehenden buddhistisch-christlichen Dialog zu erforschen. Denselben Auftrag erhielt er 1966 auch von der römischen Glaubenskongregation. In dieser Zeit traf Br. David auch den vietnamesischen Buddhisten und ZEN-Meister Thich Nhât Hanh, der inzwischen über neunzig Jahre alt ist, und den legendären Trappistenmönch Thomas Merton.

Vielleicht weniger dramatisch und intellektuell, aber sicher physisch sehr fordernd war seine Teilnahme an zahlreichen ZEN-Retreats. Br. David half auch mit, das *ZEN-Mountain-Center* in Tassajara Springs in den Hügeln des Carmel Valley (Kalifornien) zu gründen. Nachdem dieser Ort während mehr als hundert Jahren ein Thermalbad gewesen war, wurde er 1966 vom *San Francisco ZEN-Center* gekauft.

Während einer der ersten Probezeiten in Tassajara in der kalifornischen Wildnis Los Padres war ich Tellerwäscher. Es war die Zeit, wo wir immer noch ausprobierten, wie dieses ZEN Mountain Cen-

ter praktisch zu führen sei. Die Teller von vielen Studenten mussten draußen an der heißen Quelle von Hand abgewaschen werden und wurden dann in improvisierten Gestellen aufbewahrt. Als ich gebeten wurde, Anweisungen für meinen Nachfolger aufzuschreiben, tat ich dies und fügte hinzu: Bodhidharmas Zeitgenosse, der hl. Benedikt, der Vater des abendländischen Mönchstums, schreibt in seiner Regel, nach der wir leben, dass in einem Kloster Töpfe und Pfannen genauso ehrfürchtig behandelt werden sollen wie die sakralen Altargefäße. Als ich einige Monate später einen Hindu Ashram im Staate New York besuchte, wurde ich gefragt: „Bist du Bruder David der Tellerwäscher? Wir haben dein Zitat aus der Benediktsregel über dem Abwaschbecken in unserer Küche aufgehängt." So war also ein kleiner Abschnitt, welcher auf den heiligen Boden hinwies, den wir teilen, in kürzester Zeit quer durch den Kontinent und von Buddhisten zu Hindus gereist.

Über die Jahre hatte Br. David viele ZEN-Lehrer, darunter Hakuun Yasutani Roshi, Soen Nakagawa Roshi, Shunryu Suzuki Roshi und Eido Shimano Roshi. 1968 gehörte Br. David zu den Mitbegründern des *Center for Spiritual Studies* und 1975 wurde er für die Brücken, welche er zwischen den verschiedenen Religionen gebaut hatte, mit dem *Martin-Buber-Preis* ausgezeichnet. Der XIV. Dalai Lama gehört seit vielen Jahren zu seinen engeren Freunden.

Brother David ist auf allen Kontinenten der Erde ein gefragter Redner und spiritueller Lehrer bei Konferenzen, Tagungen und interreligiösen Begegnungen. Viele Jahre lebte er im kalifornischen Big Sur und war für die spirituelle Führung des berühmten *ESALEN-Institutes* verantwortlich. Brother David spricht in kaum vergleichbarer Schönheit die Sprache des Herzens und erreicht die Menschen auf der tiefsten Ebene ihres Daseins. Seine Publikationen haben Millionen von Menschen in vielen Ländern der Erde erreicht. 1992 wurde er zusammen mit dem 1939 in Wien geborenen Physiker Fritjof Capra mit dem *American Book Award* für das Buch *Belonging to the Universe* ausgezeichnet. Die deutsche Ausgabe *Wendezeit im Christentum* wurde im Oktober 1991 in Anwesenheit des Benediktinermönchs Bede Griffiths bei dessen Besuch am oberbayerischen Tegernsee erstmalig vorgestellt.

Menschen, die sich als Christen verstehen, setzen heute keine Barriere zwischen katholisch und protestantisch. Wenn man sich aber vorstellt, dass Würdenträger das täten – das passt nicht. Die haben sich durch ihren Beruf den Weg dorthin verstellt. Sie müssen ja ihr Gebiet verteidigen. Ich hingegen habe nichts zu verteidigen. Ich bin ein Mönch.

Im Alter von 71 Jahren verließ Bruder David Big Sur und zog nach Ithaca an die Ostküste der USA, wo er sein bis heute einzigartiges spirituelles Netzwerk der Dankbarkeit (www.gratefulness.org) gründete, das heute täglich Tausende von Menschen in mehr als zweihundert Ländern der Erde erreicht.

In Br. Davids Verständnis der Spiritualität der Dankbarkeit können Echos der Freude herausgehört werden. Dieses Thema läuft wie ein roter Faden durch seine Vorträge, ob er nun bei seinen Reisen durch die fünf Kontinente vor einer kleinen Gruppe oder einer großen Zuhörerschaft spricht. Heiter gibt er von sich allen Menschen, egal ob die Zuhörer hungernde Studenten in Zaire oder von Fakultäten wie der Harvard oder Columbia Universität sind, buddhistische Mönche oder Sufis oder Papago-Indianer oder deutsche Intellektuelle, Besucher von New-Age-Kommunen oder Seekadetten in Annapolis, Missionare auf den Polynesischen Inseln oder Green Berets (Spezialeinheit der US Army) oder Teilnehmer einer internationalen Friedenskonferenz.

Uns verbindet eine jahrzehntelange Freundschaft. In einem seiner vielen wunderschönen handgeschriebenen Briefe vom Advent 1997 heißt es:

Er-innern verinnerlicht. Es ist Sammlung auf jene Herzmitte hin, wo das Wirkliche Bestand hat und das Beständige wirkt …

Im Jahr 1999 erschien das Büchlein *Meister Ryokan – Alle Dinge sind im Herzen,* für das David Steindl-Rast ein einfühlsames Vorwort geschrieben hat:

Er will uns helfen, unser Herz dem unnennbaren Einen zu öffnen, will uns unserem eigenen Herzen treu machen. Auch uns verspricht er mit jedem Bild, mit jeder Zeile Ewigkeit – die Ewigkeit eines Herzens, das sich selbst treu bleibt. Zeit mag eine Funktion des Raumes sein; Ewigkeit ist eine Funktion des Herzens.

Der japanische ZEN-Meister Daigu Ryōkan (1758–1831) lebte als buddhistischer Bettelmönch ein einfaches, entbehrungsreiches, aber sehr freies Leben. Schon zu seinen Lebzeiten galt er als außergewöhnlicher Dichter und Kalligraf.

Gute Freunde und hervorragende Lehrer – bleib ihnen nah! Reichtum und Macht sind vergängliche Träume. Aber der Duft weiser Worte währt ewig! Der Große Weg führt nirgendwo hin. Und er ist auch kein Ort. Halte daran fest, und du verfehlst ihn um eine Meile. Dies ist Illusion, jenes ist Erleuchtung. Du verstehst es, die Theorien darzulegen von Existenz und Nicht-Existenz. Doch selbst wenn du vom Mittleren Weg redest, kann dich das in die Sackgasse führen. Ich werde einfach meine wunderbaren Erfahrungen für mich behalten. Plappere über Erleuchtung, und deine Worte werden restlos zerpflückt.

David Steindl-Rast, inzwischen im 93. Lebensjahr, ist in seine österreichische Heimat zurückgekehrt und lebt jetzt im benediktinischen Europa-Kloster in St. Gilgen am Wolfgangsee.

Originalzitate aus persönlichen Gesprächen mit dem Autor

Das Universum ist der kosmische Christus – Pierre Teilhard de Chardin

Der Jesuit, Visionär und Evolutionsmystiker Pierre Teilhard de Chardin wurde am 1. Mai 1881 als viertes von elf Kindern auf dem Landschloss Sarcenat bei Clermont-Ferrand in der Auvergne geboren. Er war ein ausgezeichneter Schüler sowohl in den humanistischen wie in den naturwissenschaftlichen Fächern. Die Leistungen in Religion waren weniger glänzend. Am 20. März 1899 trat er 18-jährig in das Noviziat der Jesuiten in Aix-en-Provence ein. Er durchlief die ordensüblichen Ausbildungsstationen. An das Noviziat schloss sich im Oktober 1900 das Juvenat in Laval an, wo er am 25. März 1901 seine ersten Gelübde ablegte. In dieser Zeit erreichte der Antiklerikalismus in Frankreich seinen Höhepunkt. Die Jesuiten mussten sich nach England und auf die Kanalinseln zurückziehen. Das zweite Juvenatsjahr verbrachte Teilhard bereits auf Jersey in Bon-Secours, wo er auch ab Oktober 1902 drei Jahre Philosophie in Saint-Louis studierte. Dort erhielt er die erste Ausbildung in Physik, Chemie und Geologie. Bei ihm ist das Ganze, das Göttliche, immer *durchscheinend*, ganz dem neuen Bewusstsein entsprechend. Er prägte dafür den Ausdruck *Diaphanie*.

Es ist bezeichnend, dass nach Teilhards eigenen Worten ihm diese Erkenntnisse nicht durch philosophisch-theologische Spekulation zuteil wurden, sondern ihm durch verschiedene Umstände und Menschen seiner Umgebung schon früh geschenkt wurden. Sie gehen über das rationale Denken hinaus. So kam er dahin, *nicht mehr sehen und atmen zu können außerhalb des Milieus, in dem alles nur eins ist.*

Für Teilhard durchdringen sich Materie und Geist: Er könne nicht sagen, *welche dieser beiden Seligkeiten strahlender ist, das Wort gefunden zu haben, um die Materie zu beherrschen, oder die Materie zu besitzen, um das Licht Gottes zu erreichen und zu erfahren.* Sein Wunsch war, dass die Herabkunft Gottes in die universelle Spezies *nicht nur als die Frucht einer philosophischen Spekulation geliebt und gehegt werde, dass sie vielmehr wahrhaft eine wirkliche Gegenwart werde.*

Im August 1905 reiste Teilhard nach Ägypten, um als Lektor für Physik und Chemie am Jesuitenkolleg der Heiligen Familie in Kairo zu unterrichten. In Ägypten nahm er erneut an geologischen Exkursionen teil: 1906 nach Mokattam, 1907 nach Fayoum, 1908 nach Oberägypten. Kleinere Studien und Funde machten ihn bei einigen Spezialisten des Faches bekannt. 1907 las er das Buch des Literatur-Nobelpreisträgers von 1927 Henri Bergson, *Die schöpferische Entwicklung*, ein Buch, das bleibenden Eindruck bei ihm hinterlassen sollte. Der Jesuitenpater und Gandhi-Freund Professor Dr. Dr. Michael Windey, der sechzig Jahre lang in Indien gelebt und segensreich gewirkt hat, kannte Teilhard persönlich. Windey hatte u. a. bei Henri Bergson in Paris studiert und später über ihn im Fach Philosophie promoviert.

Im Oktober 1908 begann Teilhard de Chardin sein Theologiestudium in Ore Place bei Hastings (Sussex), das er 1912 abgeschlossen hatte. In dieser Zeit wurde Teilhard in Anwesenheit seiner Eltern am 24. August 1911 zum Priester geweiht. In den Kriegsjahren 1914 bis 1919 arbeitete Teilhard als Priester an der Front, unter anderem in Reims, Verdun und in den Vogesen. Von dort aus schickte er regelmäßig Briefe und Aufsätze an seine Cousine Marguerite Teilhard-Chambon, die sich als Schriftstellerin Claude Aragonnès nannte. In jenen Kriegsjahren machte Teilhard Grenzerfahrungen, die sein Leben nachhaltig beeinflussen sollten. Dass des Menschen Seele und Geist zur Evolution, zum Wachstum bestimmt sind, gehörte von nun an zu den Grundüberzeugungen Teilhards. Seit 1914 versuchte er in immer neuen Anläufen den Dualismus von Materie und Geist bzw. Leib und Seele aufzulösen. Diese Begriffe bezeichneten für ihn zwei Zustände ein und desselben kosmischen Stoffes. Nach dem Krieg begann Teilhard in Paris das Studium der Geologie und Paläontologie, das er 1922 mit einer Dissertation abschließt. Zugleich wurde Teilhard Präsident der *Société géologique de France.* 1923 unternahm er seine erste China-Reise. Als er 1924 zurück nach Paris kommt, stellt er fest, dass es die Obrigkeit der Kirche nach Einsicht in seine neusten Schriften aus China bevorzugte, ihm jede Lehrtätigkeit zu untersagen. Wieder in China, entsteht 1926 *Das göttliche Milieu*, eines der wichtigsten Werke von Teilhard. Es ist kein naturwissenschaftliches Werk, sondern eher die Darstellung seines Geistes. Die Veröffentlichung wurde ihm untersagt und erfolgte erst zwei Jahre nach seinem Tod. 1927 reiste Teilhard erneut nach Peking. Er gehört zu den ersten Geologen, die die Bedeutung der neuen Funde, insbesondere des Peking-Menschen, erkennen. Er verfolgte mit lebhaftem Interesse die Ausgrabungen und berichtete in wissenschaftlichen Arbeiten hauptsächlich über die Wirbeltierfaunen von Choukoutien in China. Bei Kriegsausbruch 1939 ist Teilhard gezwungen, in China zu bleiben, wo er sein Lebenswerk, *Le phénomène humain* (*Der Mensch im Kosmos*), schreibt. Die Veröffentlichung erfolgte wiederum erst nach seinem Tod. Das Jahr 1950 ist durch zwei markante Einschnitte in Teilhards Leben gekennzeichnet: Die *Französische Akademie der Wissenschaften* ernannte den Jesuitenpater Teilhard de Chardin zu ihrem Mitglied. Damit wurde ihm die größte Ehrung zuteil, die Frankreich an seine Wissenschaftler zu vergeben hat. Gleichzeitig wurde ihm in Rom nahegelegt, auf eine ihm angebotene Professur am *Collège de France* zu verzichten. Teilhard folgte den Forderungen der Kirche.

Die Auffassung von der Bewusstseinsveränderung im Sinn einer beständig fortschreitenden Intensivierung des Bewusstseins zieht sich durch Teilhards ganzes Denken hindurch. Die Forderung einer Überwindung des Dualismus von Materie und Geist ist im Werk Teilhards deutlich zum Ausdruck gekommen. Diese neue Erkenntnis bekam er schon lange vor seiner wissenschaftlichen Laufbahn.

Enttäuscht von seiner Heimat Frankreich und von seinem Orden im Stich gelassen, übersiedelte Teilhard de Chardin 1951 nach New York, wo er am Ostersonntag, 10. April 1955, in den Armen einer Frau stirbt. Kaum hatte Teilhard die Augen geschlossen, begann der Kampf um sein Werk. Ein Wirbelsturm erhob sich, wie ihn die literarische Welt kaum je zuvor erlebt hatte. Natur- und Geisteswissenschaftler, Protestanten und Reform-Katholiken stimmten Teilhard freudig zu. In Paris wurde daraufhin die *Fondation Teilhard de Chardin* eingerichtet. Teilhard de Chardin beschreibt die Entwicklung der Erde von Anfang an als einen Prozess von zweiseitiger Struktur, nämlich der Zunahme an Komplexität auf materieller Ebene sowie der Zunahme an Zentriertheit auf geistiger Ebene.

Der Jesuit Teilhard de Chardin, der spirituelle Evolutionstheologe, ist in Vergessenheit geraten und bedarf dringend der Wiederentdeckung innerhalb und außerhalb der etablierten Kirchen. Er gehört zu den herausragenden Geistespersönlichkeiten des 20. Jahrhunderts.

Liebe handelt! – Thich Nhât Hanh

Der buddhistische ZEN-Meister Thich Nhât Hanh wurde am 11. Oktober 1926 in Vietnam geboren. Er gehört zu den großen spirituellen Lehrern unserer Zeit. Mit 16 Jahren wurde er als Mönch ordiniert. 1957 gründete er im Dai-Lao-Wald das Phung-Boi-Kloster. 1963 war er Mitbegründer der *Vereinigten Buddhistischen Kirche in Vietnam*. 1966 erfolgte die Gründung des *Tiep-Hien-Ordens* (Orden des Inter-Seins). Während des Vietnam-Kriegs geriet er unter gewaltige Repressalien und ging ins Exil in die USA. Sein Freund Martin Luther King schlug ihn 1967 für den Friedensnobelpreis vor. Seit vielen Jahren leitet er in Plum Village, Südfrankreich, ein wunderschönes und viel besuchtes Meditations-Zentrum. Thay, wie ihn seine Freunde nennen, hält auf der ganzen Welt Seminare und Vorträge. Er ist Autor von mehr als hundert Büchern.

Für seinen leider vergriffenen Bestseller *Lebendiger Buddha – lebendiger Christ* schrieb sein Freund und Jahrgangskamerad Bruder David Steindl-Rast OSB ein bemerkenswertes Vorwort, in dem es u. a. heißt.: *Wir Christen haben kein Monopol auf den Heiligen Geist!*

Im Jahr 1993 erschien das bemerkenswerte Buch von Thich Nhât Hanh *Love in Action,* deutsche Ausgabe: *Liebe handelt* (1997). Auf den Seiten 92ff. finden wir aus der Feder von Thich Nhât Hanh ein hochaktuelles Kapitel: *Die Ursache von Krieg*. Er schreibt über seine Wut über den US-Präsidenten George Bush sen., den Vater des später amtierenden amerikanischen Präsidenten George W.

Bush. Aber er gelangte schließlich zur Einsicht, dass man für den Krieg nicht die beiden Hauptprotagonisten Saddam Hussein und den US-amerikanischen Präsidenten allein verantwortlich machen könne. Im kollektiven Bewusstsein der Menschen insgesamt seien die Keime der Gewaltfreiheit zu schwach.

Im September 2002 war ich in Washington, als Präsident George W. Bush jun. sich vom Kongress billigen ließ, einen erneuten Krieg gegen den Irak zu führen, der dann ein halbes Jahr später begann.

Nach 39-jährigem Exil besuchte Thich Nhat Hanh im Jahr 2005 erstmals wieder sein Heimatland Vietnam und hielt dort drei Monate lang diverse Vorträge und Seminare. In seinem Buch *Dialog der Liebe – Jesus und Buddha als Brüder* (2000) findet sich ein Satz, der als Motto über seinem Leben stehen könnte: *Erlösung und Auferstehung sind weder bloße Worte noch Glaubensvorstellungen. Sie sind unsere alltäglich Praxis ...*

Verschmelzung von Ost und West – Lou Tseng-Tsiang

Wir verdanken unseren Eltern alles, was uns gestattet hat, durch den Schöpfungsakt Gottes mit der Fähigkeit der Erkenntnis, des Urteils und der Liebe sowie mit Freiheit begabte menschliche Persönlichkeiten zu werden. Die erste und beständigste unserer Pflichten ist demnach die Dankbarkeit unseren Eltern gegenüber. Durch eine gütige Fügung Gottes hat das ganze chinesische Volk die kindliche Ehrerbietung gekannt, geübt und gefeiert, noch vor jener weit zurückliegenden Zeit, als Abraham, Isaak und Jakob das Volk gründeten, dessen Gesetzgeber einige Jahrhunderte später Mose wurde und aus dem Jesus geboren werden sollte. Unter den von Mose verkündeten Geboten Gottes steht bei denen, die unsere Pflichten unseren Mitmenschen gegenüber betreffen, das Gebot der kindlichen Ehrerbietung an erster Stelle. An die Befolgung dieses Gebotes knüpft der hebräische Gesetzgeber das Versprechen des Fortbestandes auf Erden: Fortbestand der Familien, der Gesellschaft, der Rasse.

Lou Tseng-Tsiang kam am 12. Juni 1871 in Shanghai zur Welt. Sein Vater, Lou Yong-Fong, stammte aus einer wohlhabenden Familie. 1854 hatte er Ou Kin-Ling geheiratet. Bei der Geburt von Tseng-Tsiang zog sich die Mutter eine Wassersucht zu, an der sie acht Jahre später starb. Lou Yong-Fong, ein religiöser und ehrbarer Mann, war protestantischer Katechet. Sein Sohn wurde in diesem protestantischen Milieu getauft, in dem er zum ersten Mal die christliche Nächstenliebe zu spüren bekam. Nachdem er erst Privatunterricht über die chinesischen Klassiker erhalten hatte, wurde Lou Tseng-Tsiang mit dreizehneinhalb Jahren in die Fremdsprachenschule von Schanghai eingeschult. Er lernte vor allem Französisch. Mit 21 Jahren kam er auf eine dem Außenministerium angeschlossene Dolmetscherschule. 1893 wurde er als Dolmetscher in die chinesische Gesandtschaft nach Sankt Petersburg (Russland) entsandt; dort begegnete er einem Lehrer, der ihn überredete, die diplomatische Laufbahn einzuschlagen. Dieser Mann, Shu King-Shen, war ganz von konfuzianistischer Weisheit durchdrungen. Lou Tseng-Tsiang erinnert sich:

Die konfuzianische Lehre ist im Wesentlichen die traditionelle Weisheit der alten Könige zu Beginn der chinesischen Geschichte im dritten Jahrtausend vor Jesus Christus. Die Zeugnisse dieser Weisheit wurden im 6. Jh. v. Chr. von Konfuzius überarbeitet und publiziert; sie stellen unsere chinesischen Klassiker dar. China lebte von dieser Philosophie und dieser Bildung; ihnen verdankt es die Ausgeglichenheit seines politischen Geistes und seiner Regierungstraditionen, die sich unmittelbar auf das Prinzip des Familienlebens stützen ...

Konfuzius glaubte an die Existenz Gottes, des höchsten Wesens, ebenso wie an eine Vorsehung und an das Weiterleben der Seele, wenngleich er über deren Bestimmung nach dem Tode absolut nichts sagte. Er beschränkte sich darauf, seinen Schülern praktische Regeln sozialer und politischer Ethik zu vermitteln.

Die Macht der Mandschu-Dynastie verfiel zu Beginn des 20. Jh. in Peking als Auswirkung ihrer Günstlingswirtschaft und ihrer Inkompetenz. Shu, der Lehrer von Lou Tseng-Tsiang, wollte sein Land im Geiste der Begründer der chinesischen Kultur verjüngen. Das Christentum und insbesondere die katholische Kirche betrachtete er dabei mit respektvoller Aufmerksamkeit. Der Himmel schickte dem jungen Diplomaten eine Liebe zum Trost. Er lernte in Sankt Petersburg Berthe Bovy kennen, deren Vater und Großvater belgische Offiziere waren. Sie hatte bei den Ordensschwestern der Vorsehung eine ausgezeichnete Ausbildung erhalten und unterrichtete in der russischen High Society Französisch. Die anfängliche Sympathie der beiden jungen Menschen entfaltete sich zu einer tiefen Liebe und mündete in die Ehe. Die Familie Bovy in Brüssel konnte es nicht verstehen: „Ein Chinese!" In der chinesischen Gesandtschaft konnte es ebenso niemand verstehen: „Sie richten Ihre Karriere zugrunde! Wenn Sie Ihre Pläne weiterverfolgen, werden Sie nicht länger an der Gesandtschaft bleiben können." Lou sah weiter. Er hatte eine französischsprachige Europäerin getroffen und erwählt, eine Katholikin, eine Frau von wachem Sinn, von hohem moralischen Anspruch und vollkommenem Takt; sie war nicht Angehörige einer Großmacht, sondern eines kleinen Landes, was für einen Diplomaten etwas ganz anderes war. Die Hochzeit fand in Sankt Petersburg im Februar 1899 statt. Die Neuvermählten lebten in vollkommener Eintracht; doch sehr zu ihrem Leidwesen schenkte ihnen Gott kein Kind. Im tröstlichen Rahmen seines Heims dachte Lou darüber nach, worin die Kraft Europas bestand, nämlich im christlichen Glauben. Anfang 1911 eröffnete Lou seiner Frau: „Ich habe versprochen, dass unsere Kinder katholisch sein werden; da wir keine Kinder haben, was würdest du sagen, wenn ich katholisch würde?" Berthe war entzückt. Am 25. Oktober 1911 nahm Pfarrer Lagrange, der zwölf Jahre zuvor ihre Ehe gesegnet hatte, offiziell das katholische Glaubensbekenntnis des Diplomaten entgegen. Gleichzeitig nahm in China die von Dr. Sun Yat-Sen angeführte Revolution rasch ihren Lauf. Anfang 1912 dankte der Kaiser auf persönliches Anraten Lous ab. Das provisorische Parlament bot dem Diplomaten das Amt des Außenministers an. Von diesem Zeitpunkt an übte er acht Jahre lang in Peking die höchsten Regierungsämter aus, darunter auch das Amt des Premierministers. Er nutzte die Gelegenheit, um zwischen China und dem Heiligen Stuhl offizielle diplomatische Beziehungen zu knüpfen. Im Dezember 1920 zog sich Lou endgültig von der politischen Bühne zurück. Zwei Jahre später machte der Gesundheitszustand seiner Frau eine Rückkehr nach Europa notwendig; sie ließen sich in Locarno in der Schweiz nieder, wo Frau Lou kurz danach einen Schlaganfall erlitt und am 16. April 1926 starb. Lou begab sich in die Abtei Saint-André in Brügge (Belgien), wo er vom Abt den Rat bekam, richtiger Mönch und dann Priester zu werden; so legte er am 4. Oktober 1927 unter dem Namen Bruder Pierre-Célestin die Ordenstracht der Benediktiner an. 1932 legte er sein feierliches Gelübde ab; er wurde am 29. Juni 1935 mit 64 Jahren zum Priester geweiht. Allerdings schreckte ihn der Gedanke, jeden Tag das heilige Messopfer zu feiern: „Wie soll ich es wagen, mich jeden Tag dem Allmächtigen zu nähern! ... Ich werde daran sterben ...“ Doch nach einer Krankheit, die ihn nachdenklich machte, bekannte er:

Unser Vater, der heilige Benedikt, sagt in seiner Regel, dass Gott ein Meister und ein Vater ist. Ich habe gemerkt, dass er Meister ist; ich habe vergessen, dass er Vater ist. Während dieser Krankheit war der Herr so gnädig, mich zu erleuchten. Weil ich die Messe Gott, unserem Vater, darbringe, werde ich keine Angst mehr haben, sie zu feiern!

Zum Anlass seiner Priesterweihe wurde Lou von seinen Freunden unter den chinesischen Diplomaten mit folgenden Worten geehrt:

Herr Lou kennt die chinesische Moral und wird nun Priester im Westen. Er wird auf moralischem Gebiet die Verschmelzung zwischen Ost und West in sich selbst vollziehen. Er wird beweisen, dass im Abendland ebenso wenig wie in China die materielle Kultur Vorrang vor der geistlichen Kultur hat. Dadurch wird er auch für die Verbreitung von Gerechtigkeit und Frieden in seinem Lande wirken.

Die besondere Bedeutung seines Lebenslaufs und seiner Berufung veranlasste Papst Pius XII., ihm am 19. Mai 1946 die *Abtwürde ehrenhalber* zu verleihen. Ende 1948 geriet Dom Lou durch eine schwere Krankheit an den Rand des Todes. Kurz vor seinem Ende sagte er: *Nur noch wenige Stunden ... um den Herrn zu sehen! Unseren Herrn sehen! Welches Glück!* Am 15. Januar 1949, dem Jahrestag seines Ordensgelübdes, hauchte er im Alter von 78 Jahren seine Seele aus; doch für die, die Gott lieben, gibt es keinen Tod: Es gibt nur einen Übergang aus dem Leben hier auf Erden in das ewige Leben.

Das weibliche Prinzip der Natur – Vandana Shiva

Die indische Philosophin, Quantenphysikerin, Bürgerrechtlerin, Ökologin, Trägerin des *Alternativen Nobelpreises 1993* und diverser anderer Auszeichnungen, *Vandana Shiva*, wurde am 5. November 1952 in Dehradun am Fuße des Himalaya geboren. Das US-amerikanische *Time Magazine* widmete ihr im Jahr 2002 die Titelgeschichte *Hero of the Green Century* und würdigte sie als wichtigste Persönlichkeit zur Erhaltung unseres Planeten Erde. Ihr Buch *Der Kampf um das blaue Gold* ist eine Pflichtlektüre für alle, die sich um die Bewahrung der Schöpfung bemühen.

Allein für Nahrung und Wasser wird man den Armen in Zukunft mehr als 5 Billionen US-Dollar abnehmen und das Geld dann in die reichen Länder transferieren. Die Armen finanzieren die Reichen. Wenn es uns wirklich ernst ist, die Armut zu bekämpfen, müssen wir uns ernsthaft daran machen, jene ungerechten und brutalen Systeme der Reichtumserzeugung zu beenden. Denn sie erzeugen Armut, indem sie die Armen ihrer Ressourcen, ihrer Existenz, ihres Einkommens berauben.

Vandana Shiva ist längst zur Symbolfigur dafür geworden, dass alternative Ansätze sich nicht auf ein Themengebiet beschränken können, sondern das ganze Netzwerk einer anderen Zukunft berücksichtigen müssen. Den *Alternativen Nobelpreis* erhielt die Wissenschaftlerin nicht nur für ihr Engagement für die Rechte der indischen Urbevölkerung, sondern vor allem für ihre Bemühungen, mit dem Öko-Feminismus die weibliche Perspektive in die ökologische Diskussion einzubringen. Mittlerweile ist Vandana Shiva auch in vielen Bereichen der Friedens- und Demokratiebewegung weltweit engagiert. Eine faszinierende, willensstarke und ausgesprochen liebevolle Persönlichkeit.

Der wichtigste Wandel unserer Zeit ist die Überwindung und Befreiung von drei Formen des Kolonialismus. Da ist erstens die Kolonialisierung der Natur, die zur ökologischen Krise geführt hat, zweitens die Kolonialisierung der Frauen, die das weibliche Geschlecht als minderwertig sieht und zum Kampf der Geschlechter und die Gewalt gegen Frauen geführt hat. Und drittens natürlich die Kolonialisierung der nichtwestlichen Kulturen, die zum „Dritte-Welt-Problem" geführt hat und sich in den Debatten im Nord-Süd-Konflikt ausdrückt. Alle diese drei Probleme können meiner Ansicht nach nur gemeinsam gelöst werden.

Weltweit haben bereits heute 1,5 Milliarden Menschen keinen Zugang zu sauberem Trinkwasser. Vandana Shiva macht deutlich, wie groß das ökologische und (auch sicherheits-)politische Bedrohungspotenzial ist, das aus der Wasserkrise zu erwachsen droht.

Die herrschende Weltordnung untergräbt die soziale, ökologische, politische und ökonomische Nachhaltigkeit und führt zum Zusammenbruch von Gesellschaften, Öko- und Wirtschaftssystemen. Ohne Nachhaltigkeit und eine gleichberechtigte Verteilung der Waren auf der Welt kann es keine Gerechtigkeit geben. Und ohne Gerechtigkeit kann Frieden nicht erhalten werden. Wir brauchen ein neues Paradigma, um die Zerstörung und Zersplitterung gewachsener Strukturen zu beenden. Wir brauchen eine neue Bewegung, die uns hilft, von einer destruktiven Kultur der Gewalt, Zerstörung und des Todes zu einer gewaltfreien, friedlich kreativen und lebenserhaltenden Kultur zu kommen. Deshalb wurde in Indien die „Bewegung für eine lebendige Demokratie" gegründet.

Der wahrscheinlich zentralste Wert aller alternativen Ansätze ist der Schutz bzw. die Bewahrung von natürlicher Vielfalt. Die Betonung der Vielfalt schließt ideologische, standardisierte, kontrollierende und autoritäre Lösungen aus. Auf der gesellschaftlichen Ebene findet sie ihren Ausdruck in möglichst basisdemokratischen Strukturen, die allen gesellschaftlichen Subsystemen ein Recht zur eigenständigen freien Entfaltung einräumen. Noch ist offen, wie der Kampf um die Vielfalt ausgeht. Denn im Kampf um die Erhaltung und den Schutz genetischer und biologischer Vielfalt prallen Paradigmen aufeinander. Als ethischen Grundwert betont Vandana Shiva dabei das aus der indischen Tradition übernommene *weibliche Lebensprinzip*. Sie macht deutlich, dass die globalen Fehlentwicklungen alle auf einem männlich geprägten kolonialistischen Weltbild basieren.

Wenn wir das Umweltproblem lösen wollen, ohne die Lage der „Dritten Welt" zu berücksichtigen, dann werden die Unternehmen einfach ihren Dreck woanders machen. Die Strukturen des kapitalistischen Patriarchats, die Frauen zu Menschen zweiter Klasse degradieren, sind die gleichen wie die, welche zur Beherrschung der Natur geführt haben. Ein Feminismus, der nicht ökologisch ist, reicht mir deshalb ebenso wenig wie eine Ökologie, die nicht radikal genug ist, die Strukturen der menschlichen Beziehungen zu verändern.

Im Mittelpunkt steht ihrer Meinung nach der männlich geprägte Begriff von *Macht*, der auf Stärke durch Gewalt baut und auf die aggressive Überwindung, Dominanz und Beherrschung ausgerichtet ist. Diese Verhaltensweise wird zwar nicht als biologische Konstante verstanden, aber als herrschendes Rollenmodell immer wieder erneuert:

Was wir stattdessen brauchen, ist ein ganz neues Verständnis von Macht. Macht, die von innen kommt, deutlich „Nein" sagt zu allen Formen der Unterdrückung, eine Macht, die uns und andere ermutigt, anstatt andere zu vernichten, um den eigenen Vorteil zu sichern. Bäume wachsen aus Samen und erneuern sich. Flüsse erneuern sich, und der Wasserkreislauf funktioniert ohne jede menschliche Hilfe. Diese enorme Aktivität ist die kreative Kraft der Natur. Dieses weibliche Prinzip gilt nicht nur in der äußeren Natur. Wir sind auch Natur. Und das weibliche Prinzip lebt in Frauen wie in Männern. Er muss nicht erst geschaffen werden, es ist einfach da. Es anzuerkennen bedeutet zu erkennen, woher unser Leben stammt, kann uns demütig machen und zu der Einsicht führen, dass wir das Leben nicht beherrschen können. Aber zahlreiche Kulturen sind auf der Ablehnung dieses Prinzips aufgebaut. Aus den westlichen Kulturen ist das weibliche Prinzip fast völlig verschwunden. Der moderne Kapitalismus hat einen neuen Schöpfungsmythos erschaffen, nachdem nur Kapital etwas Neues erschaffen kann. Wer beispielsweise in die Saatgut-Industrie investiert, glaubt die Samen zu besitzen und Bauern, die Saatgut aufheben, wie Diebe behandeln zu dürfen. Doch damit wird das Verhältnis zwischen Mensch und Natur auf den Kopf gestellt: Die Piraten werden belohnt und die Bewahrer bestraft.

Originalzitate aus: Vandana Shiva, Der Kampf um das blaue Gold. Ursachen und Folgen der Wasserverknappung, © 2003 Rotpunktverlag, Zürich

Glücklich in der Erkenntnis des Nichts – Konstantin Wecker

Der Liedermacher Konstantin Wecker, der sich in seiner Autobiografie als *Mönch und Krieger* bezeichnet, wurde am 1. Juni 1947 in München geboren, in der „Stadt der Mönche". Im Jahr 2007 erhielt er zusammen mit Eugen Drewermann den *Erich-Fromm-Preis*, 2009 den *Bayerischen Filmpreis*. Der Lebensweg des zu Recht viel bewunderten Künstlers ist durch gewaltige Höhen und Tiefen gegangen. Großartig, mit welchem Engagement er sich auf die Suche nach einer Welt begibt, die es noch nicht gibt. Der Mönch ist nicht der Gefangene in seiner Klosterzelle, sondern der zur Erfahrung des Einsseins (*Monostase*) herausgeforderte Mensch. Um dorthin zu gelangen, benötigt man zuweilen auch die Dynamik von kriegerischer Aggressivität.

Zwischen Rausch und Askese, halb Heiligenschein, halb Auswurf der Hölle, ich schwebe und pendle mich meistens nicht mehr ein – und doch: ich lebe. Ich lebe! ... Erleuchtet zu sein heißt, nichts zu wissen und sich damit zufrieden zu geben und in dieser Erkenntnis des Nichtwissens, des Nichts, glücklich zu sein. Wie sinnlos zu sagen, man sei Atheist oder Christ, Fundamentalist oder Agnostiker. Alles, alles ist man und noch so unendlich viel mehr. Wir brauchen natürlich unseren Verstand, um damit durch die Welt der Materie zu navigieren, aber er sollte unser Gehilfe sein – der Wagen, aber nicht der Wagenlenker, wie die Buddhisten sagen.

Ich hätte Mönch sein können, ebenso wie ich die „Laufbahn" eines gewalttätigen Verbrechers hätte einschlagen können. Das erscheint nicht naheliegend bei jemandem, der in der Öffentlichkeit überwiegend als Genussmensch und Pazifist bekannt ist. Vielleicht ist es aber einfach so, dass ich das Mönchische in mir versteckt habe, so wie ich das Kriegerische verstecke. Unser Schatten ist ja immer das, was wir gerade nicht sehen wollen, zumindest nicht ausleben. Wenn also der Lüstling der Schatten des sittenstrengen Asketen ist, so ist bei einem Genussmenschen wie mir vielleicht der Mönch in den Schatten getreten und wartet darauf, gesehen und erlöst zu werden. Der Mönch ist eine Existenzform, die durch Subtraktion entsteht: indem man nach und nach alles wegnimmt, was ein Mensch zu brauchen und zu sein glaubt. Ist alles Überflüssige weggefallen, so sind wir endlich frei, zum Eigentlichen vorzudringen.

Mir ist dadurch klar geworden, dass es in mir etwas Unzerstörbares gab, etwas, das unabhängig von der „Persona" ist, also von der Kunstfigur, die man gerne sein und nach außen hin darstellen will. In diesem innersten Raum wohnt etwas, das unbeeinflussbar ist von fremden und eigenen Urteilen, jenseits von Kategorien wie Würde und Schande, Gelingen und Versagen. Es ist wunderbar, diesen unveränderlichen Kern zu spüren.

Ein Künstler ist demütig, wenn er weiß, dass er eine Begabung hat, nicht jedoch, woher sie kommt. Die Befähigung als Komponist und Poet ist sicher ein Geschenk. Man kann sich das nur bedingt erarbeiten. Durch Übung kann jemand wohl ein passabler Komponist werden, aber nicht Mozart.

Wenn ich mich ans Klavier setze und mir eine Melodie nach der anderen einfällt, werde ich unweigerlich demütig, weil ich weiß, dass gerade dieses „Hineinfallen" von Musik in meinen Geist nicht mein Verdienst ist. Ich bin und bleibe ein Rebell, aber ich meine, auch in dieser Funktion sollte man wissen, dass in vielen Bereichen des Lebens Demut am Platz ist.

Als 18-Jähriger hatte ich ein einschneidendes Erlebnis, von dem mir erst später klar wurde, wie spirituell es war. Es geschah beim Anhören von Gustav Mahlers „Auferstehungssinfonie". Es war auf einer Party, beim „Chillen", wie man heute sagen würde. Spätabends, als die letzten Gäste komatös vor sich hin dämmerten, beschloss ich, Mahlers „Zweite" aufzulegen. Ich war bereit, mich diesem alles verschlingenden c-Moll zu ergeben. Da passierte es: Schon nach wenigen Minuten war es mir, als stiege ich aus meinem Körper. In meinem Überschwang erzählte ich den Menschen, die um mich waren, dass es sie eigentlich gar nicht gebe. Alles sei in Wahrheit nur noch Eins. Auch Gott existiere eigentlich nicht, alles sei vielmehr göttlich und miteinander verschmolzen. Die haben mich angeschaut wie einen Wahnsinnigen.

Mein Weg war von Anfang an wohl eher ein mystischer. Die mystische Erfahrung hat niemals mit Inhalten zu tun, von denen andere meinen, dass wir an sie glauben sollten. Immer geht es darum, was wir selbst erlebt haben. Nur da, wo man sich selbst erfahren kann, beginnt ja das Leben überhaupt interessant zu werden. Wo man in eine Wirklichkeit eindringt, die aus mehr als Rationalität und Realität besteht.

Mein Gedicht: Spirituelle Erfahrung im Gefängnis

Manchen Nächten kann man nicht entfliehn,
und manche Räume zwingen dich zu bleiben.
Du bist allein mit deinen Fantasien
und fürchtest dich und kannst sie nicht vertreiben.
Das sind die großen Nächte. Halte fest
die Stunden, die dich so gefährden,
wo dir die Seele sagen lässt:
Du musst ein andrer werden.
Jetzt über Hügel wandern, und es könnte regnen,
ein trüber Himmel hinderte mich nicht.
Jetzt Rosen oder einem Feigenbaum begegnen
und einem freundlichen Gesicht.

Nur keine Dunkelheit. Nur nicht allein sein.
Wer geht mit sich schon gerne ins Gericht?
Da muss doch irgendwo noch etwas Wein sein?
Warum kann dieses Ich nie mein sein?
Ach, gäb's nur Licht.

Ich selbst bin dem Tod sehr nahe gekommen, ich hätte mich mit meinem Drogenkonsum ja fast selbst umgebracht. Es gab im Drogenrausch Momente, in denen ich gesagt habe: Komm, süßer Tod, umfange mich! Das änderte sich aber sofort, als die Droge zu wirken aufhörte und ich keine neue mehr auftreiben konnte. In diesem Zustand durchlebt man ziemliche Härten, auch körperliche Attacken, Schmerzen und Gefühle von Verzweiflung.

Ich bin viele kleine Tode gestorben. Mein Vater starb im Jahr 2001, fünf Jahre später meine Mutter, die ich fast 18 Monate bis zu ihrem Tod begleitet habe. Ich habe ihren Schmerz miterlebt, das unsägliche Leiden ihrer schweren Krankheit. Diese Erfahrung hat viel verändert in meiner Weltsicht. Jetzt bin ich in einer Phase, in der ich mich, so hoffe ich, noch bewusster dem Sterben und der Sterblichkeit überhaupt annähern möchte. Das geht nur mithilfe der ars moriendi, der Kunst des Sterbens. Das Loslassen muss man mühsam erlernen. Es wird einem nicht geschenkt.

Originalzitate aus persönlichen Gesprächen mit dem Autor

Einwurzelung in Gott – Simone Weil

Der Wunsch nach Licht bringt Licht hervor. Dieses Begehren ist echt, wenn man es gesammelt und aufmerksam verfolgt. Und die Sehnsucht gilt wahrhaftig dem Licht, wenn sie keinen anderen Beweggrund hat. Sammlung und Aufmerksamkeit mögen jahrelang fruchtlos bleiben, doch eines Tages wird ein Licht, das exakt dem Grad dieser Hinwendung entspricht, die Seele überfluten. Jedes Stück Mühe fügt ein wenig Gold zu einem Schatz hinzu, den uns nichts auf der Welt nehmen kann …

Immer knapp am äußersten Extrem vorbei, so könnte man *Simone Weils* Leben zusammenfassen: am 3. Februar 1909 als Tochter jüdischer Eltern in Paris geboren, am 24. August 1943 als christliche Mystikerin in Ashford/Kent an Herzversagen und Schwäche gestorben. Es ist nicht eindeutig geklärt, ob sich Simone Weil kurz vor ihrem Tod taufen ließ. Ihre Freundin Simone Deitz, die sie auf dem Sterbebett begleitet hat, spricht davon.

In ihrer kurzen Lebenszeit von nur 34 Jahren führte Simone Weil einen ständigen Kampf um die Wahrheit und war auf der permanenten Suche danach, die ihr zufolge so glühend heiß und gefährlich ist, dass man ihr eigentlich nicht zu nahe kommen sollte. Dass sie die Nähe dennoch nicht scheut, zeigt die Radikalität ihres Denkens und Lebens.

Bekannt geworden ist Simone Weil vor allem durch ihr *Fabriktagebuch*. Sie will herausfinden, ob es den Fabrikarbeitern nach einem langen Tag am Fließband noch möglich sei, nachzudenken.

Sie können es nicht, denn sie sind zu müde, aber sie müssen sich wehren, weil sie wie alle Menschen im Grunde frei sind. Bis an den Rand der Erschöpfung setzt Simone Weil sich der Situation von Arbeitern aus und kommt zu dem Schluss, dass der Marx'sche Begriff der *Entfremdung* nicht hinreichend ist, um zu beschreiben, womit diese Menschen täglich konfrontiert sind. Es ist ein Unglück, und Simone Weil erkennt im Lauf der Zeit für sich, dass nur die *Einwurzelung in Gott* helfen kann, einen Weg aus dem Unglück zu finden. Da ist sie bereits von der Gesellschaftstheoretikerin zur Mystikerin geworden.

1935, auf einer Reise nach Portugal, erlebt Simone Weil in einem Anfall heftiger Kopfschmerzen die prägende Begegnung mit dem Christentum: Es ist der Abend des Patronatsfestes, Vollmond, am Ufer des Meeres. Die Frauen der Fischer ziehen in einer Prozession um die Boote und singen. Simone Weil erlebt diesen Gesang als etwas sehr Ergreifendes:

Dort hatte ich plötzlich die Gewissheit, dass das Christentum vorzüglich die Religion der Sklaven ist, und dass die Sklaven nicht anders können, als ihm anhängen, und ich unter den übrigen.

Simone Weil will sein wie die Geringsten und sie versucht, ihr Leben nachzuvollziehen, indem sie für sich selbst härteste Bedingungen schafft. So schläft sie die letzten Jahre nur noch auf dem harten Boden. Selbst ein sehr guter Freund, der katholische Philosoph Gustave Thibon, kann das fast nicht mehr mit ansehen. Er beobachtet, wie gebeugt sie geht, dass ihre asketische Lebensweise sie hat altern lassen, „nur die wunderbaren Augen hatten den Schiffbruch ihrer Schönheit überlebt". Aber die Philosophie lässt sie nicht aus dem Blick, und Thibon liest begeistert Platon mit der Freundin. Und in ihren hellsten Momenten wachsen Theologie und Philosophie zusammen, so wenn sie nachdenkt über das Wesen der *Aufmerksamkeit*:

Die Aufmerksamkeit ist die seltenste und reinste Form des Großmuts. Es ist sehr wenigen Geistern gegeben, zu entdecken, dass die Dinge und die Lebewesen existieren.

Simone Weil ist eine Denkerin, die verwirrt, die ihren Leserinnen und Lesern viele Rätsel aufgibt. Und sie ist eine Frau, deren extremes Leben Widerstand hervorruft. Immer wieder hat man dieses Leben pathologisiert, und es mag schon sein, dass sie tatsächlich magersüchtig war und aufgrund ihrer Migräneanfälle besonders offen für gewisse geistige Erlebnisse. Aber es ist viel zu kurz gegriffen. Denn immer verbinden sich Simone Weils Erfahrungen mit einem glasklaren analytischen Denken. Ihre Werke zeugen von großer Wahrhaftigkeit, und die Mischung aus logischem Schließen und assoziativem Bilderdenken bleibt faszinierend. Eine aufmerksame Beobachterin des sozialen Lebens in all seinen Facetten wäre neu zu entdecken. Und eine Philosophielehrerin von hohen Graden, die von ihren Schülerinnen aufgrund ihrer starken geistigen Ausstrahlung geliebt wurde.

Inkarnation der Ewigkeit – Michael Anthony Windey SJ

Wir sind bereits inkarniert – nur vielen fehlt dafür noch die Wahrnehmung. Für mich – ich habe in sechzig Jahren meines Lebens in Indien sehr viel erfahren – gibt es eine Reinkarnation nicht. Sie ist eine Flucht aus der göttlichen Wirklichkeit und der kontinuierlichen Schöpfung Gottes. Ich denke wirklich an nur e i n *Leben. Meine Ewigkeit hat angefangen, ich komme von der Ewigkeit und nicht von der Zeitlichkeit. Ich bin von ewig geschaffen, muss diese Ewigkeit inkarnieren. Nicht umsonst sind die Gurus auf die Berge gegangen, nicht umsonst sind die Leute von den großen Städten weggegangen. Sie haben realisiert, dass die Ewigkeit dort ist, wo die universelle, die offene Natur und nicht ein fester Punkt auf der Erde ist. Gott ist schon im Zentrum, und der konkrete Unterschied, den wir jetzt nicht ganz erfahren und realisieren können, ist der Unterschied zwischen unserer beschränkten Seele und der Anwesenheit Gottes. Das ist, glaube ich, das Beste, was wir über den Tod sagen können: So wie ein Schmetterling, der aus der Raupe kommt.*

Michael Anthony Windey wurde am 28. April 1921 in der flandrischen Stadt Buggenhout, Belgien, als viertes von zwölf Kindern geboren, als künstlerisch wie sprachlich hochbegabter Junge einer deutschen Mutter und eines englischen Vaters. Bereits mit 17 Jahren trat er in den Jesuitenorden ein und studierte in Belgien und Frankreich Philosophie und Theologie.

Michael Windey hatte in Paris bei Henri Bergson Philosophie studiert und über ihn promoviert. Bergson erhielt für sein Hauptwerk *Schöpferische Entwicklung* 1927 den *Nobelpreis für Literatur.* Windeys beispielhafte Tätigkeit in den indischen Dörfern ist von schöpferischer Entwicklung geprägt. In seinem Heimatland promovierte Michael Windey in Theologie über den Freiheitsbegriff bei Jesus Christus. Zweifach promoviert und in sechs europäischen Sprachen zu Hause, ging Michael Windey 1946 als 25-jähriger Pionier nach Indien – sein Lebensziel war von Anbeginn, die Menschen in ihre individuelle Freiheit zu führen. Er begegnete wiederholt Mahatma Gandhi, der ihn inspirierte, sich um die Dörfer Indiens zu kümmern. Am 15. August 1947 erlebte der junge Jesuitenpater das *Fest der Unabhängigkeit Indiens.* Nur wenige Monate später wurde Mahatma Gandhi am 30. Januar 1948 ermordet. Gandhis Worte wurden Windeys Lebensinhalt:

Die Welt ist voller Gegensätze. Hinter der Trauer verbirgt sich Glück, und hinter dem Glück Trauer. Wo die Sonne scheint, ist auch Schatten; wo Licht ist, ist auch Dunkel; wo Geburt ist, da ist auch Tod. Loslösung von allem besteht darin, von diesen Gegensätzen nicht mehr berührt zu werden. Die Methode, über sie zu obsiegen, besteht nicht darin, sie auszulöschen, sondern darin, sich über sie zu erheben und vollkommen frei zu sein von jeder Gebundenheit an sie.

Nach über zwei Jahrzehnten Professorentätigkeit an der Universität von Ranchi, gründete Michael Windey eine Organisation zum Wiederaufbau von Dörfern, eine bis heute beispiellose Bewegung.

Es gibt kaum jemanden, der den Subkontinent Indien so intim kannte wie Michael Windey. Er sprach neun indische Sprachen. Tag und Nacht war er unterwegs, eine Leuchtgestalt von geradezu seltener Qualität. Er bewegte sich kraftvoll im Stillen. Michael Windey hatte die tiefe Grundstruktur des Universums erkannt und hielt sich nicht in postmodernen Spekulationsräumen auf, wo über Bewusstseinsstrukturen sehr viel fantasiert wird.

Er hatte über elftausend Dörfer besucht, an deren Namen er sich erinnern konnte. Für seine ständigen Reisen auf dem gesamten Subkontinent Indien hatte er nur selten eine Straßenkarte benötigt. In der Regel war „Father Dynamo", wie man ihn nannte, drei- bis viermal in der Woche mit den Nachtzügen unterwegs, am Tag wurde intensiv gearbeitet. Wer mit ihm jemals in den entlegensten Gebieten unterwegs war, kann ein Lied von den Strapazen, denen er ständig ausgesetzt war, singen. Nahezu täglich verfasste er Gedichte in verschiedenen Sprachen, aber publizierte aus guten Gründen kein einziges Buch. Die Reflexion seines Egos war für ihn überflüssig. Seine Theologie basierte nicht auf einem dogmatischen Lehrgebäude, sondern auf einer authentisch gelebten Ur-Christlichkeit, von der der amtierende Papst und viele seiner Bischöfe viel lernen könnten.

Eine aufwändige Verkleidung war ihm völlig fremd. Wer mit Michael Windey Eucharistiefeiern erlebt hat, konnte seine unterschiedslose Liebe zu jedem Menschen spüren. Er machte keinen Unterschied zwischen Christen, Hindus, Muslimen, Buddhisten und Anhängern anderer Religionen.

Über drei Millionen Bäume hatte er pflanzen lassen. Der Baum des Lebens und des Lichts war für ihn immer von größter Bedeutung.

Der River Godavari, auch Dakshin River genannt, durchquert den indischen Subkontinent in einer Länge von 1470 km von West nach Ost und mündet an der Ostküste bei Rajamundry in den Indischen Ozean. In dieser Region hatte Pater Windey viele Dörfer auf- und wiederaufgebaut. Bei einer der größten Überschwemmungen betrug der Tidenhub des Flusses 18 Meter. Zahlreiche Dörfer waren bis zu zwei Metern unter den reißenden Wassermassen begraben. Bei Katastrophen war Pater Windey bis ins hohe Alter stets über Wochen und Monate Tag und Nacht im Einsatz.

Aus der Fülle der vielen Gedichte von Michael Windey möchte ich sein großes Gedicht über den Godavari-River zitieren:

Godavari! Wie manches Mal hab ich schon gedacht,
am Abend, am Morgen oder in der Nacht
deine Erscheinung zu besingen und deine Tat:
für die Menschen am Ufer aus Wasser der alte Pfad.

Beim ersten Mal sah ich dich, mächtig, überschäumend,
stürmisch, unbändig, in der Höhle ein Drache sich bäumend,
überflutend am Ufer zähen Krüppelholzes Gestalt,
zerschlagend alles bis zu den Hütten am Wald.

Und kurz darauf: ein weites Meer zwischen Bergen,
weißschäumend vor Wut noch, vor deinem Sterben,
mitzerrend in die Tiefe der fernen See
die Dächer, Tücher, Kinder eines Volkes im Weh.

Und wie viele Mal in diesen bald zehn Jahren
hab ich das Boot durch deine ruhigen Wellen gefahren,
stromauf, stromab, stets unsere Fahne am Mast,
noch vor der Sonne oder am Ende von des Tages Last.

Bewundernd immer zwischen Wind und Regen,
wie du hier verehrt wirst als Segen:
Werft und Wall für eine uralte Kultur,
Brunnen des Lebens und Abenteuers endlose Spur.

Mit drohend weißen Strudeln seh ich heut dich wieder;
dunkel hängen getürmte Regenwolken nieder,
und längs der Ufer, zitternd vor der Flut,
die Armen, allein unter des Herren Hut.

Oh grüne Bergeswellen, seit Langem versteint,
wo sich noch immer Bär, Hirsch und Wolf vereint,

wolang sich steile Pfade aufwärts ziehen,
wo der Freiheitskämpfer Flammen glühen.

Godavari, mein Freund und Freudenquell, Godavari,
mächtiger Bruder von Krishna und Cauveri,
Sohn eines Flusses aus Paradieses Auen,
lass mich, dir stets folgend, den Herren schauen.

Den gewaltigen Tsunami 2004 erlebte Michael Windey während der Weihnachts-Morgenmesse am 26. Dezember in seinem Sargsangam Ashram am Indischen Ozean. Katastrophenbewältigung hatten seine letzten dreißig Jahre bestimmt. Noch einmal war der tatkräftige, fast 84-jährige Jesuit Tag und Nacht im Einsatz – acht Wochen lang fand er keine Zeit zum Wechseln der Kleidung.

Am Sonntag, 20. September 2009, ist Michael Anthony Windey um 5 Uhr morgens in Heverlee, Belgien, gestorben. Er ist und bleibt einer der wahrhaftigen Heiligen unserer Zeit, der jedem Menschen, der ihm jemals begegnet ist, Hoffnung und Orientierung gegeben hat. Seine spirituellen Orientierungspfeiler waren Mahatma Gandhi und Bede Griffiths.

Originalzitate aus einem persönlichen Gespräch des Autors mit Michael Windey im September 1994 in Kreuth

Der Geist in dir ist König – Selvarajan Yesudian

Selvarajan Yesudian wurde am 25. Februar 1916 als Sohn eines indischen christlichen Arzt-Ehepaares in Sholinghur, Tamil Nadu, Indien geboren. Er war in seiner ganzen Jugend ein kränklicher Junge und durchlebte fast alle schweren Kinderkrankheiten bis hin zum Muskelschwund. Durch die Begegnung mit seinem Meister änderte sich sein Leben, und aus dem schwachen Jungen wurde ein kraftstrotzender Mann. Im Jahr 1936 reiste er nach Ungarn, um Medizin zu studieren. In Budapest lernte er Elisabeth Haich kennen und begann mit ihr zusammen Vorträge und Kurse über Yoga zu geben. Zusammen gaben sie ihr erstes gemeinsames Buch, *Sport und Yoga*, heraus, welches sofort ein Bestseller wurde. Bis heute wurden davon über vier Millionen Exemplare in über zwanzig Sprachen verkauft. Während des Zweiten Weltkrieges und der ersten Jahre der ungarischen Revolution stand Yesudian seinen Schülern und Freunden unerschütterlich bei und blieb ihnen eine Leuchte und Stütze. In den Wirren der russischen Besatzung wurde 1948 ein weiteres Wirken unmöglich. Er musste zusammen mit Elisabeth Haich fliehen. Sie planten, über die Schweiz nach Kalifornien auszuwandern. In Zürich wurden sie von Freunden gebeten zu bleiben. Sie ließen sich in Zürich nieder und bauten die international bekannte *Yoga-Schule Yesudian/Haich* auf. Es entstanden Yoga-Schulen in Zürich, St. Gallen und Bern, und im sonnigen Tessin der Schweiz die Yoga-Sommerschule in Ponte-Tresa. In unzähligen Vorträgen, Yogastunden, Beratungen und durch seine Bücher gab Selvarajan Yesudian seine Erfahrungen an Zehntausende von Menschen weiter.

Es wird sehr viel über *Einweihung* (Initiation) geredet, geschrieben und spekuliert. Das Buch *Einweihung* von Elisabeth Haich (erstmals 1954 erschienen) ist für viele eine wichtige Anfangslektüre gewesen. Elisabeth Haich wurde 97 Jahre alt. Sie wurde am 20. März 1897 in Budapest geboren, studierte zunächst intensiv Musik und Bildhauerei und war in der Zeit nach dem Ersten Weltkrieg eine international anerkannte Künstlerin. Ihr besonderes Interesse galt jedoch immer schon dem geistigen Menschheitswissen. So gründete Sie Ende der 30er-Jahre des 20. Jahrhunderts zusammen mit Selvarajan Yesudian die erste Yoga-Schule in Budapest, die sie bis zur Besatzung durch die Russen im Jahr 1944 weiterführten. Schließlich zur gemeinsamen Flucht gezwungen, baute Elisabeth Haich zusammen mit Selvarajan Yesudian ab 1948 in Zürich und später in Ponte Tresa (Tessin) die wohl bekanntesten Schulen für Hatha und Raja Yoga Westeuropas auf. Elisabeth Haich war eine „eingeweihte Mystikerin", die über ein immenses Wissen der verschiedenen Mysterienschulen des Ostens und des Westens verfügte. In ihren berühmten Exerzitien, einem mit starken inneren Bildern arbeitendem Training zur Geistesschulung, bezog sie sich oft auf den Begründer des Jesuitenordens, Ignatius von Loyola. Sie starb am 31. Juli 1994.

1990 übergab Selvarajan Yesudian seine geliebte Yoga-Schule in St. Gallen an seinen langjährigen Mitarbeiter und Freund Rolf Heim, welcher seither zusammen mit seiner Frau Susy und seinem Sohn Rolf Victor die Schule weiterführt. Am 26. Oktober 1998 ist Selvarajan Yesudian in Zürich in aller Stille in die Quelle zurückgekehrt. Sein Vermächtnis lebt in unzähligen Herzen der Menschen weiter.

Kontakt zum Autor

Roland R. Ropers
Kultur- und Sprachphilosoph
D-82407 Wilzhofen

www.watchful-wisdom-walking.de
E-Mail: roparadise@gmx.de